U0574627

本书为教育部人文社会科学重点研究基地重大项目
"丝绸之路经济带战略背景下西部地区产业结构调整与升级研究"
（项目号：16JJD790049）阶段性成果。

中国西部经济发展研究文库

Research Collection on the Economic Development in Western China

丝绸之路经济带与西部大开发新格局

THE SILK ROAD ECONOMIC BELT AND THE NEW PATTERN OF WESTERN DEVELOPMENT IN CHINA

丝绸之路经济带
建设背景下西部地区产业升级研究

The Upgrading of Industry in Western China
in the Context of Building the Silk Road Belt

高 煜 王 聪 张营营 等 | 著

社会科学文献出版社
SOCIAL SCIENCES ACADEMIC PRESS (CHINA)

"中国西部经济发展研究文库"
编委会

主　任　西北大学校长　郭立宏

副主任　西北大学副校长　常　江

　　　　西北大学社科处处长　马朝奇

　　　　西北大学中国西部经济发展研究院院长　任保平

委　员　郭立宏　常　江　马朝奇　任保平

　　　　茹少峰　马莉莉　徐璋勇　高　煜

　　　　李丰庆　李文斌　李　凯　陈朝晖

总　序

2013 年 9 月，习近平主席在哈萨克斯坦纳扎尔巴耶夫大学发表演讲时，倡议亚欧国家共同建设丝绸之路经济带，这一提议得到国际社会的高度关注。2015 年 3 月 28 日，国家发展改革委、外交部、商务部经国务院授权联合发布了《推动共建丝绸之路经济带和 21 世纪海上丝绸之路的愿景与行动》，提出"发挥陕西、甘肃综合经济文化和宁夏、青海民族人文优势，打造西安内陆型改革开放新高地，加快兰州、西宁开发开放，推进宁夏内陆开放型经济试验区建设，形成面向中亚、南亚、西亚国家的通道、商贸物流枢纽、重要产业和人文交流基地"。不言而喻，继西部大开发之后，丝绸之路经济带建设将为西部地区经济社会实现新一轮的跨越式发展提供难得的契机。因此，借助经济增长、发展经济学、区域经济学、国际贸易和产业组织等理论，对丝绸之路经济带建设背景下西部地区开发开放问题进行研究，无疑具有深远的意义。

"十三五"期间，教育部人文社会科学重点研究基地——西北大学中国西部经济发展研究院围绕丝绸之路经济带建设中的重大理论与实践问题，凝聚全国对此问题研究的专家学者，以设立重大招标项目的形式，开展跨学科、跨地域联合攻关研究，做出高质量的研究报告与智库产品，为国家及各级政府推进丝绸之路经济带建设提供决策参考。本丛书是中国西部经济发展研究院"十三五"期间的标志性成果，整体研究成果形成系列丛书"中国西部经济发展研究文库"之"丝绸之路经济带与西部大开发新格局（2020）"五部专著。

（1）丝绸之路经济带建设背景下西部省区及主要城市的经济发展绩效评价研究。对丝绸之路经济带西部沿线地区的省区及主要城市的发展绩效进行客观评价，评价的结果能够为西部地区未来经济发展绩效的提升提供客观依据和实践参考；有利于我们发现丝绸之路经济带建设背景下西部地区经济发展的"短板"，在此基础上研究相应的提升对策，从而充分发挥我国西部地区的地缘优势、资源优势和文化优势，更大程度上在丝绸之路经济带建设背景下发挥区域经济合作的影响力。同时，西部地区经济发展本身存在结构性差异，而本课题针对主要省区和主要城市的发展绩效进行评价，也能够针对不同的地区提出差异化的改善路径，从而为西部地区全面提升经济发展绩效提供实践基础。

（2）丝绸之路经济带建设背景下西部地区经济增长潜力开发推进全面建成小康社会研究。全面建成小康社会是"十三五"末期我国经济发展的目标，西部地区要完成这一目标，就要推进西部地区经济增长潜力开发和新动能培育。西部地区虽然近年来发展势头强劲，抓住丝绸之路经济带建设和第二次西部大开发机遇，以"创新、协调、绿色、开放、共享"的发展理念为指导，继续加大基础设施投资，积极开展经济对外开放，经济增速保持全国领先水平；但是西部地区仍然存在一系列历史遗留的结构性矛盾，又面临新的发展机遇，所以研究丝绸之路经济带建设背景下西部地区经济增长潜力开发和新动能开发具有现实意义。

（3）丝绸之路经济带建设背景下西部地区金融资源配置效率提升研究。西部地区是我国的经济欠发达地区，区域内金融资源整体规模较小，在开发利用中封闭性较强，且开放合作及彼此的包容性不够，金融资源的配置效率还处于较低层次，对区域经济增长的推动作用还十分有限。因此，本课题研究对于做大做强西部地区金融业，提升其对西部地区经济增长的引擎功能，依据优势互补、适当分工、风险共担的原则，对西部地区金融资源进行有效整合，提升西部地区金融资源的综合效率，具有重要的决策参考价值。本研究基于西部地区及其他国家金融资源的现状，出于提升西部地区金融资源配置效率目标而提出的西部地区与共建丝绸之路经济带国家之间金融合作的框架与模式，将为推进共建丝绸之路经济带国家之间的金融合作提供决策参考。

（4）丝绸之路经济带建设背景下西部地区产业升级研究。产业结构调整与升级困境是西部地区长期以来亟须破解的重大实践课题。在已有理论研究未能形成突破性认识从而无法为实践提供有效指导的情况下，虽然经过长期的政策实践探索，但西部地区仍然未能克服资源与低端要素依赖，产业结构失衡，从而陷入产业升级的困境。本课题在形成重大理论认识的基础上，关于政府产业政策创新及全面的对策建议的研究，对于丝绸之路经济带建设背景下西部地区突破产业结构调整与升级困境具有十分重要的实践意义。

（5）丝绸之路经济带建设背景下西部内陆开放新体制研究。利用开放环境拉动西部内陆地区转型升级，不仅是西部而且是国家发展方式转变过程中的重大实践课题。改革开放前三十年，西部在体制转轨、开放格局建设等方面，都相对滞后，这使本就不具有优势的西部更处于不利地位。面对新的发展机遇，西部要从自身具体情况出发，利用新科技革命浪潮下产业演进原理，创新开发开放格局与体制，为分工深化和产业升级提供外部驱动力，由此为西部内陆地区转型与发展积累经验、开辟路径，这对于国家的繁荣稳定与可持续发展意义重大。本课题通过跟踪比较不同区域的开发开放实践，结合理论推导和逻辑演绎，总结出具有可操作性的政策措施和方案，这对于西部地区制定和选择适应性体制与政策具有显著的实践价值与意义。

本丛书是教育部人文社会科学重点研究基地——西北大学中国西部经济发展研究院在"十三五"期间的标志性成果，本丛书的出版得益于西北大学学科办、社科处、经济管理学院的大力支持。感谢社会科学文献出版社丁凡老师认真细致的编辑。感谢五个课题组负责人做出的努力，同时也感谢西部经济发展研究院副院长李文斌在联络、协调方面付出的辛苦。

中国西部经济发展研究院院长　任保平

2019 年 8 月

前　言

　　作为发展中的大国，中国长期以来面临区域发展差距巨大的现实。在新时代的历史方位下，缩小区域发展差距、实现区域协调发展就成为经济高质量发展的一项重要内容。虽然经过国家战略与政策的长期支持，以及自身的持续努力，西部地区实现了经济快速发展，但是由于多种因素的长期积累，西部地区经济发展在全国区域经济发展格局中处于落后地位。其中，产业发展滞后是制约西部地区经济发展的主要原因之一。因此，实现西部地区产业高质量发展，进而推动西部地区显著缩小与国内先进地区经济发展的差距，不仅是西部地区经济发展的问题，更是关系实现全国高质量发展的全局性、战略性问题。

　　西部地区产业高质量发展的核心问题是，缺乏产业高质量发展的现代化路径，因此，在通过产业发展的传统路径难以实现产业高质量发展的情况下，西部地区应抓住丝绸之路经济带建设为西部地区产业高质量发展提供的重大契机，寻求产业发展的新模式与路径，实现西部地区现代化意义上的产业高质量发展。其核心命题是，西部地区如何通过丝绸之路经济带建设带来的重大契机，实现基于产业转型升级的高质量发展。其中，包含三个核心问题：一是西部地区产业发展的关键问题在哪里，西部地区产业转型升级的方向是什么；二是丝绸之路经济带建设能够对西部地区产业转型升级产生什么影响，其作用机制是什么；三是为

了推动西部产业转型升级，丝绸之路经济带建设发展的重点问题有
哪些。

因此，本书首先考察了西部地区产业发展相对滞后的关键表现及内
在问题。对于西部地区产业发展相对滞后的普遍认识是，以产业初级化
为特征的产业低端化，以及产业升级困难的结构固化等，具体地表现为
资源、能源产业比重大，产业效率、效益低，现代新兴产业少，产业外
向型程度低等方面。在现有认识的基础上，本书从历史演进与区域比较
的视角，实证研究了现代产业链，西部地区与其他地区产业关联程度等
西部地区产业发展中的关键问题。其次，本书考察了丝绸之路经济带建
设的实际状况及其对西部地区产业结构变化的效应，并从贸易、投资等
方面分析了丝绸之路经济带建设影响西部地区产业发展的微观机制。最
后，本书从西部地区产业高质量发展的视角，从新兴产业发展创新、城
市全要素生产率、金融支持等方面研究了西部地区产业转型升级的重点
问题与丝绸之路经济带建设的方向。

遵循上述研究思路，本书分为11章。

第一章从产业群、产业链视角考察西部地区产业发展的历史演进，
测度全国、区域、西部地区三个层面的产业群与产业链，得出全国及区
域产业结构的历史演进轨迹，通过区域对比解释西部地区产业发展与其
他地区的差距，为丝绸之路经济带建设背景下西部地区产业结构转型升
级提供事实依据。运用投入产出表分析，通过对各部门的直接消耗系
数、完全消耗系数、使用分配系数、中间流量系数的测算得出产业群，
并结合平均波及步数法和矩阵F法得出产业链并绘制其部门关系图。依
据上述方法，本研究首先测度了中国产业群、产业链的发展情况，并在
此基础上研究，发现东部地区、东北地区与西部地区之间存在产业割
裂，区域间缺乏分工协作，且割裂趋势愈发明显。能源产业对区域协作
发展的带动作用较弱，金属制造业、通信设备及计算机和其他电子设备
产业、金融等主导产业将成为新动能培育的方向。最后，基于区域对比

提出西部地区产业建设的重点——通信设备及计算机和其他电子设备相关产业与化学产业，这些产业将是西部地区产业转型升级的新方向。

第二章在提出"五通"建设层次性问题的思路上，对"五通"建设的重点予以测度。本章基于"五通"建设之间相互关联的认识，利用量化关联规则挖掘"五通"指数，识别出"五通"建设的重点，得出资金融通与贸易畅通应是今后"一带一路""五通"建设的重点的结论，并以此提出层次化建设的政策建议。

第三章考察丝绸之路经济带的建设是否对国内沿线省区市产业的趋同与趋异产生影响。首先采用相似系数法，研究丝绸之路经济带沿线省区市三次产业结构层面趋同的现象。其次，通过计算丝绸之路经济带沿线省区市制造业细分行业区位熵，讨论制造业层面是否存在产业趋同现象。最后运用偏离－份额分析法（SSM）对丝绸之路经济带沿线省区市产业趋同合意性进行分析。得出以下结论：①丝绸之路经济带沿线省区市三次产业结构层面趋同现象明显。②丝绸之路经济带沿线省区市产业结构制造业层面没有明显的产业趋同现象。③丝绸之路经济带沿线省区市的产业结构趋同现象属于合意性趋同。

第四章通过构建产业发展指标体系，计算我国各省区市的产业发展指数。运用双重差分方法（DID）实证分析设立自贸区对产业发展的影响，检验丝绸之路经济带与21世纪海上丝绸之路建设在产业发展中的差异化效应。通过比较二者政策净效应和传导机制的区别，为丝绸之路经济带在西部地区的建设提供重要参考价值，进一步释放西部地区产业发展新动能，定位自贸区在西部地区具体的发展方向。故而，丝绸之路经济带建设应以自贸区为实践孵化制度创新，协调政府与市场之间的关系，完善自贸区法制建设和市场自由。在其指导下，西部地区在以制造业等第二产业为产业发展重点的同时，逐步发展金融业，从而提高西部地区的市场需求水平，发挥西部地区的需求推动其产业发展的乘数效应。

第五章运用中介效应检验方法，研究在丝绸之路经济带建设背景下对外贸易如何影响西部地区产业结构升级。发现对外贸易程度的加深可以直接促进产业结构升级。同时，对外贸易可以通过资本积累、消费需求的增加、技术进步以及经济制度的变革间接促进产业结构升级。本章还深入研究了"一带一路"建设背景下对外贸易对西部地区产业结构升级的理论机制，并从直接和间接两个角度来检验对外贸易对产业结构升级的影响。

第六章从资源导向型 FDI（国际直接投资）、效率导向型 FDI 和市场导向型 FDI 三种不同进入动机的 FDI 探讨了异质性 FDI 对产业结构升级的影响。采用 2001～2016 年中国省级面板数据，并对"一带一路"倡议提出前后以及各地区进行实证分析，发现（1）整体上：资源导向型 FDI、效率导向型 FDI 和市场导向型 FDI 对产业结构升级均存在着显著的负向作用。（2）时间上："一带一路"倡议提出之前，市场导向型 FDI 对产业结构升级的作用是负向的，而在"一带一路"倡议提出之后，则变为正向促进作用。（3）地域上：东部地区整体 FDI 的产业结构升级效应不显著；中部地区资源导向型 FDI 对产业结构升级发挥着显著的阻碍效应；西部地区市场导向型 FDI 对产业结构升级存在显著的负相关关系。值得注意的是，丝绸之路经济带沿线省区市与西部地区情况类似，而海上丝绸之路沿线省区市与东部地区的情况相同。最后，本章结合中国的实际情况给出"变革传统的引资方式""大力建设和发展'一带一路'""促进区域间的合作交流，缩小产业结构升级的地区差异"等政策建议。

第七章基于丝绸之路经济带沿线 12 个省区市的面板数据，对各类环境规制工具是否会影响 FDI 的质量特征进行了实证检验。主要结论有：第一，在样本期间，经济型环境规制对 FDI 单项规模的扩大有着显著的促进作用，并且有助于产业结构升级。第二，行政型环境规制对 FDI 投资结构的优化升级有着抑制作用，但随着地区经济水平的提升，这种抑制作用会逐渐消失。第三，行政型环境规制对 FDI 带来的环境污染程度的负向影响会随着经济发展水平的提高而得到强化，行政型环境规制越强，越有利于产业结构的升级。第四，随着地区经济水平的不断提高，监管型环境规制对 FDI 技术外溢能力的促进作用会弱化，同时监管型环境规制对产业结构的正向影响也会弱化。

第八章应用数据挖掘领域中的决策树 C4.5 算法对大数据产业兴起条件构建决策树模型，然后以丝绸之路经济带沿线西部地区为测试样本，预测未来西部地区的大数据产业兴起。决策树模型显示，铁路里程、GDP、日照时长是决定西部地区大数据产业兴起的决策节点。预测结果表明，广西具备大数据产业发展的良好前提条件。

第九章从基础设施建设视角，系统考察了区域产业转移与西部地区创新投入之间的关系。研究发现：区域产业转移显著促进了西部地区的创新投入，在考虑潜在内生性问题之后，该结论依然成立。在此基础上，构建以基础设施建设为门槛变量的门槛模型，进一步检验了区域产业转移影响西部创新投入的门槛特征。门槛回归结果表明，经济基础设施建设、社会基础设施建设和环保基础设施建设对区域产业转移创新溢出皆存在单一的门槛效应，即当基础设施建设水平低于门槛值时，区域产业转移对西部创新投入具有抑制作用；当基础设施建设水平超过门槛值时，区域产业转移对西部地区创新投入产生正向促进作用。最后，结合理论与实证分析，提出丝绸之路经济带建设背景下，推动西部地区创新发展的政策建议。

第十章基于迪维西亚（Divisia）指数构建产业结构优化升级影响全要素生产率（TFP）的理论框架。运用中国 285 个地级及以上城市的面板数据，构造动态空间杜宾模型，检验产业结构优化升级对城市全要素生产率（TFP）的影响效应。研究表明，产业结构高度化对城市 TFP 存在显著的促进效应及空间外溢效应，而产业结构合理化对城市 TFP 具有明显的抑制效应。进一步异质性检验发现，产业结构高度化主要促进了东部和西部城市 TFP 的增长，对中部城市的作用效果并不显著；产业结构合理化抑制了中西部城市 TFP 的增长，但对东部城市 TFP 却产生促进作用。上述分析结果为丝绸之路经济带建设背景下西部产业结构转型升级指明方向。

第十一章提出现代金融是我国金融领域改革的新命题，其提出源于经济发展阶段与核心特征的趋势性变化。丝绸之路经济带建设以"政策沟通、设施联通、贸易畅通、资金融通、民心相通"为核心内容，不仅为作为内陆腹地的西部地区对外开放提供了新的机遇，更凭借向西全新的对外开放，为西部地区发展现代金融，进而推动产业结构转型与升级创造了重要的条件；现代金融的建设与发展，又能够通过加强"一带一路"资金融通，进一步深化推动其他"四通"，巩固丝绸之路经济带的共建与合作。新时代背景下可从质量维度、结构维度与协同维度剖析现代金融在新时代的内涵转换：当改革的着力点与着重点从刺激总量增长转化到结构性调整层面时，现代金融需要实现从规模到效率的转换、从动员型金融向资源配置型金融的转换、从金融创新向深化改革与主动防范风险的转换。创新、协调、绿色、开放、共享的新发展理念为新时代现代金融支持西部地区产业结构升级的实施逻辑提供了可借鉴的分析视角：一是利用数据挖掘、金融科技与金融结构优化，推进自主创新战略的实施，并以普惠金融提升金融资源的可及性，实现共同富裕与人的全面发展，为产业结构升级构建动力源泉；二是以绿色金融实现杠杆调节，抑制金融资本流向高污染与高能耗行业，形成产业结构优化支撑；三是以金融协调与金融开放解决社会主要矛盾的不平衡，从内外两方面主动防御并降低系统性风险，奠定产业结构转型的基础与保障。可行的发展路径表现为：在战略层面，深化政府与市场互补性关系；在科技层面，降低获取知识与知识间联系的成本以抓住第二种机会窗口；在监管层面，从时间与空间维度推动现代金融体系建设；在制度层面，从制度互补性与制度阶层性入手，多管齐下综合配套，以有序推进西部产业结构升级与价值链攀升，深化丝绸之路经济带建设。

本书的写作分工如下：第一章，高煜、赵培雅；第二章，于柳箐、高煜；第三章，高煜、赵培雅；第四章，高煜、许冬冬；第五章，高煜、陈清珂；第六章，雷淑珍、高煜；第七章，雷淑珍、高煜；第八章，于柳箐、高煜；第九章，张营营、高煜；第十章，张营营、高煜；第十一章，王聪。

感谢西北大学研究生院院长、西北大学中国西部经济发展研究院院长任保平教授；感谢西北大学经济管理学院院长吴振磊教授，副院长师博教授、马莉莉教授、李辉副教授；感谢西北大学教务处副处长郭晗副教授；感谢西北大学何爱平教授、茹少峰教授、宋宇教授、钞小静教授、岳丽萍教授、魏婕副教授、李勇副教授、吴丰华副教授、赵麦茹副教授、高鹏副教授；感谢西北大学中国西部经济发展研究院副院长李文斌与李凯老师。

本书在编写过程中参阅了大量文献，在此对各位学者表示真诚感谢。我们的研究还存在许多不足，恳请各位专家批评指正。

目 录
C O N T E N T S

第一章
西部地区产业发展：区域比较的历史演进——基于产业群、产业链视角

【摘　要】　从产业群、产业链视角考察西部地区产业发展的历史演进，测度全国、区域、西部地区三个层面的产业群与产业链，得出全国及区域产业结构的历史演进轨迹，通过区域对比解释西部地区产业发展与其他地区的差距，为丝绸之路经济带建设背景下西部地区产业结构升级提供事实依据。运用投入产出表分析，通过对各部门的直接消耗系数、完全消耗系数、使用分配系数、中间流量系数的测算得出产业群，并结合平均波及步数法和矩阵 F 法得出产业链并绘制其部门关系图。依据上述方法，本章首先测度了中国产业群、产业链的发展情况，并在此基础上研究，发现东部地区、东北地区与西部地区之间存在产业割裂，区域间缺乏分工协作，且割裂趋势愈发明显。能源产业对区域协作发展的带动作用较弱，金属制造业、通信设备及计算机和其他电子设备产业、金融等主导产业将成为新动能培育的方向。最后，基于区域对比提出西部地区产业建设的重点——通信设备及计算机和其他电子设备相关产业与化学产业，这些产业将是西部地区产业转型升级的新方向。

【关键词】　西部地区产业发展　投入产出分析　产业群　产业链

一 引言

改革开放 40 多年来，中国经济高速发展，取得了举世瞩目的成就。但在快速发展的背后，传统动能对经济增长的作用已处于边际递减阶段，区域经济发展差距问题日益突出。2019 年 8 月 26 日，习近平总书记在中央财经委员会第五次会议中强调"要充分发挥集中力量办大事的制度优势和超大规模的市场优势，打好产业基础高级化、产业链现代化的攻坚战"。考察全国产业结构的变化，探究区域间产业结构的差异，分析不同产业对经济发展的影响，对研究中国经济由高速发展阶段向高质量发展阶段转型至关重要。

经济增长中的结构主义观点认为，产业结构演进是一个资源配置并追求经济总体水平提高的过程，产业结构随经济增长而变动，并且反过来作用于一国的经济增长。钱纳里（H. Chenery）证明经济增长是生产结构转变的一个方面，麦迪森（Angus Maddison）的实证分析也证明产业结构变化是经济增长的一个重要的独立源泉。产业关联分析是产业结构变动研究中重要内容之一，显示出国民经济各部门在社会再生产过程中所形成的直接和间接的相互依存、相互制约的经济联系。产业关联指的是在经济活动中交往较多的部门所形成的"产业群"以及上下游产业的前后向联系所构成的"产业链"。

经济的高质量发展一方面需要培育新的动能，另一方面需要推进区域经济合作，消除区域市场壁垒。因此，本章从产业群、产业链视角来考察产业结构的变化，总结中国产业群、产业链的变化规律，探究何种产业可以作为新动能培育的方向，为我国产业结构未来的调整提供理论依据。进一步，测度我国四大区域①（东部地区、中部地区、西部地

---

① 四大区域划分依据是"十一五"规划，四大区域具体是指：东部地区，包括北京、天津、河北、山东、江苏、浙江、上海、福建、广东、海南等 10 省市；中部地区，包括山西、河南、湖北、湖南、安徽、江西等 6 省；西部地区，包括重庆、四川、云南、贵州、（转下页）

区、东北地区）产业群与产业链的演变，通过区域对比分析得出区域间产业分工协作的变化趋势，探究何种产业的发展可以缩小区域差距并促进统一区域市场的形成。尤其对于产业发展相对落后的西部地区来说，其紧迫任务是寻找产业群、产业链存在的问题，为丝绸之路经济带建设背景下西部地区产业结构升级提供方向指引。

二　文献综述

1. 产业群与产业链

"产业群"概念由 M. 波特（Porter. M）在《国家的竞争优势》（1990）一文中提出。杨公朴、复大慰（1998）认为产业群的存在反映了各产业间的亲疏远近关系。关联较为密切的产业，在经济活动中的交往较多，从而形成一个"产业群"。已有研究提出，具有竞争优势的产业或产业群的形成是区域经济发展的核心。波特（1990）提出，一个地区的竞争力来源于其拥有的产业的竞争力，如果某产业置于一个完善的群体中，其竞争力将会提高，从而带动整个地区的经济发展。朱传耿、赵振斌（2002）将区域经济的发展描述为，充分利用区域条件，形成具有竞争优势的产业或产业群并取得最佳综合效益的过程。而目前对于产业群的探讨大多局限于某一省市（成达建，2002；周民良、满明俊，2009；李慧珍等，2011；史贞、许佛平，2018）或者某一产业（王辅信等，1998；郑吉昌、夏晴，2005；徐丽梅，2010；黄桂田、徐昊，2018），对全国及区域产业群的深入分析目前相对较少。

1958 年赫希曼用"产业的前向联系和后向联系"定义了产业链的概念。产业链的实质就是产业关联，而产业关联的实质就是各产业相互间的投入与产出的关系（杨公朴、夏大慰，1998）。投入产出表可以清

（接上页）广西、陕西、甘肃、宁夏、青海、新疆和内蒙古 11 省区市（西藏地区由于数据缺失除外）；东北地区，包括辽宁、吉林、黑龙江等 3 省。

晰反映经济运行体系内各个产业之间的相互联系，是产业链测度的常用的数据来源。Erik Dietzenbacher 等人（2005）最早提出平均波及步数法（APL），结合常用的矩阵 F 法，运用投入产出表得出产业链结构。Erik Dietzenbacher & Isidoro Romeroluna（2007）进一步运用该方法不仅测度出各产业联系的相关性，而且也得到了相关产业之间的经济距离，并绘制了产业链的关系图。许优美（2010）、全诗凡（2014）运用上述方法对天津市和京津冀地区存在哪些产业链、产业链关系图和产业链发展程度进行了分析。吴三忙、李善同（2013）同样采用 APL 法，研究表明1987～2007 年中国经济复杂度总体显著提高，产业链不断延长。冯沛（2014）利用投入产出表全面测度了中国 12 个产业的产业链延展性。研究表明，第一产业及第二产业的大部分产业的产业链较短，第三产业中的大部分产业则有较长的产业链。作为一种各产业部门依据一定的经济技术要求，连接形成一种链条式加工转换的经济活动，龚勤林（2007）认为产业链必然落脚于一定的经济空间，并配置到不同的经济区域。区域产业链的发展可以消除区域市场壁垒并推进区域合作（龚勤林，2004），也是消除和缓解大都市区产业发展恶性冲突的有效途径（魏后凯，2007）。而目前大多数对产业链的研究主要集中在全国或者某省市，对区域产业链的研究却相对较少。仅有程李梅等（2013）研究得出区域经济中的产业链空间动态演化的一般规律，认为西部地区没有遵循这种规律并最终陷入"企业转移陷阱"之中。区际分工与合作的本质是产业间分工协作，因此考察区域产业链的演化，既是对区际分工与合作的产业经济学解析，也是对产业链的区域经济学解读。目前从产业链视角来考察全国及区域的产业结构的演进，仍存在一定的研究空间。

2. 区域差距解释

我国幅员辽阔，区域间经济发展水平差距较大，区域差距的解释一直以来是经济研究中的热点问题。早期国内外学者主要从宏观视角采用

GDP 数据来考察区域差距。魏后凯（1997）通过对各地区人均 GDP 增长进行回归分析，得出 1978~1985 年各地区人均 GDP 增长收敛的速度相对较快，而 1986~1995 年则不存在显著的收敛性的结论，并证明了地区产业结构的差异对地区人均 GDP 增长的收敛性有着重要的影响。蔡昉和都阳（2000）利用泰尔指数研究表明，1978~1998 年以省（区、市）为单位的中国区域经济发展差距呈现持续扩大的趋势。Bhalla，A.（2003）将中国区域划分为东中西部三大地区，采用 1952~1997 年的人均 GDP 数据，研究表明，1990 年以来中国东中西部地区之间的差距呈现持续扩大趋势。以上文献均从 GDP 宏观视角解释了区域差异演变的总体趋势，但未能反映经济结构的变化。中观层面，干春晖、郑若谷（2010）通过构造泰尔指数，研究发现中国地区经济差距已演变为倒"N"形，存在 1990 年和 2003 年两个拐点。从产业角度看，地区经济差距由产业内差距和产业间差距两部分组成。第二、第三产业的产业内差距是地区经济差距的主体。覃成林（2011）运用人口加权变异系数解析，得出四大区域之间的产业发展差异是导致中国区域发展不平衡的主要原因，得出工业对中国区域发展不平衡的贡献最大并远高于其他产业的结论。其他服务业、批发零售及住宿餐饮业、金融业对中国区域发展不平衡的贡献分别居第二、第三和第四位。杨丽君、邵军（2018）对中国区域产业结构优化进行了再估算，通过构建综合估算区域产业结构优化指标，得出整体上中国区域产业结构优化水平不断提升且地区差异显著的结论。长期以来长江三角洲地区和西部地区产业结构优化水平的差距不仅未缩小，还有所扩大。近年来，学界开始从微观视角考察区域差距。戴魁早、刘友金（2015）证实了要素市场扭曲导致地区间 R&D 投入差异，从而加大区域间的差异。刘贯春等（2017）从要素禀赋视角考察区域差异，认为要素市场的扭曲是导致区域经济非平衡发展的关键原因之一，其中劳动力配置的重要性更为突出。

目前对区域差异的解释较为完善，虽然对区域产业发展的研究采用目前的测算方法解决了一部分问题，却遗留了更多的问题。不同区域的产业间存在联系还是割裂？这种联系或者割裂将来的变化趋势是什么？产业的发展是否推动了区域经济差距的缩小？这是国家区域宏观管理决策所关注的重要问题，也是本章研究的重点。因此，本章将考察东部、中部、西部、东北部的产业群与产业链演变，尝试从产业群与产业链视角对区域差距进行解释。

三　测度方法

1. 产业群测度方法

（1）直接消耗系数

X_{ij}为i产品分配至j部门作为中间产品使用的数量，X_j为j部门的总投入（根据投入产出表的平衡关系，总投入亦等于总产出），则直接消耗系数$a_{ij}=X_{ij}/X_j$，表示j部门生产单位产品需要消耗i部门的产品的数量，这也叫投入系数。直接消耗系数a_{ij}反映了j部门对i部门的依存关系。a_{ij}越大，说明j、i两产业部门间的依存关系越密切。n行n列的直接消耗系数组成直接消耗系数矩阵，记作A。

（2）完全消耗系数和逆矩阵系数

国民经济各产业部门之间除了有直接消耗外，还因相互提供中间产品而存在多层次的间接消耗，直接消耗和所有层次的间接消耗构成了完全消耗。记b_{ij}为完全消耗系数，表示每生产单位j部门的最终产品对i部门产品的完全消耗量。完全消耗系数b_{ij}包括两个层次的消耗，第一层次是直接消耗，即a_{ij}；第二层次消耗可以这样理解，生产单位j部门的产品，除直接消耗i部门的产品外，还有通过直接消耗其他部门的产品而产生的对i部门产品的消耗，即间接消耗，这反映了产业之间深层次的依存关系。完全消耗系数的计算方法如下：

$$B = (I - A)^{-1} - I$$

式中的 B 为完全消耗系数矩阵，所包含的元素即为完全消耗系数；式中的 $(I-A)^{-1}$，即为列昂惕夫逆矩阵，记作 L。列昂惕夫逆矩阵所包含的元素即为列昂惕夫逆矩阵系数，列昂惕夫逆矩阵系数与完全消耗系数既有相似之处，又有区别，下文对两者的异同进行讨论。列昂惕夫逆矩阵中的第 j 列元素的经济意义为：当 j 部门增加 1 单位最终产品时，需要各产业部门增加总产出的数量。事实上，j 部门增加的总产出除 1 单位作为最终产品外，其余则作为生产这增加的 1 单位的最终产品所需的中间产品数量；而其他部门由于最终需求不变，其增加的产出仅作为生产增加的 1 单位的 j 部门最终产品而提供中间产品的数量。因此，逆矩阵系数和完全消耗系数不同之处正是在于完全消耗系数仅指增加的中间产品的数量。从上述的分析可以知道，逆矩阵系数 c_{ij} 与完全消耗系数 b_{ij} 仅在 i 与 j 相等时有区别，此时 $c_{ij}=b_{ij}+1$；当 i 与 j 不相等时，则 $c_{ij}=b_{ij}$。这一点也可以从完全消耗系数矩阵的推导公式中得知。完全消耗系数和列昂惕夫逆矩阵系数都揭示了国民经济中各产业部门之间错综复杂的经济技术联系。

（3）使用分配系数

使用分配系数是 $r_{ij}=X_{ij}/X_i$，X_i 为 i 产品的总产出量，表示中间产品流量与提供部门（i 部门）的社会总供给（包括本地生产和输入）的比重，即表示中间产品提供部门有多大比重的产品供给投向该系数对应的使用部门（j 部门），从而反映 i、j 两产业部门之间的依存关系，R 为直接分配系数矩阵。

（4）中间流量系数

直接消耗系数（或使用分配系数）反映了中间流量相对于中间产品使用部门总产出（或中间产品提供部门总供给）的重要程度，却未能反映中间流量相对所有产业部门中间流量总和的重要程度，因此，产业依存关系需要结合以下指标分析。记 $W=X_{ij}\Big/\sum_i\sum_j X_{ij}$ 为中间流量系数，反映从 i 部门流向 j 部门的中间投入占所有产业部门中间投入总和的比重，其值表示该中间流量相对于所有产业部门而言的重要程度。当 $i=j$ 时，意义为自耗流量系数，反映内部联系程度。中间流量系数也反映了产业部门间的依存关系程度。

产业群是指一组相互间依存关系较为密切的产业部门的集合，其强弱程度（依存度）用直接消耗系数、完全消耗系数、使用分配系数和中间流量系数来反映。一些部门之间由于依存关系较强而联结成一个产业群，而另外一些部门则联结成为另一个产业群，国民经济是由不同的产业群构成的一个有机整体。参考成达建（2002）的做法，并结合实际情况，采用直接消耗系数、完全消耗系数、使用分配系数和中间流量系数检验产业部门依存关系强弱程度。

首先结合直接消耗系数和使用分配系数对全国 1987 年到 2015 年的产业群进行初步辨认。从直接消耗系数看，不包括部门内部的联系，部门之间的依存关系相对较强的直接消耗系数均达到 0.1，即一个部门提供的中间产品投入占另一个部门总产出的比重超过 10%，可作为检验依存关系强弱的一个标准。同样不包括部门内部的联系，部门间的使用分配系数超过 0.05，即一个部门有超过 5% 的社会总供给作为中间产品投向另一部门，则可作为检验依存关系强弱的另一个标准。进一步，使用完全消耗系数和中间流量系数对上面识别的产业群进行检验，剔除未达到标准的产业群。完全消耗系数代表着由直接消耗和各层次的间接消耗，学界通常的做法将 0.2 作为完全消耗系数检验的标准。此外，作为检验指标的还有中间流量系数。参考成达建（2002）的做法并结合实际情况，在 33 部门（1987 年、1990 年、1992 年、1995 年）的投入产出表中，部门内部及相互之间的依存关系有 1089（33 乘 33）对，中间流量系数是两部门之间的中间产品流量占中间投入合计的比重，因而从平均意义上讲，0.00092（1089 的倒数）是这个指标的平均值。因此，把该平均值扩大 10 倍多，将 0.01 作为中间流量系数检验的标准是合适

的。同理在 40 部门（1997 年）、41 部门（2010 年）、42 部门（2002
年、2005 年、2007 年、2012 年、2015 年）的投入产出表中，将 0.006
作为中间流量系数检验的标准。按照相同方法对四大区域 2002 年到
2012 年的产业群进行测度，同样对于 42 部门的投入产出表，将 0.006
作为中间流量系数检验的标准。

2. 产业链测度方法

对产业链的度量通常包括两方面：一是产业链上部门间的联系程
度，采用感应度系数和影响力系数来分析产业间的关联关系；二是通过
APL 模型分析各产业部门间经济距离，研究部门联系紧密程度，得出地
区主要产业链。本章运用 1987 年到 2015 年全国以及 2002 年到 2012 年
四大区域投入产出表计算各产业部门感应度系数和影响力系数，对全国
各产业部门在经济发展中的作用进行测度，并在此基础上，采用 APL
模型得出 1987 年到 2015 年全国及 2002 年到 2012 年四大区域主要产业
链，揭示其演化趋势。

（1）感应度系数

完全消耗系数 b_{ij} 反映任意两个部门之间的完全依存关系。感应度系
数 $b_{ie} = \sum_j b_{ij}$ 反映各部门均增加一单位最终产出，i 部门由此受到的需求
感应程度，即 i 部门对各部门生产的供给推动程度[①]。感应度系数表示
某一部门最初投入增加一个单位对其他部门的推动程度（李善同、钟
恩斌，1998）。当某一部门感应度系数大于（小于）1 时，表示该部门的
感应程度高于（低于）社会平均感应度水平（各部门的感应程度的平均
值）。感应度系数越大，说明该部门对国民经济的推动作用就越大。

---

① 感应度系数测度有直接感程度（李善同、钟恩斌，1998）和完全感应程度（许优美，
2010）两种测度方法。通过笔者计算得出两种方法所得数据结果不同，但部门的排序相
同，因此在不影响对产业群和产业链分析的情况下，本章采用直接感应程度方法对感应
度系数进行测度。

（2）影响力系数

影响力系数 $b_{cj} = \sum_i b_{ij}$ 反映 j 部门每增加一单位最终产出，对国民经济各部门的需求程度[①]。b_{cj} 越大，j 部门对国民经济的影响力就越大。影响力系数表示某一部门单位最终需求对其他部门的拉动程度（李善同、钟恩斌，1998）。当某一部门影响力系数大于（小于）1 时，表示该部门的生产对其他部门所产生的影响程度高于（低于）社会平均影响水平（各部门所产生的影响的平均值）。影响力系数越大，表明该部门对其他部门的拉动作用就越大。

（3）APL（Average Propagation Length）模型

Erik Dietzenbacher 等人在 2005 年提出 APL 模型，通过部门间经济距离的计算，得出部门在产业链上的影响。

第一，经济距离测度方法。平均波及步数法（Average Propagation Length）通过计算产业链各部门间互相影响的平均经济距离来测度，可以反映出经济系统内部各部门间相互关联的程度以及产业链的长度。

由列昂惕夫模型可知，$L = (I-A)^{-1} = I + A + A^2 + \cdots$。$L$ 可以理解为以下几个部分：A 为直接消耗系数矩阵，表示对所有部门的直接影响，对于所有部门的一步间接影响为 A^2，表示对所有部门的二步间接影响为 $A^3 \cdots$。研究产业中某一部门在产业链上的影响，要关注某一部门对其他部门的直接影响以及是一步间接影响还是多步间接影响，对这种影响的区分称为经济影响距离。直接影响定义为一步经济距离造成的影响，其经济距离为 A；一步间接影响的经济距离为 $2A^2$；二步间接影响的经济距离为 $3A^3 \cdots$，以此类推得到经济距离：

---

① 影响力系数有直接影响程度（李善同、钟恩斌，1998）和完全影响程度（许优美，2010）两种测度方法。通过笔者计算得出两种方法所得数据结果不同，但部门的排序相同。因此，在不影响对产业群和产业链分析的情况下，本章采用直接影响程度方法对影响力系数进行测度。

$$H = A + 2A^2 + 3A^3 + \cdots \qquad \text{式（1-1）}$$

得到经济距离后，再求平均距离的 APL 值 U，

$$U = H/L = \left(A + 2A^2 + 3A^3 + \cdots\right) \big/ \left(I + A + A^2 + A^3 + \cdots\right) \qquad \text{式（1-2）}$$

具体而言，当 $i \neq j$ 时，$U_{ij} = H_{ij}/L_{ij}$，当 $i = j$ 时，$U_{ij} = H_{ij}/\left(L_{ij} - 1\right)$。

计算 H，由 $\left(I - A\right)H = A + A^2 + A^3 + \cdots = L - I$ 可以得出：

$$H = L\left(L - I\right) \qquad \text{式（1-3）}$$

定义 $FA_i = \dfrac{1}{n} \sum\limits_{j=1}^{n} APL_{ij}$，$FA_i$ 给出了部门 i 对所有部门的前向成本推动的平均波及步数。定义 $BA_j = \dfrac{1}{n} \sum\limits_{i=1}^{n} APL_{ij}$，$BA_j$ 给出了部门 j 需求增加对所有部门后向拉动的平均波及步数。对 APL 值取平均值，定义为经济复杂度指数（Complexity Index），见式（1-4）：

$$CI = \dfrac{1}{n^2} \sum\limits_{i=1}^{n} \sum\limits_{j=1}^{n} APL_{ij} \qquad \text{式（1-4）}$$

经济复杂度指数表示所有产业部门间的成本推动或需求拉动的经济距离。若将整个经济系统所有部门看作一个大的产业链的话，CI 值表示整个经济系统的产业链发展状况，CI 值越大说明经济系统内部各部门间的经济距离越大，部门间的联系延伸得越长，也意味着产业链发展得越好（吴三忙等，2013）。

第二，联系程度测度方法。APL 值的缺点在于无法表示部门间联系的强度。组成产业链的各环节之间有较大的联系强度，如果要选择出某一部门的产业链，较好的方法是从所有产业部门中选择出与该部门联系度比较高的部门，从而构成一个产业链。因此，Erik Dietzenbacher 等人（2005）在列昂惕夫逆矩阵（用 L 表示）和 Ghosh 逆矩阵（用 G 表示）基础上提出了选择产业链的方法。列昂惕夫逆矩阵表示各产业部门后向联系，反映的是部门的需求拉动效应；Ghosh 逆矩阵，表示各产业部门

前向联系，反映的是部门成本推动效应。

同完全消耗系数矩阵一样，完全供给系数矩阵 G 可分解为初始影响（单位 1）、直接影响（R）、一步间接影响（R^2）、二步间接影响（R^3）……以此类推，可得 $G=(I-R)^{-1}=I+R+R^2+\cdots$。为了充分考虑一部门对其他部门的前向联系和后向联系，本章取列昂惕夫逆矩阵 L 和 Ghosh 逆矩阵 G 的平均数，得到矩阵 F，F 里的元素表示由需求拉动效应和成本推动效应共同构成的联系紧密程度。F 的计算公式为：

$$F=\frac{1}{2}\left[(L-I)+(G-I)\right] \qquad 式（1-5）$$

综上所述，首先用感应度系数和影响力系数来分析产业间的关联关系。本章结合平均波及步数法 APL 法以及矩阵 F 深入探究我国产业链结构。首先针对矩阵 F 设定一个临界值 a，临界值大小随着投入产出表部门个数的变化发生变化，参考 Erik Dietzenbacher（2005）的做法并结合实际情况做适当调整，33 部门投入产出表对应的临界值是 0.1，40 部门、41 部门、42 部门投入产出表对应的临界值均是 0.052，部门之间的 F 值大于临界值 a 的产业部门为相互联系最为紧密的部门，然后对该产业链部门运用 APL 值进行分析，对 APL 值取整数，得到一个新的矩阵 S。

$$s_{ij}=\begin{cases}\text{int}(u_{ij}) & if\ f_{ij}\geq a \\ 0 & if\ f_{ij}<a\end{cases} \qquad 式（1-6）$$

其中，s_{ij} 表示矩阵 S 的元素，u_{ij} 表示矩阵 U 的元素，f_{ij} 表示矩阵 F 的元素，int（u_{ij}）表示离 u_{ij} 值最近的整数。S 值越小代表两部门间经济距离越短，相关性越强。

3. 数据说明

产业结构变动是国民经济发展的重要特征，产业结构的投入产出关联分析，是深刻揭示产业结构变动内在机理的重要方法。1987 年，我国进行了第一次全国性的投入产出调查和编表工作，成功编制了 1987 年全国投入产出表，为国民经济核算体系全面转轨提供了数据依据。本章对中国产业群、产业链分析的数据来源于 1987 年、1992 年、1997 年、2000 年、2002 年、2007 年、2010 年、2012 年和 2015 年中国投入产出表，对区域产业群、产业链分析的数据来源于 2002 年、2007 年和 2012 年各省（区、市）的投入产出表，将各省（区、市）所在区域的对应数据加总，得到每年四大区域的投入产出表。各年投入产出表部门分类和部门数存在一定的差别，但由于部门合并尚未有统一标准，且为了反映历年产业群、产业链的实际情况，本章不对各年份的部门进行合并。

四　全国产业发展：产业群、产业链的历史演进

1. 全国产业群演进

首先对全国 1987 年到 2015 年的产业群进行测度，结果得出 1987 年全国共有四个产业群，1990 年有七个产业群，1992 年有五个产业群，1995 年有三个产业群，1997 年有五个产业群，2000 年有两个产业群，2002 年有五个产业群，2005 年有六个产业群，2007 年有五个产业群，2010 年有五个产业群，2012 年有五个产业群。

总体来看，1987 年到 2015 年，产业群内部产业依存关系逐渐复杂。常见产业群是以农业、能源、金属、非金属、化学工业为核心的产业群，2002 年、2005 年、2015 年出现了与通信设备、计算机及其他电子设备相互关联的产业群。其中通用设备、通信设备计算机和其他电子设备、租赁和商务服务在全国产业群中处于下游部门，对产业群的扩张至关重要，将成为推动经济高质量发展的主导产业。

2. 全国产业链演进

对全国 1987 年到 2015 年的产业链进行测度，并综合各部门间 F 值及 APL 值，发现 1987 年中国国民经济同时存在三条主要的产业链，

1990 年存在两条主要的产业链，1992 年存在两条主要的产业链，1995 年存在三条主要的产业链，1997 年存在三条主要的产业链，2000 年存在两条主要的产业链，2002 年存在两条主要的产业链，2005 年存在两条主要的产业链，2007 年存在四条主要的产业链，2010 年存在三条主要的产业链，2012 年存在两条主要的产业链，2015 年存在三条主要的产业链。

总体来看，1987～2015 年中国产业链内部部门逐渐增多，产业链中感应度系数、影响力系数大于 2 的部门逐渐增多，并不断向第三产业部门延伸。1987 年以来中国产业部门关联度日益增强，产业链不断延伸。2015 年感应度系数和影响力系数均处于较高水平的部门有：煤炭采选产品、纺织品、造纸印刷和文教体育用品、石油炼焦产品和核燃料加工品、化学产品、金属冶炼和压延加工品、金属制品、通用设备、交通运输设备、电气机械和器材、通信设备计算机和其他电子设备、电力热力的生产和供应、租赁和商务服务，这些部门是带动产业结构升级的主要方向。

3. 全国经济复杂度测度

本章进一步利用前文推导的经济复杂度测度公式，对 1987～2015 年中国经济复杂程度的演变进行测度（见图 1－1）。

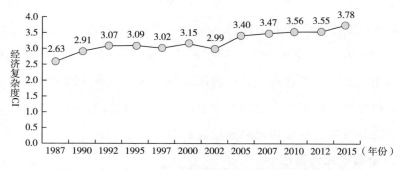

图 1－1　1987～2015 年中国经济复杂程度（CI）演变

从测算结果来看，1987 年以来中国经济复杂度总体呈上升趋势。

1987 年复杂度指数（CI）为 2.63，到 2015 年上升到了 3.78，上升了 43.7%，表明随着中国经济规模的扩大，市场化改革的推进，中国经济系统内部分工日益深化，部门间的产业关联逐渐加强，产业链不断延长。值得注意的是，1995 年至 2002 年，经济复杂度有所下降，CI 值由 1995 年的 3.09 下降到 1997 年的 3.02，2000 年后上升到 3.15，2002 年又下降到 2.99。1995 年至 2002 年经济复杂度下降的主要原因在于，这一时期国有企业的兼并重组带来了中国经济结构较为显著的变革。从 2005 年开始 CI 值继续呈上升趋势，到 2015 年达到了 3.78。

五 区域产业发展：产业群、产业链的历史演进

1. 三大区域产业群演进

首先，对东部地区、中部地区、东北地区三大区域 2002 年到 2012 年的产业群进行测度，结果如下。

由表 1-1 可以看出 2002 年东部地区共有四个产业群，产业群内各部门依存关系如图 1-2~图 1-5 所示。

表 1-1 2002 年东部地区产业群

产业群编号	产业群所含部门				
	中间产品提供部门	中间产品使用部门			
产业群一	农业	食品制造及烟草加工业	纺织业	住宿和餐饮业	
	直接消耗系数	0.282663	0.105577	0.105257	
	使用分配系数	0.252154	0.069264	0.035707	
	完全消耗系数	0.461477	0.248396	0.224557	
	中间流量系数	0.141331	0.052789	0.052629	
	食品制造及烟草加工业	住宿和餐饮业			
	直接消耗系数	0.163585			
	使用分配系数	0.062208			
	完全消耗系数	0.247178			
	中间流量系数	0.081792			

续表

产业群编号	产业群所含部门				
	中间产品提供部门	中间产品使用部门			
产业群一	纺织业	服装皮革羽绒及其制品业			
	直接消耗系数	0.248166			
	使用分配系数	0.198566			
	完全消耗系数	0.479580			
	中间流量系数	0.124083			
产业群二	石油和天然气开采业	石油加工、炼焦及核燃料加工业			
	直接消耗系数	0.421979			
	使用分配系数	0.931472			
	完全消耗系数	0.578508			
	中间流量系数	0.210990			
产业群三	化学工业	纺织业	电气、机械及器材制造业		
	直接消耗系数	0.159098	0.116831		
	使用分配系数	0.079989	0.052202		
	完全消耗系数	0.498627	0.369547		
	中间流量系数	0.079549	0.058415		
产业群四	金属冶炼及压延加工业	金属制品业	通用、专用设备制造业	电气、机械及器材制造业	建筑业
	直接消耗系数	0.274988	0.148543	0.118117	0.109589
	使用分配系数	0.181726	0.184422	0.124265	0.232980
	完全消耗系数	0.561812	0.377557	0.319936	0.284064
	中间流量系数	0.137494	0.074271	0.059058	0.054794

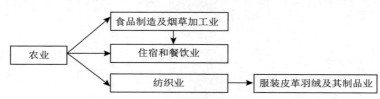

图 1-2 2002 年东部地区产业群—部门依存关系示意

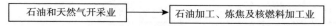

图 1-3　2002 年东部地区产业群二部门依存关系示意

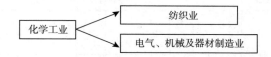

图 1-4　2002 年东部地区产业群三部门依存关系示意

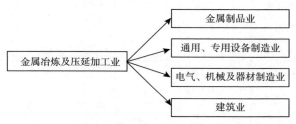

图 1-5　2002 年东部地区产业群四部门依存关系示意

由表 1-2 可以看出 2002 年中部地区共有五个产业群，产业群内各部门依存关系如图 1-6~图 1-10 所示。

表 1-2　2002 年中部地区产业群

产业群编号	产业群所含部门				
	中间产品提供部门	中间产品使用部门			
产业群一	农业	食品制造及烟草加工业			
	直接消耗系数	0.364791			
	使用分配系数	0.228926			
	完全消耗系数	0.610565			
	中间流量系数	0.182396			
	食品制造及烟草加工业	住宿和餐饮业			
	直接消耗系数	0.246899			
	使用分配系数	0.076011			
	完全消耗系数	0.350063			
	中间流量系数	0.123449			

续表

产业群编号	产业群所含部门				
	中间产品提供部门	中间产品使用部门			
产业群二	纺织业	服装皮革羽绒及其制品业			
	直接消耗系数	0.207611			
	使用分配系数	0.152539			
	完全消耗系数	0.354801			
	中间流量系数	0.103805			
产业群三	煤炭开采和洗选业	电力、热力的生产和供应业			
	直接消耗系数	0.167088			
	使用分配系数	0.231970			
	完全消耗系数	0.224343			
	中间流量系数	0.083544			
产业群四	石油和天然气开采业	石油加工、炼焦及核燃料加工业			
	直接消耗系数	0.402321			
	石油和天然气开采业	石油加工、炼焦及核燃料加工业			
	使用分配系数	2.787843			
	完全消耗系数	0.444037			
	中间流量系数	0.201161			
产业群五	金属矿采选业	金属冶炼及压延加工业			
	直接消耗系数	0.163300			
	使用分配系数	0.885880			
	完全消耗系数	0.255255			
	中间流量系数	0.081650			

续表

产业群编号	产业群所含部门				
	中间产品提供部门	中间产品使用部门			
	金属冶炼及压延加工业	金属制品业	通用、专用设备制造业	交通运输设备制造业	电气、机械及器材制造业	建筑业
产业群五	直接消耗系数	0.247189	0.182438	0.100684	0.163842	0.131696
	使用分配系数	0.084094	0.140291	0.072862	0.052315	0.290251
	完全消耗系数	0.412877	0.331990	0.252414	0.298483	0.285099
	中间流量系数	0.123594	0.091219	0.050342	0.081921	0.065848
	非金属矿物制品业	建筑业				
	直接消耗系数	0.198311				
	使用分配系数	0.394805				
	完全消耗系数	0.285099				
	中间流量系数	0.099155				
	通用、专用设备制造业	卫生、社会保障和社会福利事业				
	直接消耗系数	0.167126				
	使用分配系数	0.077256				
	完全消耗系数	0.213910				
	中间流量系数	0.083563				

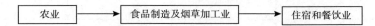

图 1-6 2002 年中部地区产业群一部门依存关系示意

图 1-7 2002 年中部地区产业群二部门依存关系示意

图 1-8 2002 年中部地区产业群三部门依存关系示意

图 1-9 2002 年中部地区产业群四部门依存关系示意

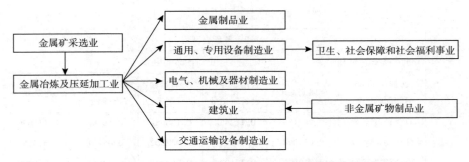

图 1 - 10 2002 年中部地区产业群五部门依存关系示意

由表 1 - 3 可以看出 2002 年东北地区共有五个产业群，产业群内各部门依存关系如图 1 - 11 ~ 图 1 - 15 所示。

表 1 - 3 2002 年东北地区产业群

产业群编号	产业群所含部门		
	中间产品提供部门	中间产品使用部门	
产业群一	农业	食品制造及烟草加工业	住宿和餐饮业
	直接消耗系数	0.305166	0.263506
	使用分配系数	0.206847	0.075433
	完全消耗系数	0.468950	0.413793
	中间流量系数	0.152583	0.131753
	食品制造及烟草加工业	住宿和餐饮业	
	直接消耗系数	0.170956	
	使用分配系数	0.072201	
	完全消耗系数	0.251774	
	中间流量系数	0.085478	
产业群二	纺织业	服装皮革羽绒及其制品业	
	直接消耗系数	0.380948	
	使用分配系数	0.282739	
	完全消耗系数	0.596942	
	中间流量系数	0.190474	

续表

产业群编号	产业群所含部门		
	中间产品提供部门	中间产品使用部门	
产业群三	煤炭开采和洗选业	电力、热力的生产和供应业	
	直接消耗系数	0.170234	
	使用分配系数	0.429653	
	完全消耗系数	0.207556	
	中间流量系数	0.085117	
产业群四	石油加工、炼焦及核燃料加工业	交通运输及仓储业	
	直接消耗系数	0.145415	
	使用分配系数	0.133483	
	完全消耗系数	0.211473	
	中间流量系数	0.072708	
产业群五	非金属矿物制品业	建筑业	
	直接消耗系数	0.198404	
	使用分配系数	0.634677	
	完全消耗系数	0.261173	
	中间流量系数	0.099202	
	金属冶炼及压延加工业	金属制品业	通用、专用设备制造业	交通运输设备制造业
	直接消耗系数	0.340531	0.196409	0.146930
	使用分配系数	0.104651	0.175896	0.165550
	完全消耗系数	0.547086	0.388987	0.344114
	中间流量系数	0.170266	0.098205	0.073465
	金属冶炼及压延加工业	电气、机械及器材制造业	建筑业
	直接消耗系数	0.191189	0.100092
	使用分配系数	0.051041	0.175076
	完全消耗系数	0.356638	0.241740
	中间流量系数	0.095594	0.050046

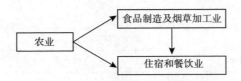

图 1−11　2002 年东北地区产业群一部门依存关系示意

图 1−12　2002 年东北地区产业群二部门依存关系示意

图 1−13　2002 年东北地区产业群三部门依存关系示意

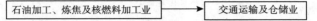

图 1−14　2002 年东北地区产业群四部门依存关系示意

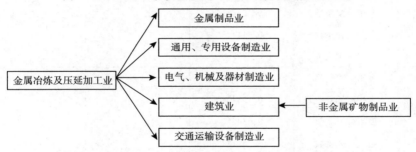

图 1−15　2002 年东北地区产业群五部门依存关系示意

由表 1−4 可以看出 2007 年东部地区共有四个产业群，产业群内各部门依存关系如图 1−16 ~ 图 1−19 所示。

表 1−4　2007 年东部地区产业群

产业群编号	产业群所含部门			
	中间产品提供部门	中间产品使用部门		
产业群一	农林牧渔业	食品制造及烟草加工业	纺织业	住宿和餐饮业
	直接消耗系数	0.353415	0.125748	0.123055
	使用分配系数	0.393204	0.125396	0.050418
	完全消耗系数	0.566661	0.285799	0.288883
	中间流量系数	0.176707	0.062874	0.061527

续表

产业群编号	产业群所含部门			
	中间产品提供部门	中间产品使用部门		
产业群一	食品制造及烟草加工业	住宿和餐饮业		
	直接消耗系数	0.215019		
	使用分配系数	0.079183		
	完全消耗系数	0.316294		
	中间流量系数	0.107509		
	纺织业	纺织服装鞋帽皮革羽绒及其制品业		
	直接消耗系数	0.269681		
	使用分配系数	0.203074		
	完全消耗系数	0.573742		
	中间流量系数	0.134841		
产业群二	煤炭开采和洗选业	电力、热力的生产和供应业		
	直接消耗系数	0.181256		
	使用分配系数	0.894678		
	煤炭开采和洗选业	电力、热力的生产和供应业		
	完全消耗系数	0.325927		
	中间流量系数	0.090628		
产业群三	石油和天然气开采业	石油加工、炼焦及核燃料加工业	燃气的生产和供应业	
	直接消耗系数	0.613981	0.275494	
	使用分配系数	1.607659	0.052461	
	完全消耗系数	0.746982	0.506316	
	中间流量系数	0.306990	0.137747	
	石油加工、炼焦及核燃料加工业	交通运输及仓储业		
	直接消耗系数	0.172807		
	使用分配系数	0.344288		
	完全消耗系数	0.250675		
	中间流量系数	0.086403		

续表

产业群编号	产业群所含部门			
	中间产品提供部门	中间产品使用部门		
产业群四	金属冶炼及压延加工业	金属制品业	通用、专用设备制造业	交通运输设备制造业
	直接消耗系数	0.313757	0.205937	0.118204
	使用分配系数	0.123243	0.158081	0.064490
	完全消耗系数	0.727100	0.584348	0.452562
	中间流量系数	0.156879	0.102968	0.059102
	金属冶炼及压延加工业	电气机械及器材制造业	建筑业	
	直接消耗系数	0.218640	0.181038	
	使用分配系数	0.149903	0.162024	
	完全消耗系数	0.590331	0.447833	
	中间流量系数	0.109320	0.090519	
	非金属矿物制品业	建筑业		
	直接消耗系数	0.179554		
	使用分配系数	0.512248		
	非金属矿物制品业	建筑业		
	完全消耗系数	0.250866		
	中间流量系数	0.089777		

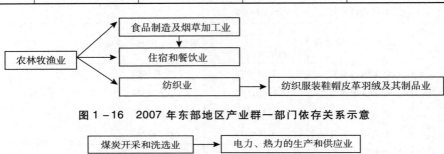

图 1-16 2007 年东部地区产业群一部门依存关系示意

图 1-17 2007 年东部地区产业群二部门依存关系示意

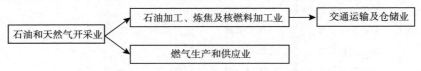

图 1-18 2007 年东部地区产业群三部门依存关系示意

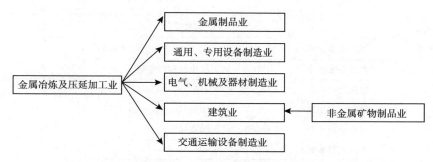

图 1 – 19　2007 年东部地区产业群四部门依存关系示意

由表 1 – 5 可以看出 2007 年中部地区共有五个产业群，产业群内各部门依存关系如图 1 – 20 ~ 图 1 – 24 所示。

表 1 – 5　2007 年中部地区产业群

产业群编号	产业群所含部门		
	中间产品提供部门	中间产品使用部门	
产业群一	农林牧渔业	食品制造及烟草加工业	
	直接消耗系数	0.341103	
	使用分配系数	0.252348	
	完全消耗系数	0.547046	
	中间流量系数	0.170552	
	食品制造及烟草加工业	住宿和餐饮业	
	直接消耗系数	0.252668	
	使用分配系数	0.080516	
	完全消耗系数	0.357738	
	中间流量系数	0.126334	
	纺织业	纺织服装鞋帽皮革羽绒及其制品业	
	直接消耗系数	0.244206	
	使用分配系数	0.176782	
	完全消耗系数	0.427505	
	中间流量系数	0.122103	

产业群编号	产业群所含部门		
	中间产品提供部门	中间产品使用部门	
产业群二	煤炭开采和洗选业	电力、热力的生产和供应业	
	直接消耗系数	0.214463	
	使用分配系数	0.264255	
	完全消耗系数	0.307846	
	中间流量系数	0.107232	
产业群三	石油和天然气开采业	石油加工、炼焦及核燃料加工业	燃气的生产和供应业
	直接消耗系数	0.292342	0.155710
	使用分配系数	2.470293	0.122455
	完全消耗系数	0.318181	0.204439
	中间流量系数	0.146171	0.077855
产业群四	金属矿采选业	金属冶炼及压延加工业	
	直接消耗系数	0.166186	
	使用分配系数	1.321066	
	完全消耗系数	0.326922	
	中间流量系数	0.083093	
	金属冶炼及压延加工业	金属制品业	通用、专用设备制造业
	直接消耗系数	0.334457	0.214506
	使用分配系数	0.052516	0.089938
	完全消耗系数	0.577434	0.433714
	中间流量系数	0.167228	0.107253
	金属冶炼及压延加工业	电气、机械及器材制造业	建筑业
	直接消耗系数	0.250518	0.206390
	使用分配系数	0.056141	0.180934
	完全消耗系数	0.474994	0.380068
	中间流量系数	0.125259	0.103195
	非金属矿物制品业	建筑业	
	直接消耗系数	0.158674	
	使用分配系数	0.306995	
	完全消耗系数	0.251552	
	中间流量系数	0.079337	

续表

产业群	产业群所含部门	
编号	中间产品提供部门	中间产品使用部门
产业群五	化学工业	卫生、社会保障 和社会福利事业
	直接消耗系数	0.212901
	使用分配系数	0.050496
	完全消耗系数	0.375954
	中间流量系数	0.106451

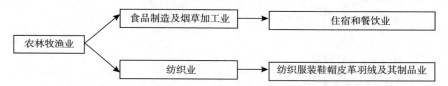

图 1-20 2007 年中部地区产业群一部门依存关系示意

图 1-21 2007 年中部地区产业群二部门依存关系示意

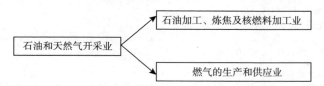

图 1-22 2007 年中部地区产业群三部门依存关系示意

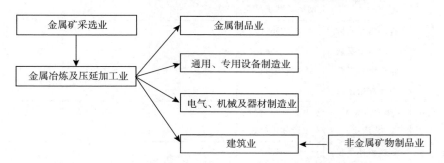

图 1-23 2007 年中部地区产业群四部门依存关系示意

图 1-24 2007 年中部地区产业群五部门依存关系示意

由表 1-6 可以看出 2007 年东北地区共有六个产业群，产业群内各部门依存关系如图 1-25 ~ 图 1-30 所示。

表 1-6　2007 年东北地区产业群

产业群编号	产业群所含部门			
	中间产品提供部门	中间产品使用部门		
产业群一	农林牧渔业	食品制造及烟草加工业		
	直接消耗系数	0.409681		
	使用分配系数	0.256188		
	完全消耗系数	0.663777		
	中间流量系数	0.204840		
	食品制造及烟草加工业	住宿和餐饮业		
	直接消耗系数	0.259405		
	使用分配系数	0.091169		
	食品制造及烟草加工业	住宿和餐饮业		
	完全消耗系数	0.367619		
	中间流量系数	0.129702		
产业群二	纺织业	纺织服装鞋帽皮革羽绒及其制品业		
	直接消耗系数	0.275661		
	使用分配系数	0.433560		
	完全消耗系数	0.446744		
	中间流量系数	0.137831		
产业群三	煤炭开采和洗选业	电力、热力的生产和供应业		
	直接消耗系数	0.161882		
	使用分配系数	0.523497		
	完全消耗系数	0.303313		
	中间流量系数	0.080941		

续表

产业群编号	产业群所含部门			
	中间产品提供部门	中间产品使用部门		
产业群四	石油和天然气开采业	石油加工、炼焦及核燃料加工业		
	直接消耗系数	0.577047		
	使用分配系数	0.719906		
	完全消耗系数	0.679421		
	中间流量系数	0.288524		
	石油加工、炼焦及核燃料加工业	交通运输及仓储业		
	直接消耗系数	0.154746		
	使用分配系数	0.113943		
	完全消耗系数	0.220968		
	中间流量系数	0.077373		
产业群五	金属矿采选业	金属冶炼及压延加工业		
	直接消耗系数	0.180693		
	使用分配系数	1.260345		
	完全消耗系数	0.366442		
	中间流量系数	0.090346		
	金属冶炼及压延加工业	金属制品业	通用、专用设备制造业	电气、机械及器材制造业	建筑业
	直接消耗系数	0.362230	0.207134	0.283152	0.193429
	使用分配系数	0.072777	0.168547	0.080841	0.258910
	完全消耗系数	0.689643	0.504874	0.591982	0.409666
	中间流量系数	0.181115	0.103567	0.141576	0.096714
产业群六	通信设备、计算机及其他电子设备制造业	仪器仪表及文化办公用机械制造业		
	直接消耗系数	0.208470		
	使用分配系数	0.053383		
	完全消耗系数	0.327153		
	中间流量系数	0.104235		

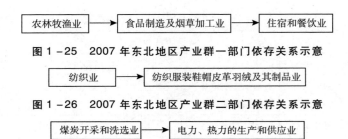

图 1-25　2007 年东北地区产业群一部门依存关系示意

图 1-26　2007 年东北地区产业群二部门依存关系示意

图 1-27　2007 年东北地区产业群三部门依存关系示意

图 1-28　2007 年东北地区产业群四部门依存关系示意

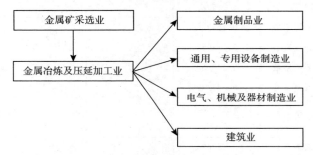

图 1-29　2007 年东北地区产业群五部门依存关系示意

图 1-30　2007 年东北地区产业群六部门依存关系示意

由表 1-7 可以看出 2012 年东部地区共有四个产业群，产业群内各部门之间依存关系如图 1-31~图 1-34 所示。

表 1-7　2012 年东部地区产业群

产业群编号	产业群所含部门			
	中间产品提供部门	中间产品使用部门		
产业群一	农林牧渔业	食品制造和烟草加工业	纺织品业	
	直接消耗系数	0.301928	0.112542	
	使用分配系数	0.412314	0.098620	
	完全消耗系数	0.516394	0.247860	
	中间流量系数	0.150964	0.056271	

续表

产业群编号	产业群所含部门			
	中间产品提供部门	中间产品使用部门		
产业群一	纺织品业	纺织服装鞋帽皮革羽绒及其制品业		
	直接消耗系数	0.252109		
	使用分配系数	0.237316		
	完全消耗系数	0.533327		
	中间流量系数	0.126054		
	食品制造和烟草加工业	农林牧渔业	住宿和餐饮业	
	直接消耗系数	0.118597	0.213920	
	使用分配系数	0.086846	0.071202	
	完全消耗系数	0.206798	0.341567	
	中间流量系数	0.059299	0.106960	
产业群二	煤炭采选业	电力、热力的生产和供应业		
	直接消耗系数	0.227262		
	使用分配系数	0.992332		
	完全消耗系数	0.524180		
	中间流量系数	0.113631		
产业群三	石油和天然气开采业	石油加工、炼焦和核燃料加工业	燃气的生产和供应业	
	直接消耗系数	0.544108	0.239223	
	使用分配系数	3.198829	0.133380	
	完全消耗系数	0.729274	0.461197	
	中间流量系数	0.272054	0.119612	
	石油加工、炼焦和核燃料加工业	交通运输、仓储和邮政业		
	直接消耗系数	0.163304		
	使用分配系数	0.288221		
	完全消耗系数	0.275504		
	中间流量系数	0.081652		

续表

产业群	产业群所含部门			
编号	中间产品提供部门	中间产品使用部门		
产业群四	金属矿采选业	金属冶炼和压延加工业			
	直接消耗系数	0.132101			
	使用分配系数	1.158185			
	完全消耗系数	0.372529			
	中间流量系数	0.066050			
	金属冶炼和压延加工业	金属制品业	通用设备制造业	专用设备制造业	交通运输设备制造业
	直接消耗系数	0.365285	0.261149	0.186993	0.160468
	使用分配系数	0.144365	0.127123	0.057437	0.106604
	完全消耗系数	0.873166	0.754825	0.631031	0.621211
	中间流量系数	0.182642	0.130574	0.093496	0.080234
	金属冶炼和压延加工业	电气、机械和器材制造业	建筑业		
	直接消耗系数	0.246138	0.197593		
	使用分配系数	0.173439	0.209461		
	完全消耗系数	0.711639	0.519561		
	中间流量系数	0.123069	0.098796		
	非金属矿物制品业	建筑业		
	直接消耗系数	0.192352		
	使用分配系数	0.539592		
	完全消耗系数	0.293672		
	中间流量系数	0.096176		

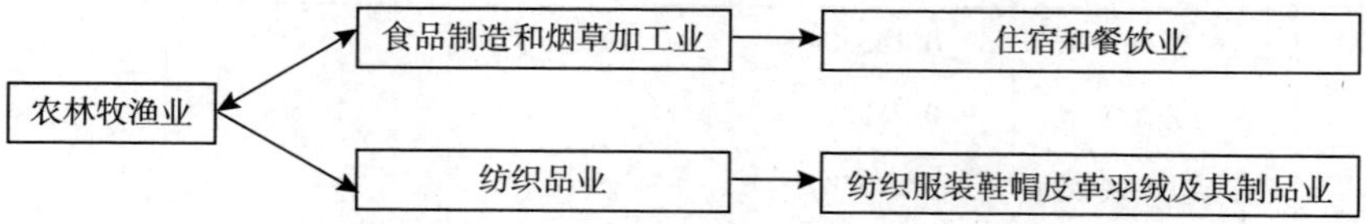

图1-31 2012年东部地区产业群一部门依存关系示意

图 1-32　2012 年东部地区产业群二部门依存关系示意

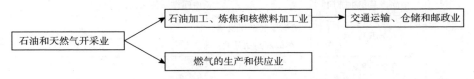

图 1-33　2012 年东部地区产业群三部门依存关系示意

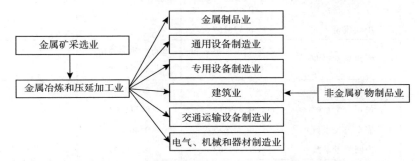

图 1-34　2012 年东部地区产业群四部门依存关系示意

由表 1-8 可以看出 2012 年中部地区共有五个产业群，产业群内各部门之间的依存关系如图 1-35～图 1-39 所示。

表 1-8　2012 年中部地区产业群

产业群编号	产业群所含部门		
	中间产品提供部门	中间产品使用部门	
产业群一	农林牧渔业	食品制造和烟草加工业	纺织品业
	直接消耗系数	0.310060	0.224050
	使用分配系数	0.330664	0.053266
	完全消耗系数	0.520027	0.422302
	中间流量系数	0.155030	0.112025
	食品制造和烟草加工业	住宿和餐饮业	
	直接消耗系数	0.248661	
	使用分配系数	0.063083	
	完全消耗系数	0.367953	
	中间流量系数	0.124331	

续表

产业群编号	产业群所含部门		
	中间产品提供部门	中间产品使用部门	
产业群一	纺织品业	纺织服装鞋帽皮革羽绒及其制品业	
	直接消耗系数	0.276334	
	使用分配系数	0.256360	
	完全消耗系数	0.497007	
	中间流量系数	0.138167	
产业群二	煤炭采选产业	石油加工、炼焦和核燃料加工业	电力、热力的生产和供应业
	直接消耗系数	0.208607	0.293199
	使用分配系数	0.099197	0.315103
	完全消耗系数	0.347617	0.466321
	中间流量系数	0.104303	0.146599
	石油和天然气开采业	石油加工、炼焦和核燃料加工业	燃气的生产和供应业
	直接消耗系数	0.211831	0.225499
	使用分配系数	2.614279	0.323684
	完全消耗系数	0.273664	0.333940
	中间流量系数	0.105915	0.112750
	电力、热力的生产和供应业	水的生产和供应业	
	直接消耗系数	0.201366	
	使用分配系数	0.323684	
	完全消耗系数	0.313171	
	中间流量系数	0.100683	
产业群三	金属矿采选业	金属冶炼和压延加工业	
	直接消耗系数	0.186378	
	使用分配系数	0.919005	
	完全消耗系数	0.406327	
	中间流量系数	0.093189	

续表

产业群编号	产业群所含部门			
	中间产品提供部门	中间产品使用部门		
产业群三	金属冶炼和压延加工业	金属制品业	通用设备制造业	专用设备制造业
	直接消耗系数	0.374210	0.288225	0.182103
	使用分配系数	0.064569	0.073078	0.054298
	完全消耗系数	0.713987	0.639819	0.514177
	中间流量系数	0.187105	0.144113	0.091052
	金属冶炼和压延加工业	电气、机械和器材制造业	交通运输设备制造业	
	直接消耗系数	0.228251	0.185807	
	使用分配系数	0.080794	0.078436	
	完全消耗系数	0.544709	0.499985	
	中间流量系数	0.114125	0.092904	
产业群四	造纸印刷和文教体育用品业	文化、体育和娱乐业		
	直接消耗系数	0.142214		
	使用分配系数	0.050304		
	完全消耗系数	0.232938		
	中间流量系数	0.071107		
产业群五	化学工业	卫生和社会工作		
	直接消耗系数	0.340632		
	使用分配系数	0.050304		
	完全消耗系数	0.607274		
	中间流量系数	0.170316		

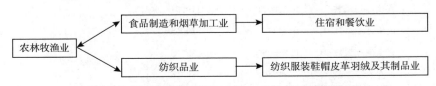

图 1-35 2012 年中部地区产业群一部门依存关系示意

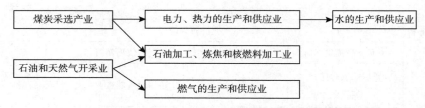

图 1-36　2012 年中部地区产业群二部门依存关系示意

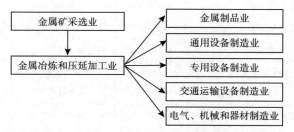

图 1-37　2012 年中部地区产业群三部门依存关系示意

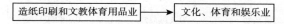

图 1-38　2012 年中部地区产业群四部门依存关系示意

图 1-39　2012 年中部地区产业群五部门依存关系示意

　　由表 1-9 可以看出 2012 年东北地区共有七个产业群，产业群内各部门依存之间的关系如图 1-40~图 1-46 所示。

表 1-9　2012 年东北地区产业群

产业群 编号	产业群所含部门			
	中间产品提供部门	中间产品使用部门		
产业群一	农林牧渔业	食品制造 和烟草加工业	木材加工 和家具制造业	
	直接消耗系数	0.358981	0.119231	
	使用分配系数	0.442579	0.029015	
	完全消耗系数	0.556057	0.232990	
	中间流量系数	0.179491	0.059616	

续表

产业群编号	产业群所含部门				
	中间产品提供部门	中间产品使用部门			
产业群二	纺织品业	纺织服装鞋帽皮革羽绒及其制品业			
	直接消耗系数	0.334348			
	使用分配系数	0.638258			
	完全消耗系数	0.603119			
	中间流量系数	0.167174			
产业群三	煤炭采选业	电力、热力的生产和供应业			
	直接消耗系数	0.236983			
	使用分配系数	0.478665			
	完全消耗系数	0.385099			
	煤炭采选业	电力、热力的生产和供应业			
	中间流量系数	0.118492			
	电力、热力的生产和供应业	水的生产和供应业			
	直接消耗系数	0.153193			
	使用分配系数	0.007970			
	完全消耗系数	0.245767			
	中间流量系数	0.076597			
产业群四	石油和天然气开采业	石油加工、炼焦和核燃料加工业			
	直接消耗系数	0.515056			
	使用分配系数	1.116350			
	完全消耗系数	0.618649			
	中间流量系数	0.257528			
	石油加工、炼焦和核燃料加工业	交通运输、仓储和邮政业			
	直接消耗系数	0.162867			
	使用分配系数	0.144681			
	完全消耗系数	0.247731			
	中间流量系数	0.081433			

续表

产业群编号	产业群所含部门			
	中间产品提供部门	中间产品使用部门		
产业群五	金属矿采选业	金属冶炼和压延加工业		
	直接消耗系数	0.199966		
	使用分配系数	0.298131		
	完全消耗系数	0.439521		
	中间流量系数	0.099983		
	金属冶炼和压延加工业	金属制品业	通用设备制造业	专用设备制造业
	直接消耗系数	0.329882	0.222378	0.201083
	使用分配系数	0.092035	0.136340	0.077548
	完全消耗系数	0.636548	0.531143	0.484471
	中间流量系数	0.164941	0.111189	0.100542
	金属冶炼和压延加工业	电气、机械和器材制造业	交通运输设备制造业	建筑业
	直接消耗系数	0.297451	0.101143	0.147078
	使用分配系数	0.098544	0.120378	0.228615
	完全消耗系数	0.614126	0.356412	0.344301
	中间流量系数	0.148726	0.050571	0.073539
产业群六	化学工业	卫生和社会工作		
	直接消耗系数	0.350058		
	使用分配系数	0.222315		
	完全消耗系数	0.591310		
	中间流量系数	0.175029		
产业群七	通信设备、计算机和其他电子设备制造业	仪器仪表制造业	信息传输、软件和信息技术服务业	
	直接消耗系数	0.194773	0.110521	
	使用分配系数	0.383694	0.178210	
	完全消耗系数	0.369489	0.203499	
	中间流量系数	0.097386	0.055261	

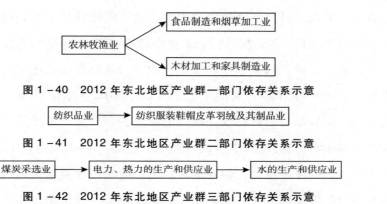

图 1-40 2012 年东北地区产业群一部门依存关系示意

纺织品业 → 纺织服装鞋帽皮革羽绒及其制品业

图 1-41 2012 年东北地区产业群二部门依存关系示意

煤炭采选业 → 电力、热力的生产和供应业 → 水的生产和供应业

图 1-42 2012 年东北地区产业群三部门依存关系示意

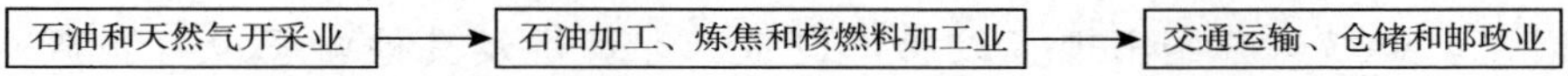

石油和天然气开采业 → 石油加工、炼焦和核燃料加工业 → 交通运输、仓储和邮政业

图 1-43 2012 年东北地区产业群四部门依存关系示意

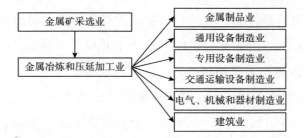

图 1-44 2012 年东北地区产业群五部门依存关系示意

图 1-45 2012 年东北地区产业群六部门依存关系示意

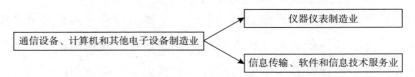

图 1-46 2012 年东北地区产业群七部门依存关系示意

从以上分析可以看出，2002 年到 2012 年东部地区产业群发展较为稳定，农业、金属、能源产业群一直处于较高水平。2002 年东部地区的通信设备、计算机及其他电子设备制造业和仪器仪表及文化办公用机械制造业产业依存关系较强。2012 年通信设备、计算机和其他电子设备部门、仪器仪表部门和信息传输、软件和信息技术服务部门呈现出较

强的依存关系。但由于其使用分配系数始终处于较低水平,因此尚未形成成熟的产业群。2002 年到 2012 年中部地区产业群发展速度较快。金属产业群一直处于较高水平。农业、能源产业群发展迅速,相关部门不断增多。2007 年开始出现了化学产业群。2012 年通信设备、计算机和其他电子设备部门同仪器仪表部门的依存关系较强,由于其使用分配系数为 0.005057,因此尚未形成成熟的产业群。2002 年到 2012 年东北地区产业群个数逐年增加,但农业、金属、能源产业群相关部门数目变化不大,与东部地区存在一定差距。金属产业群发展迅速,相关部门不断增多。2007 年开始出现了以通信设备、计算机及其他电子设备制造业为核心的产业群。2012 年通信设备、计算机和其他电子设备部门、仪器仪表部门和信息传输、软件和信息技术服务部门呈现出较强的依存关系,形成了成熟的产业群。2012 年出现了化学产业群。

2. 三大区域产业链演进

2002 年到 2012 年三大区域产业链测度结果如下。

由表 1-10 可以看出,2002 年东部地区产业感应度系数大于 2 的部门有:金属矿采选业、纺织业、服装皮革羽绒及其制品业、木材加工及家具制造业、造纸印刷及文教用品制造业、化学工业、非金属矿物制品业、金属冶炼及压延加工业、金属制品业、通用专用设备制造业、交通运输设备制造业、电气机械及器材制造业、通信设备计算机及其他电子设备制造业、仪器仪表及文化办公用机械制造业、其他制造业、燃气的生产和供应业、建筑业。产业感应度系数越大,说明该部门对国民经济的推动作用越大,表明这些部门属于东部地区基础产业。2002 年东部地区影响力系数大于 2 的部门有:农业、石油和天然气开采业、食品制造及烟草加工业、纺织业、造纸印刷及文教用品制造业、石油加工炼焦及核燃料加工业、化学工业、金属冶炼及压延加工业、金属制品业、通用专用设备制造业、通信设备计算机及其他电子设备制造业、电力热力的生产和供应业、交通运输及仓储业、批发和零售贸易业、金融保险业、租赁和商务服务业。影响力系数越大，表明该部门对其他部门的影响或带动作用越大。影响力系数较大的部门涉及第一、第二、第三产业，可以看出东部地区产业发展对经济的带动作用较为全面。纺织业、造纸印刷及文教用品制造业、化学工业、金属冶炼及压延加工业、金属制品业、通用专用设备制造业、通信设备计算机及其他电子设备制造业的感应度系数和影响力系数均处于较高水平，表明这些部门对其他产业既具有极强的带动作用又具有较强的推动作用，对东部地区的经济发展具有深远影响。

表 1 - 10　2002 年东部地区产业链测度指标

部门名称	感应度系数	排序	影响力系数	排序
农业	1.177997	34	3.379952	7
煤炭开采和洗选业	1.900560	20	1.689604	17
石油和天然气开采业	0.760775	41	2.247973	14
金属矿采选业	2.078721	16	0.836214	26
非金属矿采选业	1.870165	21	0.395999	35
食品制造及烟草加工业	1.852233	22	2.875776	8
纺织业	2.378266	8	2.365843	12
服装皮革羽绒及其制品业	2.279676	11	0.825003	27
木材加工及家具制造业	2.068303	17	0.890936	25
造纸印刷及文教用品制造业	2.225373	14	2.758540	9
石油加工、炼焦及核燃料加工业	1.958705	19	2.674095	11
化学工业	2.247684	13	8.680110	1
非金属矿物制品业	2.150295	15	1.386365	21
金属冶炼及压延加工业	2.474844	6	4.870956	2
金属制品业	2.493756	4	2.022508	15
通用、专用设备制造业	2.393304	7	2.334716	13
交通运输设备制造业	2.480761	5	1.660833	18
电气、机械及器材制造业	2.654690	2	1.448650	20
通信设备、计算机及其他电子设备制造业	2.798718	1	3.826905	5

部门名称	感应度系数	排序	影响力系数	排序
仪器仪表及文化办公用机械制造业	2.567832	3	0.941294	24
其他制造业	2.356148	9	0.808903	28
废品废料	0.000000	42	0.362681	36
电力、热力的生产和供应业	1.723559	24	3.494660	6
燃气的生产和供应业	2.273165	12	0.482958	31
水的生产和供应业	1.520819	26	0.344873	37
建筑业	2.282940	10	0.432267	32
交通运输及仓储业	1.480908	28	4.122756	4
邮政业	1.088022	38	0.141626	39
信息传输、计算机服务和软件业	1.273056	32	1.340321	22
批发和零售贸易业	1.176942	35	4.599593	3
住宿和餐饮业	1.530440	25	1.461868	19
金融保险业	1.111696	36	2.706005	10
房地产业	0.879554	40	0.976768	23
租赁和商务服务业	1.104088	37	2.020557	16
旅游业	1.977016	18	0.422597	33
科学研究事业	1.289270	31	0.334189	38
综合技术服务业	1.497824	27	0.405548	34
其他社会服务业	1.342258	30	0.576789	30
教育事业	0.975260	39	0.081929	41
卫生、社会保障和社会福利事业	1.779166	23	0.128522	40
文化、体育和娱乐业	1.259417	33	0.719928	29
公共管理和社会组织	1.417633	29	0.074234	42

综合分析各部门间 F 值及 APL 值，发现 2002 年东部地区国民经济同时存在五条主要的产业链，依据矩阵 S 中相关的各部门之间的经济距离并绘制产业链的可视化关系图。图 1-47 中箭头表示上游产业部门到下游产业部门的方向，数字表示产业部门间的经济距离。[①]

[①] 由于产业部门间的经济距离大多为 2，图中未标明数字的经济距离均为 2。以下图均遵循这一表示方法。

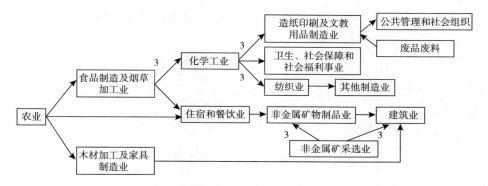

图1-47 2002年东部地区产业链一

产业链一中主要上游部门为农业、食品制造及烟草加工业、木材加工及家具制造业，化学工业、住宿和餐饮业与造纸印刷及文教用品制造业等为主要中间部门，建筑业与公共管理和社会组织属于下游部门。

产业链二中主要上游部门为煤炭开采和洗选业、废品废料、金属冶炼及压延加工业和金属制品业，通用专用设备制造业、交通运输设备制造业、电气机械及器材制造业、通信设备计算机及其他电子设备制造业等为主要中间部门，卫生社会保障和社会福利事业、批发和零售贸易业、交通运输及仓储业等属于下游部门。

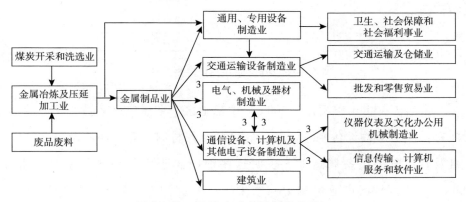

图1-48 2002年东部地区产业链二

产业链三中主要上游部门为煤炭开采和洗选业、石油和天然气开采业、石油加工炼焦及核燃料加工业，电力热力的生产和供应业为主要中间部门，非金属矿物制品业与水的生产和供应业等属于下游部门。

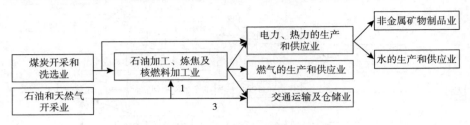

图 1-49　2002 年东部地区产业链三

产业链四中主要上游部门为租赁和商务服务业、金融保险业、其他社会服务业，批发和零售贸易业等为主要中间部门，邮政业和房地产业属于下游部门。

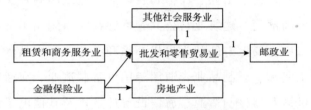

图 1-50　2002 年东部地区产业链四

产业链五中上游部门为科学研究事业，公共管理和社会组织属于下游部门。

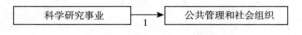

图 1-51　2002 年东部地区产业链五

由表 1-11 可以看出，2002 年中部地区产业感应度系数大于 2 的部门有：交通运输设备制造业，电气机械及器材制造业，通信设备、计算机及其他电子设备制造业，表明这些部门属于中部地区的基础产业。2002 年中部地区产业影响力系数大于 2 的部门有：农业、煤炭开采和洗选业、食品制造及烟草加工业、造纸印刷及文教用品制造业、化学工业、非金属矿物制品业、金属冶炼及压延加工业、电力热力的生产和供应业、交通运输及仓储业、批发和零售贸易业、金融保险业。这些部门集中在第一产业、第二产业，可以看出2002年中部地区第三产业对经济发展的带动作用较小。

表1-11 2002年中部地区产业链测度指标

部门名称	感应度系数	排序	影响力系数	排序
农业	0.928366	39	4.582331	3
煤炭开采和洗选业	1.136604	31	2.190957	11
石油和天然气开采业	1.137376	30	1.521159	16
金属矿采选业	1.500539	22	1.315779	18
非金属矿采选业	1.629477	18	0.725241	26
食品制造及烟草加工业	1.685371	16	2.314042	8
纺织业	1.859098	9	1.475770	17
服装皮革羽绒及其制品业	1.858262	11	0.901159	24
木材加工及家具制造业	1.830588	12	0.967308	23
造纸印刷及文教用品制造业	1.798498	13	2.324436	7
石油加工、炼焦及核燃料加工业	1.670988	17	1.736417	14
化学工业	1.888939	7	4.736489	1
非金属矿物制品业	1.776635	14	2.199169	9
金属冶炼及压延加工业	1.904155	6	3.762420	5
金属制品业	1.985366	4	1.217815	20
通用、专用设备制造业	1.870227	8	1.932421	12
交通运输设备制造业	2.041062	2	1.661201	15
电气、机械及器材制造业	2.001721	3	0.703454	27
通信设备、计算机及其他电子设备制造业	2.076774	1	1.066551	21
仪器仪表及文化办公用机械制造业	1.743231	15	0.471257	31
其他制造业	1.858651	10	1.047697	22
废品废料	0.000000	42	0.259136	34
电力、热力的生产和供应业	1.234832	26	3.259047	6
燃气的生产和供应业	1.556561	20	0.118727	40
水的生产和供应业	1.135376	32	0.326232	32
建筑业	1.913333	5	0.630768	28
交通运输及仓储业	1.370652	24	4.336742	4
邮政业	1.046186	35	0.140791	38
信息传输、计算机服务和软件业	1.005555	37	1.220236	19
批发和零售贸易业	1.111774	34	4.592759	2

续表

部门名称	感应度系数	排序	影响力系数	排序
住宿和餐饮业	1.403125	23	1.795174	13
金融保险业	1.020591	36	2.191867	10
房地产业	0.854611	41	0.593383	29
租赁和商务服务业	1.206854	28	0.855446	25
旅游业	1.585033	19	0.208026	35
科学研究事业	1.219587	27	0.131260	39
综合技术服务业	1.117648	33	0.170572	36
其他社会服务业	1.197171	29	0.515484	30
教育事业	0.974231	38	0.084863	42
卫生、社会保障和社会福利事业	1.526852	21	0.159851	37
文化、体育和娱乐业	1.249803	25	0.260479	33
公共管理和社会组织	0.889663	40	0.097450	41

综合分析各部门间 F 值及 APL 值，发现 2002 年中部地区国民经济同时存在两条主要的产业链，依据矩阵 S 中相关的各部门之间的经济距离并绘制产业链的可视化关系图。

产业链一中主要上游部门为农业，木材加工及家具制造业、造纸印刷及文教用品制造业、纺织业等为主要中间部门，建筑业、文化体育和娱乐业、卫生社会保障和社会福利事业、非金属矿采选业属于下游部门。

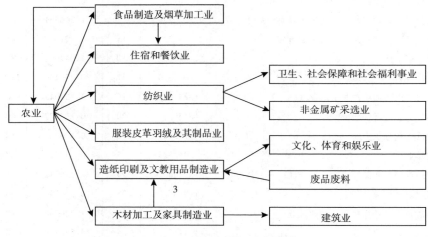

图 1-52　2002 年中部地区产业链一

　　产业链二部门众多，产业关系复杂。由图1－53可以明显地看出产业链二是以交通运输及仓储业为核心的产业链。主要上游部门为交通运输及仓储业，石油加工炼焦及核燃料加工业、化学工业、金属冶炼及压延加工业、批发和零售贸易业等为主要中间部门，建筑业、电气机械及器材制造业、通用专用设备制造业、交通运输设备制造业、房地产业、住宿和餐饮业等属于下游部门。

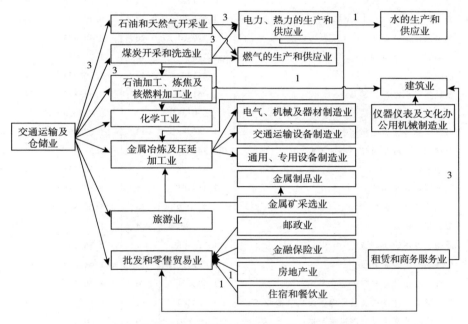

图1－53　2002年中部地区产业链二

　　由表1－12可以看出，2002年东北地区产业感应度系数大于2的部门有：非金属矿物制品业、金属制品业、交通运输设备制造业、通信设备计算机及其他电子设备制造业、建筑业。可以看出东北地区的基础产业集中在第二产业。2002年东北地区产业影响力系数大于2的部门有：农业、煤炭开采和洗选业、石油和天然气开采业、石油加工炼焦及核燃料加工业、化学工业、金属冶炼及压延加工业、通用专用设备制造业、电力热力的生产和供应业、交通运输及仓储业、批发和零售贸易业，表明 2002 年对东北地区的经济发展起主要带动作用的为能源产业和制造业。

表 1-12　2002 年东北地区产业链测度指标

部门名称	感应度系数	排序	影响力系数	排序
农业	1.086537	38	3.433860	6
煤炭开采和洗选业	1.362867	23	2.196138	10
石油和天然气开采业	0.437521	41	2.690286	8
金属矿采选业	1.576320	18	0.701793	26
非金属矿采选业	1.320361	26	0.407477	29
食品制造及烟草加工业	1.778711	14	1.700137	13
纺织业	1.863294	11	1.305659	21
服装皮革羽绒及其制品业	1.941868	8	0.333858	32
木材加工及家具制造业	1.600187	17	0.782026	25
造纸印刷及文教用品制造业	1.784688	13	1.674305	14
石油加工、炼焦及核燃料加工业	1.540966	19	3.539521	4
化学工业	1.698352	15	5.500121	1
非金属矿物制品业	2.517561	1	1.370854	19
金属冶炼及压延加工业	1.871089	10	5.053577	2
金属制品业	2.070447	4	1.366006	20
通用、专用设备制造业	1.979858	7	2.661364	9
交通运输设备制造业	2.127026	3	1.644268	16
电气、机械及器材制造业	1.988791	6	1.463310	17
通信设备、计算机及其他电子设备制造业	2.268205	2	1.921783	12
仪器仪表及文化办公用机械制造业	1.892526	9	0.606449	27
其他制造业	1.624543	16	0.123365	37
废品废料	0.000000	42	0.239556	34
电力、热力的生产和供应业	1.144927	34	3.400390	7
燃气的生产和供应业	1.833244	12	0.153138	36
水的生产和供应业	1.178243	30	0.369822	30
建筑业	2.033463	5	0.438097	28
交通运输及仓储业	1.275536	29	3.525244	5
邮政业	1.054418	39	0.157517	35
信息传输、计算机服务和软件业	1.112167	36	1.389126	18
批发和零售贸易业	1.121873	35	4.604757	3
住宿和餐饮业	1.414872	22	1.952282	11

部门名称	感应度系数	排序	影响力系数	排序
金融保险业	1.318036	27	1.670827	15
房地产业	1.152519	33	0.791134	24
租赁和商务服务业	1.434519	21	1.034034	22
旅游业	1.333865	25	0.064168	40
科学研究事业	1.291429	28	0.294984	33
综合技术服务业	1.161521	32	0.034360	41
其他社会服务业	1.336673	24	0.997934	23
教育事业	0.907267	40	0.115979	38
卫生、社会保障和社会福利事业	1.464559	20	0.102875	39
文化、体育和娱乐业	1.103458	37	0.338676	31
公共管理和社会组织	1.172553	31	0.025800	42

综合分析各部门间 F 值及 APL 值，发现 2002 年东北地区国民经济同时存在两条主要的产业链，依据矩阵 S 中相关的各部门之间的经济距离并绘制产业链的可视化关系图。

产业链一中主要上游部门为农业、化学工业，食品制造及烟草加工业、纺织业、木材加工及家具制造业、造纸印刷及文教用品制造业等为主要中间部门，住宿和餐饮业、服装皮革羽绒及其制品业、建筑业、批发和零售贸易业、金融保险业属于下游部门。

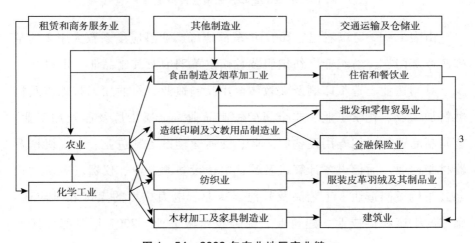

图 1-54 2002 年东北地区产业链一

产业链二中的产业关系较为复杂。主要上游部门为石油和天然气开采业、煤炭开采和洗选业、非金属矿采选业、交通运输及仓储业、电力热力的生产和供应业，化学工业、金属冶炼及压延加工业等为主要中间部门，卫生社会保障和社会福利事业、其他制造业、信息传输计算机服务和软件业、公共管理和社会组织等属于下游部门。

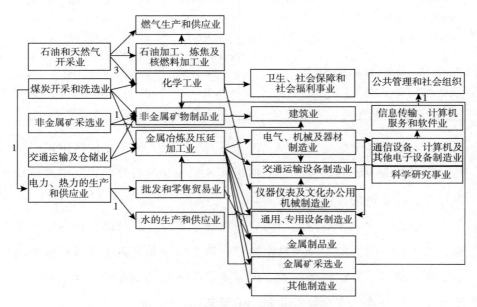

图1-55　2002年东北地区产业链二

由表1-13可以看出，2007年东部地区产业感应度系数大于2的基础产业部门有：纺织业、纺织服装鞋帽皮革羽绒及其制品业、木材加工及家具制造业、造纸印刷及文教体育用品制造业、石油加工和炼焦及核燃料加工业、化学工业、非金属矿物制品业、金属冶炼及压延加工业、金属制品业、通用专用设备制造业、交通运输设备制造业、电气机械及器材制造业、通信设备计算机及其他电子设备制造业、仪器仪表及文化办公用机械制造业、工艺品及其他制造业、电力热力的生产和供应业、燃气的生产和供应业、建筑业、综合技术服务业。2007年东部地区产业影响力系数大于2的部门有：农林牧渔业、煤炭开采和洗选业、石油和天然气开采业、纺织业、造纸印刷及文教体育用品制造业、石油加工炼焦及核燃料加工业、化学工业、金属冶炼及压延加工业、金属制品业、通用专用设备制造业、电气机械及器材制造业、通信设备计算机及其他电子设备制造业、电力热力的生产和供应业、交通运输及仓储业、批发和零售业、金融业。可以看出东部地区产业发展对经济的带动作用较为全面。纺织业、造纸印刷及文教体育用品制造业、石油加工炼焦及核燃料加工业、化学工业、金属冶炼及压延加工业、金属制品业、通用专用设备制造业、电气机械及器材制造业、通信设备计算机及其他电子设备制造业、电力热力的生产和供应业的感应度系数和影响力系数均处于较高水平，表明这些部门对东部地区的经济发展十分重要。

表 1-13　2007 年东部地区产业链测度指标

部门名称	感应度系数	排序	影响力系数	排序
农林牧渔业	1.184828	37	2.931261	8
煤炭开采和洗选业	1.939686	23	2.488794	11
石油和天然气开采业	1.474785	33	3.570163	6
金属矿采选业	1.989426	20	1.698329	19
非金属矿及其他矿采选业	1.781880	26	0.399086	34
食品制造及烟草加工业	1.962882	22	1.752946	18
纺织业	2.422243	13	2.322274	15
纺织服装鞋帽皮革羽绒及其制品业	2.335048	15	1.024541	25
木材加工及家具制造业	2.292323	16	0.933618	27
造纸印刷及文教体育用品制造业	2.499187	8	2.453566	13
石油加工、炼焦及核燃料加工业	2.338319	14	3.362214	7
化学工业	2.462105	10	9.534910	1
非金属矿物制品业	2.252141	17	1.570234	21
金属冶炼及压延加工业	2.721784	4	7.819157	2
金属制品业	2.713190	6	2.712602	10
通用、专用设备制造业	2.638814	7	2.778284	9
交通运输设备制造业	2.716426	5	1.667076	20

续表

部门名称	感应度系数	排序	影响力系数	排序
电气、机械及器材制造业	2.814612	2	2.182152	16
通信设备、计算机及其他电子设备制造业	3.170708	1	4.822133	4
仪器仪表及文化办公用机械制造业	2.802860	3	0.938625	26
工艺品及其他制造业	2.429524	12	0.410115	33
废品废料	0.841799	41	1.065056	24
电力、热力的生产和供应业	2.140577	18	5.461349	3
燃气的生产和供应业	2.457654	11	0.771412	28
水的生产和供应业	1.611198	30	0.189733	38
建筑业	2.485503	9	0.471426	32
交通运输及仓储业	1.767069	27	3.875781	5
邮政业	1.377104	34	0.108987	41
信息传输、计算机服务和软件业	1.623798	29	1.253327	22
批发和零售业	0.848186	40	2.420245	14
住宿和餐饮业	1.689005	28	1.125519	23
金融业	0.885730	39	2.458152	12
房地产业	0.598922	42	0.736921	29
租赁和商务服务业	1.890090	25	1.992328	17
研究与试验发展业	1.907084	24	0.190279	37
综合技术服务业	2.024064	19	0.503022	31
水利、环境和公共设施管理业	1.352242	35	0.166868	39
居民服务和其他服务业	1.503851	32	0.717870	30
教育	0.929779	38	0.130101	40
卫生、社会保障和社会福利事业	1.965538	21	0.285460	36
文化、体育和娱乐业	1.558412	31	0.313168	35
公共管理和社会组织	1.240553	36	0.031840	42

综合分析各部门间 F 值及 APL 值，发现 2007 年东部地区国民经济同时存在七条主要的产业链，依据矩阵 S 中相关各部门之间的经济距离并绘制产业链的可视化关系图。

产业链一中上游部门为农林牧渔业，食品制造及烟草加工业、纺织业、木材加工及家具制造业、住宿和餐饮业为中间部门，纺织服装鞋帽皮革羽绒及其制品业、工艺品及其他制造业、建筑业属于下游部门。

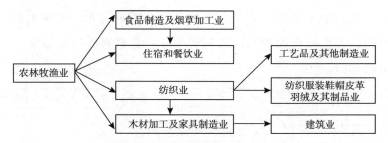

图1-56 2007年东部地区产业链一

产业链二中主要上游部门为石油和天然气开采业、煤炭开采和洗选业，燃气的生产和供应业、石油加工炼焦及核燃料加工业、非金属矿物制品业、电力热力的生产和供应业等属于下游部门。

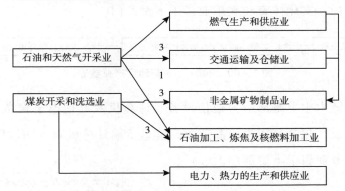

图1-57 2007年东部地区产业链二

产业链三中主要上游部门为金属矿采选业，金属冶炼及压延加工业、金属制品业为中间部门，建筑业、工艺品及其他制造业、电气机械及器材制造业、交通运输设备制造业属于下游部门。

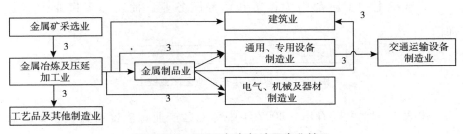

图1-58 2007年东部地区产业链三

产业链四中上游部门为非金属矿及其他矿采选业，化学工业为主要中间部门，卫生社会保障和社会福利事业、非金属矿物制品业、建筑业属于下游部门。

图 1-59　2007 年东部地区产业链四

产业链五中上游部门为废品废料，造纸印刷及文教体育用品制造业为中间部门，文化体育和娱乐业属于下游部门。

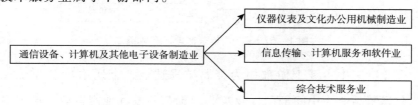

图 1-60　2007 年东部地区产业链五

产业链六中上游部门为通信设备、计算机及其他电子设备制造业，仪器仪表及文化办公用机械制造业、信息传输计算机服务和软件业、综合技术服务业属于下游部门。

图 1-61　2007 年东部地区产业链六

产业链七中上游部门为租赁和商务服务业，批发和零售业为下游部门。

图 1-62　2007 年东部地区产业链七

由表 1-14 可以看出，2007 年中部地区产业感应度系数大于 2 的部门主要集中在制造业，包括：金属冶炼及压延加工业、金属制品业、交通运输设备制造业、电气机械及器材制造业、工艺品及其他制造业。2007 年东部地区产业影响力系数大于 2 的部门有：农林牧渔业、煤炭开采和洗选业、食品制造及烟草加工业、石油加工炼焦及核燃料加工业、化学工业、非金属矿物制品业、金属冶炼及压延加工业、电力热力的生产和供应业、交通运输及仓储业、批发和零售业。中部地区的经济发展主要靠第一、第二产业来带动。金属冶炼及压延加工业的感应度系数和影响力系数均处于中部地区较高水平，表明该部门对中部地区的经济发展至关重要。

表 1 - 14   2007 年中部地区产业链测度指标

部门名称	感应度系数	排序	影响力系数	排序
农林牧渔业	0.949859	36	3.862007	4
煤炭开采和洗选业	1.496743	23	2.567207	7
石油和天然气开采业	1.352324	27	1.401054	16
金属矿采选业	1.622122	18	1.851768	12
非金属矿及其他矿采选业	1.736920	15	0.701254	26
食品制造及烟草加工业	1.535991	22	2.464114	9
纺织业	1.873541	10	1.800428	13
纺织服装鞋帽皮革羽绒及其制品业	1.822837	11	0.779729	25
木材加工及家具制造业	1.711065	16	1.208463	19
造纸印刷及文教体育用品制造业	1.799032	13	1.903055	11
石油加工、炼焦及核燃料加工业	1.794422	14	2.170986	10
化学工业	1.942264	8	5.916016	1
非金属矿物制品业	1.886044	9	2.488821	8
金属冶炼及压延加工业	2.074790	1	5.372048	2
金属制品业	2.031362	2	1.259040	18
通用、专用设备制造业	1.991834	6	1.615223	15
交通运输设备制造业	2.029845	3	0.929292	21
电气、机械及器材制造业	2.007659	4	0.914185	22
通信设备、计算机及其他电子设备制造业	1.560662	21	1.086908	20
仪器仪表及文化办公用机械制造业	1.819570	12	0.529334	32
工艺品及其他制造业	2.006391	5	0.790056	24
废品废料	1.282201	29	0.433436	33

续表

部门名称	感应度系数	排序	影响力系数	排序
电力、热力的生产和供应业	1.570738	20	3.767043	5
燃气的生产和供应业	1.641138	17	0.219604	37
水的生产和供应业	1.440201	24	0.165396	38
建筑业	1.967293	7	0.582496	30
交通运输及仓储业	1.211571	30	4.014454	3
邮政业	1.146188	31	0.132133	40
信息传输、计算机服务和软件业	0.831573	39	0.672429	28
批发和零售业	0.792469	41	3.474836	6
住宿和餐饮业	1.349465	28	1.668040	14
金融业	0.921161	37	1.388582	17
房地产业	0.639393	42	0.667329	29
租赁和商务服务业	1.372436	25	0.684628	27
研究与试验发展业	1.354655	26	0.106881	42
综合技术服务业	1.113692	33	0.300432	35
水利、环境和公共设施管理业	0.816971	40	0.144989	39
居民服务和其他服务业	1.146082	32	0.814580	23
教育	0.845290	38	0.312929	34
卫生、社会保障和社会福利事业	1.589134	19	0.548661	31
文化、体育和娱乐业	1.080094	34	0.299282	36
公共管理和社会组织	0.973710	35	0.121575	41

综合分析各部门间 F 值及 APL 值，发现 2007 年中部地区国民经济同时存在两条主要的产业链，依据矩阵 S 中相关的各部门之间的经济距离并绘制产业链的可视化关系图。

产业链一中主要上游部门为农林牧渔业、批发和零售业，食品制造及烟草加工业、纺织业等为主要中间部门，通用专用设备制造业、纺织服装鞋帽皮革羽绒及其制品业、建筑业属于下游部门。

产业链二较为复杂，仍以交通运输及仓储业为核心。上游部门为交通运输及仓储业等，电力热力的生产和供应业、煤炭开采和洗选业、化学工业、水的生产和供应业、金属冶炼及压延加工业等为主要中间部

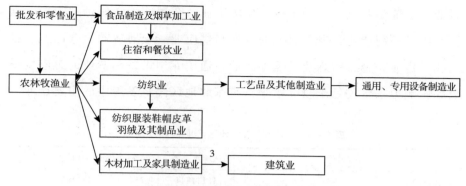

图1-63 2007年中部地区产业链一

门，交通运输设备制造业、电气机械及器材制造业、仪器仪表及文化办公用机械制造业、通用专用设备制造业、建筑业等属于下游部门。

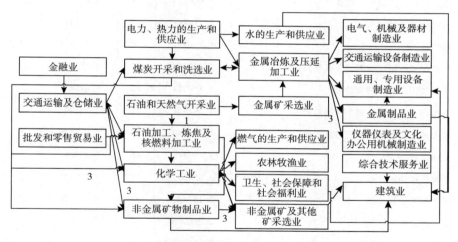

图1-64 2007年中部地区产业链二

由表1-15可以看出，2007年东北地区产业感应度系数大于2的基础部门集中在第二产业，包括：金属冶炼及压延加工业、金属制品业、通用专用设备制造业、交通运输设备制造业、电气机械及器材制造业、通信设备计算机及其他电子设备制造业、仪器仪表及文化办公用机械制造业、建筑业。2007年东北地区产业影响力系数大于2的部门有：农林牧渔业、煤炭开采和洗选业、石油和天然气开采业、金属矿采选业、石油加工炼焦及核燃料加工业、化学工业、金属冶炼及压延加工业、通用专用设备制造业、电力热力的生产和供应业、交通运输及仓储业、批发和零售业。金属冶炼及压延加工业、通用专用设备制造业的感应度系数和影响力系数均处于较高水平，是东北地区经济发展中的主要产业。

表1－15　　2007东北地区产业链测度指标

部门名称	感应度系数	排序	影响力系数	排序
农林牧渔业	1.114844	35	3.867987	4
煤炭开采和洗选业	1.421063	27	2.536994	9
石油和天然气开采业	0.553156	41	3.214796	6
金属矿采选业	1.724800	18	2.019969	11
非金属矿及其他矿采选业	1.969473	9	0.813407	24
食品制造及烟草加工业	1.715715	21	1.712386	15
纺织业	1.799931	14	1.375845	19
纺织服装帽皮革羽绒及其制品业	1.750045	17	0.453144	30
木材加工及家具制造业	1.859374	12	0.887473	23
造纸印刷及文教体育用品制造业	1.801431	13	1.751398	13
石油加工、炼焦及核燃料加工业	1.534360	25	3.816176	5
化学工业	1.780746	15	6.129485	1
非金属矿物制品业	1.954680	11	1.002848	22
金属冶炼及压延加工业	2.157839	4	5.740726	2
金属制品业	2.260008	2	1.615462	17
通用、专用设备制造业	2.171275	3	2.678827	8
交通运输设备制造业	2.155601	5	1.787912	12
电气机械及器材制造业	2.318673	1	1.476057	18
通信设备、计算机及其他电子设备制造业	2.095812	8	1.693129	16
仪器仪表及文化办公用机械制造业	2.117055	7	0.477279	28
工艺品及其他制造业	1.776006	16	0.123633	40
废品废料	0.313719	42	0.459010	29
电力、热力的生产和供应业	1.961620	10	5.559745	3
燃气的生产和供应业	1.723270	19	0.260658	34

续表

部门名称	感应度系数	排序	影响力系数	排序
水的生产和供应业	1.548640	24	0.234541	35
建筑业	2.132485	6	0.361101	32
交通运输及仓储业	1.269385	30	3.077371	7
邮政业	1.695372	22	0.315940	33
信息传输、计算机服务和软件业	1.119008	34	0.596765	26
批发和零售业	0.795608	38	2.433081	10
住宿和餐饮业	1.463848	26	1.099358	21
金融业	1.081680	36	1.745999	14
房地产业	0.694553	40	0.557719	27
租赁和商务服务业	1.415712	28	1.193350	20
研究与试验发展业	1.720534	20	0.107820	41
综合技术服务业	1.391933	29	0.184496	37
水利、环境和公共设施管理业	1.150345	33	0.151364	39
居民服务和其他服务业	1.153334	32	0.727110	25
教育	0.796338	37	0.169842	38
卫生、社会保障和社会福利事业	1.576842	23	0.394517	31
文化、体育和娱乐业	1.242160	31	0.222878	36
公共管理和社会组织	0.761046	39	0.011722	42

综合分析各部门间 F 值及 APL 值，发现 2007 年东北地区国民经济同时存在四条主要的产业链，依据矩阵 S 中相关的各部门之间的经济距离并绘制产业链的可视化关系图。

产业链一中上游部门为废品废料、农林牧渔业，食品制造及烟草加工业为中间部门，住宿和餐饮业、纺织业、纺织服装鞋帽皮革羽绒及其制品业、木材加工及家具制造业、工艺品及其他制造业属于下游部门。

产业链二是以化学工业为上游部门，非金属矿及其他矿采选业、非金属矿物制品业、研究与试验发展业、造纸印刷及文教体育用品制造业等为主要中间部门，建筑业、金融业、租赁和商务服务业、批发和零售业等属于下游部门。

产业链三中主要上游部门为金属矿采选业、金属冶炼及压延加工

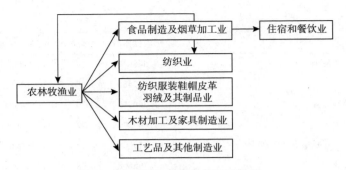

图 1 - 65　2007 年东北地区产业链一

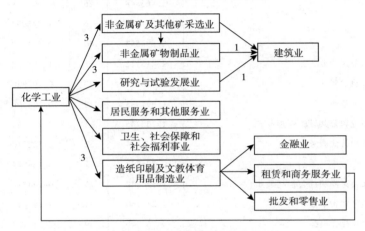

图 1 - 66　2007 年东北地区产业链二

业、金属制品业，通用专用设备制造业、通信设备计算机及其他电子设备制造业、电气机械及器材制造业、交通运输设备制造业等为主要中间部门，卫生社会保障和社会福利事业、信息传输计算机服务和软件业、电力热力的生产和供应业等属于下游部门。

产业链四中上游部门为煤炭开采和洗选业、石油和天然气开采业、石油加工炼焦及核燃料加工业，交通运输及仓储业等为中间部门，电力热力的生产和供应业与燃气的生产和供应业属于下游部门。

由表 1 - 16 可以看出，2012 年东部地区产业感应度系数大于 2 的部门有：金属矿采选业、非金属矿和其他矿采选业、食品制造和烟草加工业、纺织业、纺织服装鞋帽皮革羽绒及其制品业、木材加工和家具制

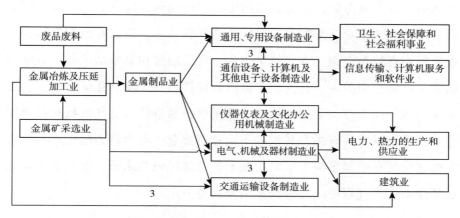

图 1-67 2007 年东北地区产业链三

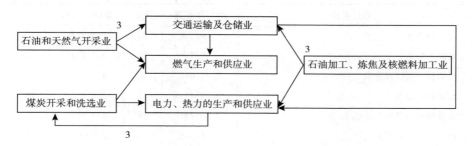

图 1-68 2007 年东北地区产业链四

造、造纸印刷和文教体育用品业、石油加工炼焦和核燃料加工业、化学工业、非金属矿物制品业、金属冶炼和压延加工业、金属制品业、通用设备制造业、专用设备制造业、交通运输设备制造业、电气机械和器材制造业、通信设备计算机和其他电子设备制造业、仪器仪表制造业、其他制造业、金属制品机械和设备修理服务业、电力热力的生产和供应业、燃气的生产和供应业、建筑业。2012 年东部地区产业影响力系数大于 2 的部门有：农林牧渔业、煤炭采选业、石油和天然气开采业、金属矿采选业、食品制造和烟草加工业、造纸印刷和文教体育用品业、石油加工炼焦和核燃料加工业、化学工业、金属冶炼和压延加工业、金属制品业、通用设备制造业、电气机械和器材制造业、通信设备计算机和其他电子设备制造业、电力热力的生产和供应业、批发和零售业、交通运输仓储和邮政业、金融业、租赁和商务服务业，可以看出东部地区产业发展一直较为全面。金属矿采选业、食品制造和烟草加工业、造纸印刷和文教体育用品业、石油加工炼焦和核燃料加工业、化学工业、金属冶炼和压延加工业、金属制品业、通用设备制造业、电气机械和器材制造业、通信设备计算机和其他电子设备制造业、电力热力的生产和供应业的感应度系数和影响力系数均处于东部地区较高水平，表明在东部地区的经济发展过程中，这些产业至关重要。

表 1－16　　2012 年东部地区产业链测度指标

部门名称	感应度系数	排序	影响力系数	排序
农林牧渔业	1.197116	36	2.587522	12
煤炭采选业	1.905710	26	4.177495	6
石油和天然气开采业	1.095081	38	3.706829	8
金属矿采选业	2.413744	17	2.810842	10
非金属矿和其他矿采选业	2.264481	21	0.771576	27
食品制造和烟草加工业	2.047246	23	2.003970	18
纺织业	2.602342	13	1.876898	19
纺织服装鞋帽皮革羽绒及其制品业	2.500012	16	0.694095	30
木材加工和家具制造业	2.526767	15	0.893087	25
造纸印刷和文教体育用品业	2.713539	9	2.367080	14
石油加工、炼焦和核燃料加工业	2.117636	22	3.710211	7
化学工业	2.686142	10	9.664098	2
非金属矿物制品业	2.531372	14	1.705950	20
金属冶炼和压延加工业	3.003936	4	10.110031	1
金属制品业	2.848447	6	2.233640	15
通用设备制造业	2.887163	5	2.087621	16
专用设备制造业	2.731206	8	1.206478	23
交通运输设备制造业	3.011629	3	1.248495	22
电气机械和器材制造业	3.025043	2	2.045852	17
通信设备、计算机和其他电子设备制造业	3.241042	1	4.669327	4
仪器仪表制造业	2.757730	7	0.507751	32

续表

部门名称	感应度系数	排序	影响力系数	排序
其他制造业	2.626223	12	0.334057	36
废品废料	1.366377	35	1.339853	21
金属制品、机械和设备修理服务业	2.360414	19	0.470323	33
电力、热力的生产和供应业	2.369568	18	5.867087	3
燃气的生产和供应业	2.311723	20	0.724095	29
水的生产和供应业	1.980541	24	0.337579	35
建筑业	2.669170	11	0.388798	34
批发和零售业	0.854748	41	2.719366	11
交通运输、仓储和邮政业	1.888224	27	4.292634	5
住宿和餐饮业	1.608858	30	1.037669	24
信息传输、软件和信息技术服务业	1.539124	32	0.794821	26
金融业	1.113934	37	3.340805	9
房地产业	0.640849	42	0.768589	28
租赁和商务服务业	1.768779	29	2.558515	13
科学研究和技术服务业	1.913621	25	0.276791	37
水利、环境和公共设施管理业	1.475547	33	0.076472	41
居民服务、修理和其他服务业	1.470436	34	0.566885	31
教育事业	0.895102	40	0.142521	39
卫生和社会工作	1.867798	28	0.072156	42
文化、体育和娱乐业	1.585124	31	0.203613	38
公共管理、社会保障和社会组织	1.070795	39	0.092859	40

综合分析各部门间 F 值及 APL 值，发现 2012 年东部地区国民经济同时存在六条主要的产业链，依据矩阵 S 中相关的各部门之间的经济距离并绘制产业链的可视化关系图。

产业链一中上游部门为农林牧渔业，食品制造和烟草加工业、纺织业、木材加工和家具制造业、住宿和餐饮业为中间部门，纺织服装鞋帽皮革羽绒及其制品业、建筑业属于下游部门。

产业链二中产业关系较为复杂。主要上游部门为石油和天然气开采业、煤炭采选业，燃气的生产和供应业、石油加工、炼焦和核燃料加工业、金属矿采选业、交通运输仓储和邮政业、租赁和商务服务业、金属

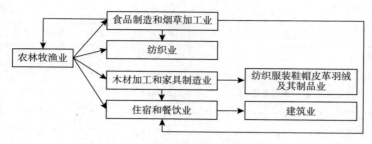

图 1-69　2012 年东部地区产业链一

冶炼和压延加工业、金属制品业、通用设备制造业等为主要中间部门，专用设备制造业、交通运输设备制造业、电气机械和器材制造业、金属制品机械和设备修理服务业、建筑制造业属于下游部门。

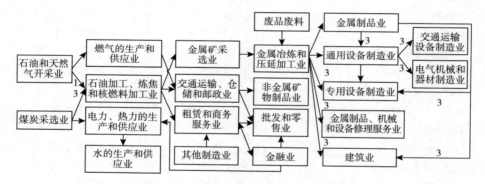

图 1-70　2012 年东部地区产业链二

产业链三中上游部门为非金属矿和其他矿采选业，非金属矿物制品业为中间部门，化学工业、电气机械和器材制造业、建筑业属于下游部门。

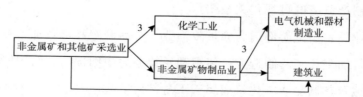

图 1-71　2012 年东部地区产业链三

产业链四中上游部门为造纸印刷和文教体育用品业，文化体育和娱乐业、金融业属于下游部门。

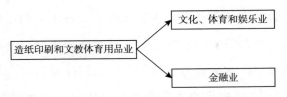

图 1 - 72　2012 年东部地区产业链四

产业链五中上游部门为化学工业，其他制造业、卫生和社会工作属于下游部门。

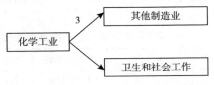

图 1 - 73　2012 年东部地区产业链五

产业链六中上游部门为通信设备、计算机和其他电子设备制造业，仪器仪表制造业，信息传输、软件和信息技术服务业属于下游部门。

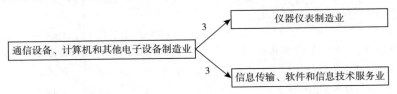

图 1 - 74　2012 年东部地区产业链六

由表 1 - 17 可以看出，2012 年中部地区基础产业仍以制造业为主且部门不断增多，产业感应度系数大于 2 的部门有：金属矿采选业、纺织业、纺织服装鞋帽皮革羽绒及其制品业、造纸印刷和文教体育用品业、石油加工炼焦和核燃料加工业、化学工业、非金属矿物制品业、金属冶炼和压延加工业、金属制品业、通用设备制造业、专用设备制造业、交通运输设备制造业、电气机械和器材制造业、仪器仪表制造业、废品废料、金属制品机械和设备修理服务业、建筑业。2012 年中部地区产业影响力系数大于 2 的部门有：农林牧渔业、金属矿采选业、食品制造和烟草加工业、造纸印刷和文教体育用品业、石油加工炼焦和核燃料加工业、化学工业、非金属矿物制品业、金属冶炼和压延加工业、煤炭采选业、电力热力的生产和供应业、批发和零售业、交通运输仓储和邮政业、金融业。产业影响力系数较大的部门涉及第一、第二、第三产业，可以看出 2012 年中部地区产业发展对经济的带动作用已较为全面。金属矿采选业、造纸印刷和文教体育用品业、石油加工炼焦和核燃料加工业、化学工业、非金属矿物制品业、金属冶炼和压延加工业的感应度系数和影响力系数均处于较高水平，对中部地区的经济发展影响深远。

表 1 - 17   2012 年中部地区产业链测度指标

部门名称	感应度系数	排序	影响力系数	排序
农林牧渔业	1.042810	35	3.351237	7
煤炭采选业	1.419426	28	3.889820	5
石油和天然气开采业	1.259182	32	1.357527	19
金属矿采选业	2.045527	16	2.782171	8
非金属矿和其他矿采选业	1.569231	25	0.697297	28
食品制造和烟草加工业	1.783983	23	2.153691	12
纺织业	2.022135	17	1.632881	15
纺织服装鞋帽皮革羽绒及其制品业	2.132924	11	0.758846	27
木材加工和家具制造业	1.991471	18	0.894260	25
造纸印刷和文教体育用品业	2.118233	12	2.499118	10
石油加工、炼焦和核燃料加工业	2.047444	15	2.653624	9
化学工业	2.219163	8	6.734280	2
非金属矿物制品业	2.063606	13	2.017108	13
金属冶炼和压延加工业	2.497432	2	8.235328	1
金属制品业	2.278310	5	0.930255	23
通用设备制造业	2.251250	6	1.422529	17
专用设备制造业	2.242653	7	1.086166	22
交通运输设备制造业	2.193987	9	0.905948	24
电气机械和器材制造业	2.285879	4	1.396201	18
通信设备、计算机和其他电子设备制造业	1.948808	22	1.771294	14
仪器仪表制造业	2.058987	14	0.312820	34
其他制造业	1.961419	21	0.306578	35
废品废料	2.358839	3	1.154195	21

续表

部门名称	感应度系数	排序	影响力系数	排序
金属制品、机械和设备修理服务业	2.604435	1	0.800299	26
电力、热力的生产和供应业	1.971185	20	4.592705	3
燃气的生产和供应业	1.981981	19	0.561460	31
水的生产和供应业	1.567862	26	0.201336	39
建筑业	2.189708	10	0.423445	33
批发和零售业	0.700053	41	4.087007	4
交通运输、仓储和邮政业	1.533296	27	3.728966	6
住宿和餐饮业	1.363832	30	1.604465	16
信息传输、软件和信息技术服务业	1.017518	37	0.655559	29
金融业	1.067838	34	2.382528	11
房地产业	0.489662	42	0.524907	32
租赁和商务服务业	1.308147	31	1.342431	20
科学研究和技术服务业	1.416135	29	0.161637	40
水利、环境和公共设施管理业	1.021066	36	0.048644	41
居民服务、修理和其他服务业	0.898835	39	0.635144	30
教育	0.719051	40	0.241344	38
卫生和社会工作	1.751765	24	0.016143	42
文化、体育和娱乐业	1.072372	33	0.281837	36
公共管理、社会保障和社会组织	1.013537	38	0.247945	37

综合分析各部门间 F 值及 APL 值，发现 2012 年中部地区国民经济同时存在三条主要的产业链，依据矩阵 S 中相关的各部门之间的经济距离并绘制产业链的可视化关系图。

产业链一中上游部门为农林牧渔业、金融业、租赁和商务服务业，食品制造和烟草加工业、木材加工和家具制造业、批发和零售业等为主要中间部门，住宿和餐饮业、纺织业、建筑业等属于下游部门。

产业链二中主要上游部门为石油和天然气开采业、石油加工炼焦和核燃料加工业、煤炭采选业，废品废料、造纸印刷和文教体育用品业、燃气的生产和供应业、非金属矿物制品业、金属制品机械和设备修理服务等为主要中间部门，文化体育和娱乐业、住宿和餐饮业、建筑业属于下游部门。

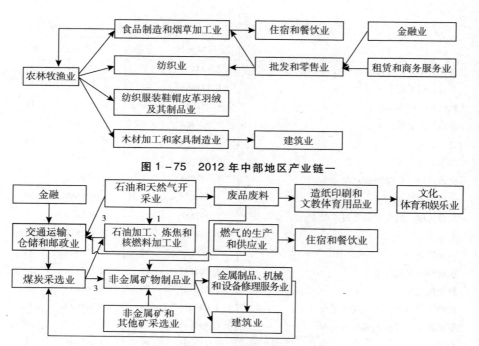

图 1-75　2012 年中部地区产业链一

图 1-76　2012 年中部地区产业链二

产业链三中主要上游部门为电力热力的生产和供应业，化学工业、水的生产和供应业、金属冶炼和压延加工业、通用设备制造业、金属制品业等为主要中间部门，专用设备制造业、金属制品机械和设备修理服务业、仪器仪表制造业、建筑业属于下游部门。

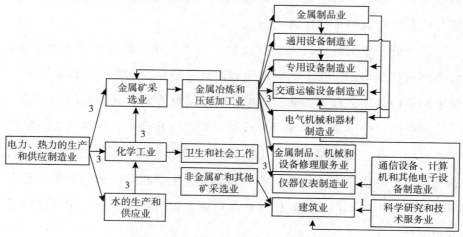

图 1-77　2012 年中部地区产业链三

由表 1-18 可以看出，2012 年东北地区产业感应度系数大于 2 的基础产业部门有：纺织业、纺织服装鞋帽皮革羽绒及其制品业、木材加工和家具制造业、造纸印刷和文教体育用品业、化学工业、非金属矿物制品业、金属冶炼和压延加工业、金属制品业、通用设备制造业、专用设备制造业、交通运输设备制造业、电气机械和器材制造业、通信设备计算机和其他电子设备制造业、仪器仪表制造业、其他制造业、金属制品机械和设备修理服务业、电力热力的生产和供应业、建筑业。2012 年东北地区产业影响力系数大于 2 的部门有：农林牧渔业、煤炭采选业、石油和天然气开采业、金属矿采选业、纺织业、造纸印刷和文教体育用品业、石油加工炼焦和核燃料加工业、化学工业、金属冶炼和压延加工业、通用设备制造业、交通运输设备制造业、通信设备计算机和其他电子设备制造业、电力热力的生产和供应业、批发和零售业、交通运输仓储和邮政业、金融业。影响力系数越大，表明该部门对其他部门的影响或带动作用越大。纺织业、造纸印刷和文教体育用品业、化学工业、金属冶炼和压延加工业、通用设备制造业、交通运输设备制造业、通信设备计算机和其他电子设备制造业、电力热力的生产和供应业的感应度系数和影响力系数均处于较高水平，表明这些部门对东北地区其他产业既具有极强的带动作用又具有较强的推动作用。

表 1-18　2012 年东北地区产业链测度指标

部门名称	感应度系数	排序	影响力系数	排序
农林牧渔业	1.206642	34	3.115853	7
煤炭采选业	1.656226	25	3.086455	8
石油和天然气开采业	0.608050	41	3.139212	6
金属矿采选业	1.830649	21	2.855031	9
非金属矿和其他矿采选业	1.757828	23	0.778476	28
食品制造和烟草加工业	1.903729	19	1.787252	18
纺织业	2.338653	10	2.033822	16
纺织服装鞋帽皮革羽绒及其制品业	2.378978	9	0.660503	30

续表

部门名称	感应度系数	排序	影响力系数	排序
木材加工和家具制造业	2.111394	16	0.896534	25
造纸印刷和文教体育用品业	2.213379	14	2.329239	13
石油加工、炼焦和核燃料加工业	1.649524	27	3.982818	4
化学工业	2.134438	15	7.020016	2
非金属矿物制品业	2.050845	18	1.165726	22
金属冶炼和压延加工业	2.434573	5	7.153079	1
金属制品业	2.471725	4	1.595151	19
通用设备制造业	2.419790	6	2.510284	11
专用设备制造业	2.383438	7	0.875877	26
交通运输设备制造业	2.379815	8	2.049464	15
电气机械和器材制造业	2.600537	2	1.581942	20
通信设备、计算机和其他电子设备制造业	2.614565	1	2.302382	14
仪器仪表制造业	2.549771	3	0.539048	31
其他制造业	2.318946	11	0.214404	39
废品废料	0.599277	42	0.503833	32
金属制品、机械和设备修理服务业	2.066300	17	1.026806	23
电力、热力的生产和供应业	2.241651	13	3.852868	5
燃气的生产和供应业	1.878809	20	0.272668	36
水的生产和供应业	1.826674	22	0.225109	38
建筑业	2.261513	12	0.458024	33
批发和零售业	0.827643	38	2.835338	10
交通运输、仓储和邮政业	1.592000	28	4.210281	3
住宿和餐饮业	1.532667	29	1.229698	21
信息传输、软件和信息技术服务业	1.307040	33	0.703946	29
金融业	1.107255	37	2.470931	12
房地产业	0.795761	39	0.960995	24
租赁和商务服务业	1.487730	30	1.922140	17
科学研究和技术服务业	1.652686	26	0.449567	34
水利、环境和公共设施管理	1.197401	35	0.121113	41
居民服务、修理和其他服务业	1.337875	32	0.863010	27
教育	0.658507	40	0.272536	37
卫生和社会工作	1.681927	24	0.138950	40
文化、体育和娱乐业	1.386892	31	0.374017	35
公共管理、社会保障和社会组织	1.177741	36	0.066441	42

综合分析各部门间 F 值及 APL 值，发现 2012 年东北地区国民经济同时存在四条主要的产业链，依据矩阵 S 中相关的各部门之间的经济距离并绘制产业链的可视化关系图。

产业链一中上游部门为燃气的生产和供应业、农林牧渔业、化学工业，食品制造和烟草加工业等为主要中间部门，住宿和餐饮业、纺织业、纺织服装鞋帽皮革羽绒及其制造业、木材加工和家具制造业属于下游部门。

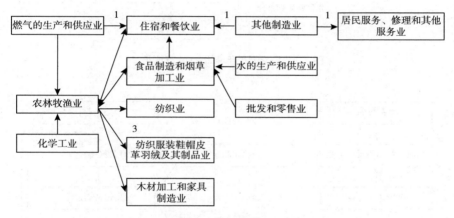

图 1-78 2012 年东北地区产业链一

产业链二中上游部门为金属制品机械和设备修理服务业、电气机械和器材制造业、非金属矿和其他矿采选业，石油和天然气开采业、煤炭采选业、电力热力的生产和供应业、非金属矿物制品业等为主要中间部门，燃气的生产和供应业、其他制造业、水的生产和供应业、建筑业属于下游部门。

产业链三中主要上游部门为金属冶炼和压延加工业、通信设备计算机和其他电子设备制造业，金属制品业、通用设备制造业、仪器仪表制造业、电气机械和器材制造业等为主要中间部门，专用设备制造业、交通运输设备制造业、建筑业、信息传输软件和信息技术服务业属于下游部门。

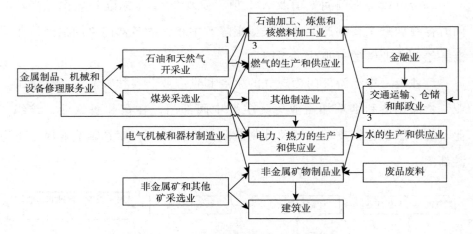

图 1-79　2012 年东北地区产业链二

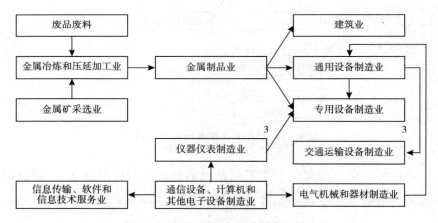

图 1-80　2012 年东北地区产业链三

产业链四中上游部门为造纸印刷和文教体育用品业，金融业、租赁和商务服务业、化学工业等为中间部门，批发和零售业、文化体育和娱乐业、卫生和社会工作属于下游部门。

从以上分析可以看出，2002 年到 2012 年东部地区产业链数目不断增加，产业链内部部门增多，产业链规模完整。农业产业链一直处于较高水平，延伸到了第三产业。能源、金属产业链逐渐融合，产业链不断延伸。化学工业、造纸印刷和文教体育用品业、非金属矿和其他矿采选

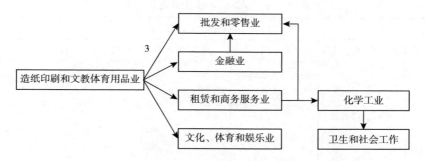

图1-81　2012年东北地区产业链四

业等部门逐渐形成了独立的产业链。贸易类产业链相对成熟。2007年出现了以通信设备计算机和其他电子设备制造业为核心的产业链，成为东部地区发展的新动力。2002年到2012年中部地区产业链数目较少，农业产业链平均水平较高，与第三产业关系密切。2002年、2007年以交通运输业为核心的产业链内部涉及能源、金属、贸易部门，可以看出中部地区在区域间主要起到运输中心的作用。2012年与交通运输、仓储和邮政部门相关的产业主要涉及能源部门，出现了以电力、热力的生产和供应业为核心主要涉及金属、化学工业的产业链。2002年开始东北地区的金属链延伸到了通信设备、计算机及其他电子设备制造业等部门。2002年到2012年均出现了包含批发和零售业、租赁和商务服务业、金融业三个部门的产业链，而产业链中其他部门一直处于变动状态。

六　西部地区产业发展：产业群、产业链的历史演进

1. 西部地区产业群演进

首先，对西部地区2002~2012年的产业群进行测度，结果如下。

由表1-19可以看出，2002年西部共有五个产业群，产业群内各部门之间的依存关系如图1-82~图1-86所示。

表 1 - 19　　2002 年西部地区产业群

产业群编号	产业群所含部门			
	中间产品提供部门	中间产品使用部门		
产业群一	农业	食品制造及烟草加工业		
	直接消耗系数	0.294361		
	使用分配系数	0.145124		
	完全消耗系数	0.422215		
	中间流量系数	0.147181		
	食品制造及烟草加工业	住宿和餐饮业		
	直接消耗系数	0.197290		
	使用分配系数	0.079778		
	完全消耗系数	0.240664		
	中间流量系数	0.098645		
产业群二	纺织业	服装皮革羽绒及其制品业		
	直接消耗系数	0.182473		
	使用分配系数	0.084239		
	完全消耗系数	0.264826		
	中间流量系数	0.091236		
产业群三	化学工业	卫生、社会保障和社会福利事业		
	直接消耗系数	0.208260		
	使用分配系数	0.068753		
	完全消耗系数	0.320925		
	中间流量系数	0.104130		
产业群四	石油和天然气开采业	石油加工、炼焦及核燃料加工业		
	直接消耗系数	0.549181		
	使用分配系数	0.580481		

续表

产业群编号	产业群所含部门			
	中间产品提供部门	中间产品使用部门		
产业群四	石油和天然气开采业	石油加工、炼焦及核燃料加工业		
	完全消耗系数	0.647815		
	中间流量系数	0.274591		
产业群五	金属矿采选业	金属冶炼及压延加工业		
	直接消耗系数	0.135050		
	使用分配系数	0.919429		
	完全消耗系数	0.203160		
	中间流量系数	0.067525		
	金属冶炼及压延加工业	金属制品业	通用、专用设备制造业	电气、机械及器材制造业	建筑业
	直接消耗系数	0.341593	0.193646	0.265953	0.138857
	使用分配系数	0.073686	0.100705	0.058930	0.409897
	完全消耗系数	0.535875	0.378201	0.447938	0.277630
	中间流量系数	0.170796	0.096823	0.132976	0.069429
	非金属矿物制品业	建筑业		
	直接消耗系数	0.172874		
	使用分配系数	0.707474		
	完全消耗系数	0.219483		
	中间流量系数	0.086437		
	电力、热力的生产和供应业	金属冶炼及压延加工业		
	直接消耗系数	0.113656		
	使用分配系数	0.152725		
	完全消耗系数	0.227655		
	中间流量系数	0.056828		

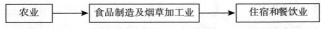

图 1-82　2002 年西部地区产业群一部门依存关系示意

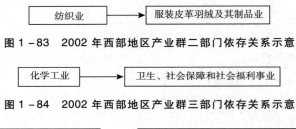

图 1-83　2002 年西部地区产业群二部门依存关系示意

图 1-84　2002 年西部地区产业群三部门依存关系示意

图 1-85　2002 年西部地区产业群四部门依存关系示意

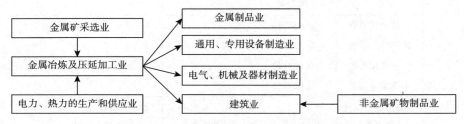

图 1-86　2002 年西部地区产业群五部门依存关系示意

由表 1-20 可以看出 2007 年西部地区共有五个产业群，产业群内各部门之间的依存关系如图 1-87 ~ 图 1-91 所示。

表 1-20　2007 年西部地区产业群

产业群编号	产业群所含部门		
	中间产品提供部门	中间产品使用部门	
产业群一	农林牧渔业	食品制造及烟草加工业	
	直接消耗系数	0.283331	
	使用分配系数	0.172371	
	完全消耗系数	0.403481	
	中间流量系数	0.141666	
	食品制造及烟草加工业	住宿和餐饮业	
	直接消耗系数	0.212612	
	使用分配系数	0.071777	

续表

产业群编号	产业群所含部门		
	中间产品提供部门	中间产品使用部门	
产业群一	食品制造及烟草加工业	住宿和餐饮业	
	完全消耗系数	0.264088	
	中间流量系数	0.106306	
产业群二	纺织业	纺织服装鞋帽皮革羽绒及其制品业	
	直接消耗系数	0.166181	
	使用分配系数	0.067360	
	完全消耗系数	0.259243	
	中间流量系数	0.083091	
产业群三	煤炭开采和洗选业	电力、热力的生产和供应业	
	直接消耗系数	0.172282	
	使用分配系数	0.356657	
	完全消耗系数	0.268759	
	中间流量系数	0.086141	
产业群四	石油和天然气开采业	石油加工、炼焦及核燃料加工业	
	直接消耗系数	0.471186	
	使用分配系数	0.521647	
	完全消耗系数	0.599690	
	中间流量系数	0.235593	
	石油加工、炼焦及核燃料加工业	交通运输及仓储业	
	直接消耗系数	0.157508	
	使用分配系数	0.288268	
	完全消耗系数	0.219257	
	中间流量系数	0.078754	
产业群五	金属矿采选业	金属冶炼及压延加工业	
	直接消耗系数	0.197720	
	使用分配系数	0.112565	

产业群	产业群所含部门			
编号	中间产品提供部门	中间产品使用部门		
产业群五	金属矿采选业	金属冶炼及压延加工业		
	完全消耗系数	0.308089		
	中间流量系数	0.098860		
	金属冶炼及压延加工业	通用、专用设备制造业	交通运输设备制造业	建筑业
	直接消耗系数	0.210897	0.112535	0.179578
	使用分配系数	0.059596	0.051598	0.222182
	完全消耗系数	0.409667	0.340693	0.322104
	中间流量系数	0.105449	0.056267	0.089789
	通用、专用设备制造业	卫生、社会保障和社会福利事业		
	直接消耗系数	0.176229		
	使用分配系数	0.108924		
	完全消耗系数	0.229248		
	中间流量系数	0.088114		
	化学工业	卫生、社会保障和社会福利事业		
	直接消耗系数	0.201195		
	使用分配系数	0.062794		
	完全消耗系数	0.318636		
	中间流量系数	0.100597		

图1-87 2007年西部地区产业群一部门依存关系示意

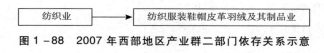

图1-88 2007年西部地区产业群二部门依存关系示意

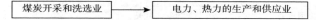

图1-89 2007年西部地区产业群三部门依存关系示意

图 1 - 90 2007 年西部地区产业群四部门依存关系示意

图 1 - 91 2007 年西部地区产业群五部门依存关系示意

由表 1 - 21 可以看出 2012 年西部地区共有四个产业群，产业群内各部门之间的依存关系如图 1 - 92 ~ 图 1 - 95 所示。

表 1 - 21 2012 年西部地区产业群

产业群编号	产业群所含部门			
	中间产品提供部门	中间产品使用部门		
产业群一	农林牧渔业	食品制造和烟草加工业		
	直接消耗系数	0.322175		
	使用分配系数	0.268320		
	完全消耗系数	0.468221		
	中间流量系数	0.161088		
产业群二	煤炭采选业	电力、热力的生产和供应业		
	直接消耗系数	0.178216		
	使用分配系数	0.179224		
	完全消耗系数	0.341545		
	中间流量系数	0.089108		
产业群三	石油和天然气开采业	石油加工、炼焦和核燃料加工业		
	直接消耗系数	0.349945		
	使用分配系数	0.495838		
	完全消耗系数	0.468837		
	中间流量系数	0.174972		

续表

产业群编号	产业群所含部门			
	中间产品提供部门	中间产品使用部门		
产业群四	金属矿采选业	金属冶炼和压延加工业		
	直接消耗系数	0.185176		
	使用分配系数	1.021879		
	完全消耗系数	0.305925		
	中间流量系数	0.092588		
	金属冶炼和压延加工业	交通运输设备制造业	建筑业	
	直接消耗系数	0.160014	0.178680	
	使用分配系数	0.077958		
	完全消耗系数	0.412214	0.340767	
	中间流量系数	0.080007	0.089340	

图 1 - 92　2012 年西部地区产业群一部门依存关系示意

图 1 - 93　2012 年西部地区产业群二部门依存关系示意

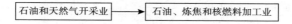

图 1 - 94　2012 年西部地区产业群三部门依存关系示意

图 1 - 95　2012 年西部地区产业群四部门依存关系示意

　　总体来看，西部地区各年均有以农业、能源、金属为核心的产业群，产业依存关系逐渐复杂。2002 ~ 2012 年西部地区产业群发展速度较慢。农业、能源产业群相比其他三个区域一直处于较低水平，产业群相关部门较少。2002 年和 2007 年出现了化学产业群，而 2012 年没有形成成熟的化学产业群。同中部地区一样，2012 年西部地区通信设备、计算机和其他电子设备部门同仪器仪表部门的依存关系较强，由于其使用分配系数为 0.014855，因此尚未形成成熟的产业群。

2. 西部地区产业链演进

本研究接着对西部地区 2002 年到 2012 年的产业链进行测度，结果如下。

由表 1 - 22 可以看出，2002 年西部地区产业感应度系数大于 2 的部门仅有交通运输设备制造业和电气机械及器材制造业，表明西部地区基础产业较为薄弱。2002 年西部地区产业影响力系数大于 2 的部门有：农业、石油和天然气开采业、造纸印刷及文教用品制造业、石油加工炼焦及核燃料加工业、化学工业、金属冶炼及压延加工业、交通运输设备制造业、电力热力的生产和供应业、交通运输及仓储业、批发和零售贸易业、金融保险业。影响力系数较大的部门涉及第一、第二产业，可以看出第三产业带动作用较弱是西部地区经济发展水平较低的原因之一。交通运输设备制造业的感应度系数和影响力系数均处于较高水平，表明该部门对西部地区的其他产业既具有极强的带动作用又具有较强的推动作用。

表 1 - 22   2002 年西部地区产业链测度指标

部门名称	感应度系数	排序	影响力系数	排序
农业	0.856990	41	3.042106	6
煤炭开采和洗选业	1.299498	24	1.806463	12
石油和天然气开采业	0.880061	40	2.128563	11
金属矿采选业	1.454507	20	1.175959	21
非金属矿采选业	1.446751	21	0.628266	27
食品制造及烟草加工业	1.427897	22	1.195332	20
纺织业	1.700460	15	0.763258	24
服装皮革羽绒及其制品业	1.936297	6	0.441808	33
木材加工及家具制造业	1.847779	10	0.584578	30
造纸印刷及文教用品制造业	1.705059	14	2.137803	9

续表

部门名称	感应度系数	排序	影响力系数	排序
石油加工、炼焦及核燃料加工业	1.747377	12	2.160184	8
化学工业	1.788514	11	4.709116	1
非金属矿物制品业	1.745115	13	1.370533	17
金属冶炼及压延加工业	1.883989	8	4.245231	3
金属制品业	1.941281	5	1.231966	19
通用、专用设备制造业	1.970671	4	1.674039	13
交通运输设备制造业	2.055979	2	2.136090	10
电气、机械及器材制造业	2.112750	1	0.927118	22
通信设备、计算机及其他电子设备制造业	1.981114	3	1.403669	16
仪器仪表及文化办公用机械制造业	1.860063	9	0.676077	26
其他制造业	1.652172	16	0.235728	38
废品废料	0.048756	42	0.451842	32
电力、热力的生产和供应业	1.176897	28	4.114705	4
燃气的生产和供应业	1.638306	18	0.275427	37
水的生产和供应业	1.035004	34	0.373154	34
建筑业	1.911022	7	0.584982	29
交通运输及仓储业	1.238378	26	4.619312	2
邮政业	1.123898	30	0.122722	40
信息传输、计算机服务和软件业	1.214757	27	1.664782	14
批发和零售贸易业	1.127025	29	2.807204	7
住宿和餐饮业	1.312523	23	1.569120	15
金融保险业	0.911702	39	3.229133	5
房地产业	0.959139	37	0.730022	25
租赁和商务服务业	1.022604	35	1.340025	18
旅游业	1.649602	17	0.071826	42
科学研究事业	0.962065	36	0.608821	28
综合技术服务业	1.121224	31	0.350076	35
其他社会服务业	1.077185	33	0.874606	23
教育事业	0.933672	38	0.276748	36
卫生、社会保障和社会福利事业	1.459437	19	0.163909	39
文化、体育和娱乐业	1.250068	25	0.531948	31
公共管理和社会组织	1.082715	32	0.116052	41

综合分析各部门间 F 值及 APL 值，发现 2002 年西部地区国民经济同时存在五条主要的产业链，依据矩阵 S 中相关的各部门之间的经济距离并绘制产业链的可视化关系图。

产业链一中主要上游部门为农业、租赁和商务服务业、化学工业、废品废料、燃气的生产和供应业，住宿和餐饮业、纺织业、服装皮革羽绒及其制品业等属于下游部门。

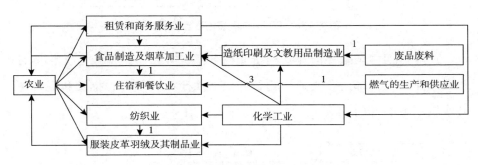

图 1-96　2002 年西部地区产业链一

产业链二产业关系较为复杂。主要上游部门为非金属矿采选业、电力热力的生产和供应业、废品废料、金属矿采选业，金属冶炼及压延加工业、化学工业等为主要中间部门，信息传输计算机服务和软件业、金属制品业、通用专用设备制造业、建筑业等属于下游部门。

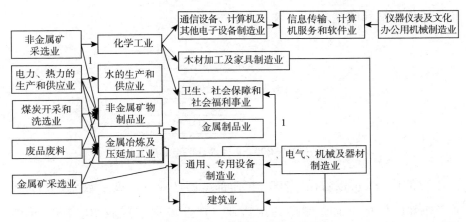

图 1-97　2002 年西部地区产业链二

　　产业链三中上游部门为石油和天然气开采业，石油加工炼焦及核燃料加工业、非金属矿物制品业、交通运输及仓储业为中间部门，旅游业和建筑业属于下游部门。

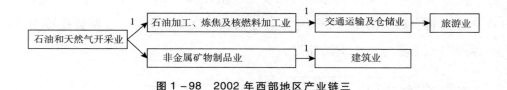

图 1 - 98　2002 年西部地区产业链三

　　产业链四中金融保险业、租赁和商务服务业、房地产业、文化体育和娱乐业为上游部门，交通运输及仓储业属于中间部门，批发和零售贸易业属于下游部门。

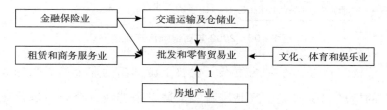

图 1 - 99　2002 年西部地区产业链四

　　产业链五中上游部门为科学研究事业，交通运输设备制造业、教育事业、公共管理和社会组织属于下游部门。

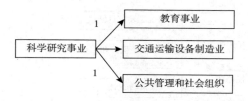

图 1 - 100　2002 年西部地区产业链五

　　由表 1 - 23 可以看出，2007 年西部地区产业感应度系数大于 2 的基础产业部门仅有交通运输设备制造业，产业发展速度较慢。2007 年西部地区产业影响力系数大于 2 的部门有：农林牧渔业、煤炭开采和洗选业、石油和天然气开采业、石油加工炼焦及核燃料加工业、化学工业、金属冶炼及压延加工业、通用专用设备制造业、电力热力的生产和供应业、交通运输及仓储业、批发和零售业、金融业。

表 1-23　2007 年西部地区产业链测度指标

部门名称	感应度系数	排序	影响力系数	排序
农林牧渔业	0.848460	35	2.982245	5
煤炭开采和洗选业	1.059213	30	2.341296	8
石油和天然气开采业	0.761645	38	2.260415	9
金属矿采选业	1.243759	26	1.616989	14
非金属矿及其他矿采选业	1.298127	20	0.484247	29
食品制造及烟草加工业	1.248460	22	1.213554	18
纺织业	1.556382	15	0.827519	22
纺织服装鞋帽皮革羽绒及其制品业	1.654112	10	0.556671	27
木材加工及家具制造业	1.596616	13	0.749684	24
造纸印刷及文教体育用品制造业	1.633758	11	1.698506	13
石油加工、炼焦及核燃料加工业	1.773333	7	2.493724	7
化学工业	1.631385	12	4.438700	2
非金属矿物制品业	1.575369	14	0.839970	21
金属冶炼及压延加工业	1.759497	8	4.606074	1
金属制品业	1.830707	5	1.349405	16
通用、专用设备制造业	1.867328	4	2.001579	11
交通运输设备制造业	2.264298	1	1.773650	12
电气、机械及器材制造业	1.941338	2	1.006213	20
通信设备、计算机及其他电子设备制造业	1.824011	6	1.477064	15
仪器仪表及文化办公用机械制造业	1.705165	9	0.783486	23
工艺品及其他制造业	1.514293	16	0.179940	37
废品废料	0.508670	42	0.344642	31
电力、热力的生产和供应业	1.345619	19	4.138233	3
燃气的生产和供应业	1.245382	24	0.290109	33
水的生产和供应业	1.176752	27	0.131599	40
建筑业	1.902870	3	0.290888	32
交通运输及仓储业	1.246064	23	3.579644	4

续表

部门名称	感应度系数	排序	影响力系数	排序
邮政业	1.261916	21	0.108539	41
信息传输、计算机服务和软件业	1.019572	33	0.708845	25
批发和零售业	0.821708	36	2.862156	6
住宿和餐饮业	1.244425	25	1.288343	17
金融业	0.793769	37	2.051170	10
房地产业	0.513529	41	0.369335	30
租赁和商务服务业	1.447893	17	1.087658	19
研究与试验发展业	1.170165	28	0.157461	39
综合技术服务业	1.159550	29	0.190416	36
水利、环境和公共设施管理业	0.680176	39	0.233486	35
居民服务和其他服务业	1.043375	32	0.671442	26
教育	0.631948	40	0.178420	38
卫生、社会保障和社会福利事业	1.386166	18	0.522486	28
文化、体育和娱乐业	1.048446	31	0.236079	34
公共管理和社会组织	0.915514	34	0.028881	42

综合分析各部门间 F 值及 APL 值，发现 2007 年西部地区国民经济同时存在四条主要的产业链，依据矩阵 S 中相关的各部门之间的经济距离并绘制产业链的可视化关系图。

产业链一中上游部门为化学工业，农林牧渔业、为中间部门，食品制造及烟草加工业属于下游部门。

图 1-101　2007 年西部地区产业链一

产业链二中上游部门为石油和天然气开采业、煤炭开采和洗选业、非金属矿及其他矿采选业、废品废料、金属制品业等，金属冶炼及压延加工业、非金属矿物制品业、通用专用设备制造业、金属矿采选业等为主要中间部门，建筑业、交通运输设备制造业等属于下游部门。

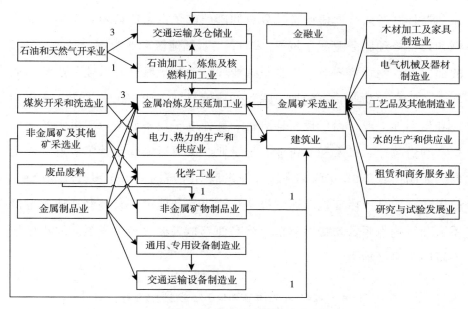

图 1 - 102 2007 年西部地区产业链二

产业链三中上游部门为造纸印刷及文教体育用品制造业，公共管理和社会组织属于下游部门。

图 1 - 103 2007 年西部地区产业链三

产业链四中上游部门为通信设备计算机及其他电子设备制造业、仪器仪表及文化办公用机械制造业，信息传输计算机服务和软件业属于下游部门。

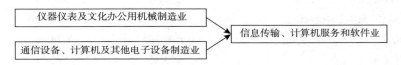

图 1 - 104 2007 年西部地区产业链四

由表 1 - 24 可以看出，2012 年西部地区基础产业集中在制造业，产业感应度系数大于 2 的部门有：金属冶炼和压延加工业、金属制品业、通用设备制造业、专用设备制造业、交通运输设备制造业、电气机械和器材制造业、通信设备计算机和其他电子设备制造业、金属制品机械和设备修理服务业、建筑业。2012年西部地区产业影响力系数大于2的部门有：农林牧渔业、煤炭采选业、石油和天然气开采业、造纸印刷和文教体育用品业、石油加工炼焦和核燃料加工业、化学工业、金属冶炼和压延加工业、通信设备计算机和其他电子设备制造业、电力热力的生产和供应业、批发和零售业、金融业、交通运输仓储和邮政业。以上内容表明，到2012年西部地区产业发展对经济的带动作用已较为全面。值得注意的是，西部地区通信设备计算机和其他电子设备制造业感应度系数和影响力系数均排序靠前，将是西部地区促进经济发展、缩小区域差距的主要推动力。

表1-24　2012年西部地区产业链测度指标

部门名称	感应度系数	排序	影响力系数	排序
农林牧渔业	0.933985	36	3.173457	6
煤炭采选业	1.408831	26	3.207682	5
石油和天然气开采业	0.869012	38	2.355175	11
金属矿采选业	1.441967	24	1.832314	14
非金属矿和其他矿采选业	1.660688	20	0.900242	24
食品制造和烟草加工业	1.403020	27	1.538554	17
纺织业	1.792098	16	1.183160	20
纺织服装鞋帽皮革羽绒及其制品业	1.846367	14	0.572949	30
木材加工和家具制造业	1.782362	17	0.671813	26
造纸印刷和文教体育用品业	1.809403	15	2.036715	12
石油加工、炼焦和核燃料加工业	1.683716	19	2.964359	8
化学工业	1.911497	12	6.015068	2
非金属矿物制品业	1.857939	13	0.994707	23
金属冶炼和压延加工业	2.080218	8	6.173169	1
金属制品制造业	2.134618	7	1.111996	22
通用设备制造业	2.149665	6	1.878032	13
专用设备制造业	2.197568	5	0.846186	25
交通运输设备制造业	2.233614	4	1.241734	19

续表

部门名称	感应度系数	排序	影响力系数	排序
电气机械和器材制造业	2.289744	3	1.497665	18
通信设备、计算机和其他电子设备制造业	2.457847	1	3.386435	4
仪器仪表制造业	1.999294	10	0.479410	32
其他制造业	1.988651	11	0.353487	34
废品废料	1.085615	35	0.601016	29
金属制品、机械和设备修理服务业	2.310922	2	1.645527	15
电力、热力的生产和供应业	1.748047	18	4.941658	3
燃气的生产和供应业	1.556897	22	0.399763	33
水的生产和供应业	1.372903	28	0.218670	37
建筑业	2.068887	9	0.280478	35
批发和零售业	0.730590	40	2.365222	10
交通运输、仓储和邮政业	1.423656	25	2.642436	9
住宿和餐饮业	1.283543	32	1.122735	21
信息传输、软件和信息技术服务业	1.313690	31	0.660477	28
金融业	0.830384	39	3.067129	7
房地产业	0.595261	42	0.503052	31
租赁和商务服务业	1.630982	21	1.625713	16
科学研究和技术服务业	1.330122	29	0.265646	36
水利、环境和公共设施管理	1.112895	34	0.100645	40
居民服务、修理和其他服务业	1.219375	33	0.668885	27
教育	0.706195	41	0.137391	39
卫生和社会工作	1.464137	23	0.033901	42
文化、体育和娱乐业	1.317302	30	0.162039	38
公共管理、社会保障和社会组织	0.873334	37	0.050150	41

综合分析各部门间 F 值及 APL 值，发现 2012 年西部地区国民经济同时存在三条主要的产业链，依据矩阵 S 中相关的各部门之间的经济距离并绘制产业链的可视化关系图。

产业链一中上游部门为农林牧渔业、化学工业，食品制造和烟草加工业、纺织业为中间部门，住宿和餐饮业、纺织服装鞋帽皮革羽绒及其制品业属于下游部门。

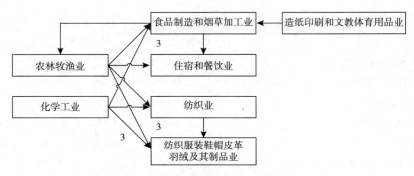

图 1-105　2012 年西部地区产业链一

产业链二部门众多，产业关系复杂，主要上游部门为煤炭采选业、废品废料、石油和天然气开采业，金融业、化学工业、石油加工炼焦和核燃料加工业、交通运输仓储和邮政业、金属冶炼和压延加工业、金属制品机械和设备修理服务业、电气机械和器材制造业、通用设备制造业、金属制品业等为主要中间部门，交通运输设备制造业、其他制造业、水的生产和供应业等属于下游部门。

产业链三中上游部门为废品废料、造纸印刷和文教体育用品业，金融业、租赁和商务服务业为主要中间部门，批发和零售业、文化体育和娱乐业、公共管理社会保障和社会组织属于下游部门。

3. 产业群、产业链区域对比的历史演进

（1）通过区域对比分析西部地区产业群情况。2002 年各区域除金属产业群外，产业依存关系均较为简单。四大区域均有以农业、能源、金属为核心的产业群。东部地区农业产业群、中部地区金属产业群相关部门较多。东部和西部地区能源产业群以石油为主，中部和东北地区则有煤炭和石油两个产业群。东部、西部地区拥有化学产业群。2007 年各区域产业群相比于 2002 年，产业依存关系更为复杂。四大区域均有以农业、能源、金属为核心的产业群。东部地区农业、能源、金属产业群相关部门较多。中部地区拥有化学产业群。仅有东北地区出现了通信设备、计算机及其他电子设备制造业和仪器仪表及文化办公用机械制造

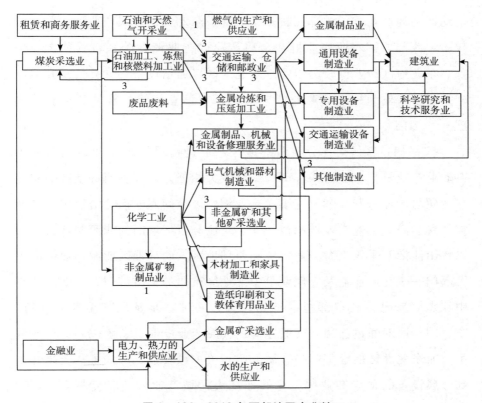

图 1-106 2012 年西部地区产业链二

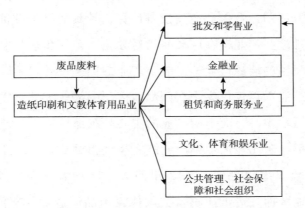

图 1-107 2012 年西部地区产业链三

业相互关联的产业群。2012 年各区域产业群相比于 2007 年，产业依存关系更为复杂。四大区域均有以农业、能源、金属为核心的产业群。东部地区能源产业群相关部门较多，东部、东北地区金属产业群相关部门较多。西部地区农业产业群和金属产业群产业依存关系较为简单。中部、东北地区产业群较为丰富。东北地区以通信设备、计算机及其他电子设备制造业为核心的产业群中增加了"信息传输、软件和信息技术服务"部门。

（2）通过区域对比分析西部地区产业链情况。2002 年四大区域均有农业产业链，产业链内部部门结构较为相似，东部和西部地区拥有独立的贸易产业链和科学研究事业产业链。区域间农业产业链、贸易产业链、科学研究事业产业链相对独立。对比分析区域间的能源产业链，可以看出能源开采等上游产业集中在西部地区，西部地区能源产业链的下游部门——交通运输及仓储业是中部地区重要的上游部门，下游产业集中在东部地区并在东部地区得到延伸，并进一步延展到金属产业链。东、中、西部通过能源、交通运输、金属产业链形成了区域间的产业联系。而东北地区能源部门与金属部门相关关系较强，形成了从能源开采到金属设备的独立产业链，与其他三大区域产业链关联度较弱。2007年四大区域均有农业产业链，东部和西部地区拥有造纸印刷及文教体育用品制造业等部门产业链和通信设备计算机及其他电子设备制造业等部门产业链，且这些产业链在区域间相对独立。东部和东北地区拥有从开采到加工的完整的能源产业链，能源产业链仍是贯通四大区域的主要产业链，上游产业不再仅仅集中在西部地区，中部地区是交通运输及仓储业为核心的运输中心，而下游产业的中心是东部地区，区域间产业关联度减弱。东部、东北地区金属产业链完整且相对独立，西部地区能源产业链开始向金属部门延伸。2012 年四大区域均有农业产业链，东部、西部和东北地区拥有造纸印刷及文教体育用品制造业等部门的产业链，且在区域间相对独立。东部、西部地区拥有从能源产业到金属设备的产业链，中部地区仍在区域间起到运输中心的作用，东北地区能源产业链、金属产业链相对独立。可以看出能源产业链对于四大区域的连接作用进一步减弱，区域间产业关联度呈下降趋势。

2002 年到 2012 年西部地区产业链数目逐渐减少。2002 年东部和西部地区产业链数目相同，之后东部地区产业链数目呈现增加趋势且产业链内部不断延伸，而西部地区产业链数目不断减少。农业产业链相关部门逐渐减少，以能源和金属为核心的产业链不断延伸，能源部门间联系更加紧密。2002 年和 2012 年均出现了包含批发和零售、租赁和商务服务、金融三个部门的产业链，而产业链中其他相关部门发生了变化。仅在 2002 年出现了以科学研究事业为核心的产业链，包括通信设备、计算机及其他电子设备制造业等部门的产业链也仅在 2007 年出现。

（3）分别对 2002 年东部、中部、西部、东北地区的产业以及经济复杂度指数（CI）进行分析。

由表 1 - 25 可知，2002 年到 2012 年东、中、西、东北地区的 CI 值逐渐增大，说明 10 年间区域内产业链不断延伸，经济复杂度不断提高。2002 年、2007 年、2012 年 CI 值最高的均为东部地区，最低的为西部地区。中部地区 CI 值上升速度最快，到 2012 年超过东北地区，仅次于东部地区。

表 1 - 25　2002 ~ 2012 年东部、中部、西部、东北经济复杂度指数（CI）变化情况

年份	东部	中部	西部	东北
2002	3.32	2.90	2.84	2.92
2007	3.57	2.95	2.79	3.06
2012	3.65	3.31	3.09	3.27

七　西部地区产业发展对策建议

美国经济学家罗斯托（W. W. Rostow）在《主导部门和起飞》（1998）一书中提出，正确选择和建设具有扩散效应的部门作为主导产业部门，是经济成长中实现经济"起飞"的基本条件。将主导产业的

产业优势，辐射传递到关联产业链上的各产业，将带动和促进区域经济的全面发展。罗斯托研究确认了主导产业的基准主要有两条：第一，具有较高的增长率和显著的规模；第二，可以带动其他部门的经济增长。

本章通过测度1987~2015年全国以及2002年到2012年四大区域的产业群、产业链，从产业关联视角解释我国经济发展的总体趋势以及区域产业结构的变化，通过区域同全国平均水平和区域之间对比分析得出推动西部地区经济高质量发展的主导产业。2002年四大区域产业群数目相对平均，2007年到2012年，东部、东北地区产业群数目逐渐增多，中部地区产业群数目没有发生变化，西部地区产业群数目逐渐减少。同样，2002年东部与西部地区产业链数目相同，2007年到2012年东部、中部、东北地区产业链数目逐渐增多，而西部地区产业链数目逐渐减少。其次，2002年四大区域产业群均在不断扩张，产业链均逐渐延长。2002年下游产业向东部、东北地区集中，中部地区在区域间担任运输中心的角色，上游产业则集中在西部地区。2007年到2012年，东部、东北地区拥有了从上游产业到下游产业的产业群与产业链，西部地区下游产业在不断发展。最后，通过对比四大区域产业群与产业链结构得出，东部、东北与西部存在产业割裂，区域间只有分工没有协作，并且随着各区域的产业发展割裂趋势愈发明显。能源产业、金属产业对区域间分工协作的带动已经较弱，需要培育新的动能，缩小区域差距，带动区域发展。

基于以上分析，本章提出以下对策建议。

西部地区产业升级的方向要从产业发展水平较高的东部、东北地区入手，选出增长率高、规模显著、影响力强的主导产业。2012年东北地区出现了化学产业群，通信设备、计算机及其他电子设备产业群进一步扩张，东部地区金属产业群发展迅速。2012年东部地区兴起的产业链有非金属矿和其他矿采选业产业链、通信设备计算机和其他电子设备产业链、化学工业产业链以及包含批发和零售、租赁和商务服务、金融三个部门的产业链。结合产业群、产业链测度中的相关系数，西部地区产业建设的重点是通信设备计算机和其他电子设备相关产业和化学产业。

促进区域分工协作，减少区域产业割裂，继续推动东部地区第三产业的发展；东北地区利用制造业和能源部门的比较优势，积极融入区域间的产业合作；中部地区继续发挥好运输中心的作用；提高西部地区承接制造业转移的能力，承接东中部制造业转移是目前西部地区提高产业水平的主要路径，也是西部地区实现产业升级的基础条件（郭丽娟、邓玲，2013）。丝绸之路经济带是承接东中部产业转移的核心区位，积极承接产业转移不仅对逐步开放的丝绸之路经济带的西部地区实现创新驱动发展至关重要，而且对东中部地区产业结构升级也颇具意义。

缩小区域经济差距，促进高端产业发展。由于传统的劳动密集型和资源密集型产业对经济增长的带动作用较弱，故从长期来看产业升级要依托高端产业的发展。西部地区处于中国内陆地区，在以海运为主要运输方式的世界贸易中处于劣势，处于区域产业链的上游。互联网产业的繁荣兴起，是西部地区产业升级的新契机。新兴产业的运输方式不再仅仅依靠海运陆运，通信设备计算机及其他电子设备、仪器仪表、信息传输软件和信息技术服务等产业将有效缩小区域差距，实现经济高质量发展。

充分发挥政策冲击推动效应，实现政府产业发展治理模式的根本性转变。以丝绸之路经济带建设为例，西部地区应从政府直接参与产业规划转变为"市场主导，政府保障"模式。充分发挥市场机制的主导性作用，提升市场化程度，减少政府干预，提升市场监管及执行水平，确保良好的市场秩序，以实现西部地区产业发展和持续升级。

健全区域合作机制，引导区域产业协调发展。推动区域市场全面开放，建立全国统一市场，加强市场立法制约地方保护主义。同时，加强统一的市场监管体系建设，坚决取缔不利于公平竞争、分割市场的地方政策。通过统筹规划，合理引导产业跨区域转移，并制定产业跨区域转移规划和促进产业跨区域转移的配套政策。需要积极探索建立多层次、多样化的区域合作体系，包括政府间合作、企业间合作、以城市群或都市圈为主体的城市区域合作以及跨四大战略区域的省际合作。

参考文献

吴金明、邵昶：《产业链形成机制研究——"4 + 4 + 4"模型》，《中国工业经济》2006 年第 4 期。

范剑勇、谢强强：《地区间产业分布的本地市场效应及其对区域协调发展的启示》，《经济研究》2010 年第 4 期。

赵光南：《建国以来我国产业结构优化问题研究的进展——基于马克思主义政治经济学的视角》，《经济问题探索》2017 年第 2 期。

韩维正：《产业链现代化中国要打攻坚战》，http：//finance. people. com. cn/n1/2019/0827/c1004 – 31318539. html，2019 年 8 月 27 日。

王岳平、葛岳静：《我国产业结构的投入产出关联特征分析》，《管理世界》2007 年第 2 期。

许宪春、齐舒畅、杨翠红、赵同录：《我国目前产业关联度分析——2002 年投入产出表系列分析报告之一》，《统计研究》2006 年第 11 期。

林毅夫：《后发优势与后发劣势——与杨小凯教授商榷》，《经济学（季刊）》2003 年第 3 期。

徐康宁：《当代西方产业集群理论的兴起、发展和启示》，《经济学动态》2003 年第 3 期。

李善同、钟思斌：《我国产业关联和产业结构变化的特点分析》，《管理世界》1998 年第 3 期。

Porter. M，*The Competitive Advantage of Nations*，The Free Press，1990.

杨公朴、复大慰：《产业经济学》，上海财经大学出版社，1998。

朱传耿、赵振斌：《论区域产业竞争力》，《经济地理》2002 年第 1 期。

成达建：《广东产业群投入产出研究》，暨南大学硕士学位论文，2002。

顾海兵、刘峰：《中国产业经济的投入与产出实证研究——1990 年与 1987 年中国投入产出表比较分析》，《数量经济技术经济研究》1996 年第 2 期。

全诗凡：《基于区域产业链视角的区域经济一体化——北京津冀地区为例》，经济科学出版社，2014。

许优美：《天津市产业链及其演化趋势分析》，天津财经大学硕士学位论文，2010。

Erik D. , Romero I. Production Chains in an Interregional Framework：Identification by Means of Average Propagation Lengths, *International Regional Science Review*, 2007, 30 (7), pp. 48 – 60.

Erik Dietzenbacher, Isidoro Romeroluna, and Niels S. Bosma. Using Average Propagation Lengths to Identify Production Chains in the Andalusian Economy, Estudios DE Economic Aplicada 2005, Vol. 7 (23), pp. 405 – 422.

孙赵勇、任保平：《基于投入产出关联的中国产业结构演化特征分析》，《中国科技论坛》2014 年第 12 期。

吴三忙、李善同：《中国经济复杂度及其演变：基于 1987 年至 2007 年的投入产出表测度》，《管理评论》2013 年第 3 期。

冯沛：《投入产出视角下的中国全产业链研究》，《统计与信息论坛》2014 年第 8 期。

李慧珍、苗建军、陈瑜：《江苏主导产业群效率研究》，《经济问题》2011 年第 9 期。

王辅信、胡国强、张许颖、张立存、王世炎：《中国各地区投入产出分析与产业结构变化研究》，《数量经济技术经济研究》1998 年第 9 期。

黄桂田、徐昊：《中国钢铁的产业关联效应及国际比较——基于投入产出表的研究》，《经济问题》2018 年第 11 期。

史贞、许佛平：《山西省产业转型升级机理探析——基于投入产出分析》，《经济问题》2018 年第 10 期。

周民良、满明俊：《区域关联产业群的识别与发展模式探析——以陕西省为例》，《开发研究》2009 年第 3 期。

徐丽梅：《基于投入产出模型的我国信息产业经济效应分析》，《图书情报工作》2010 年第 12 期。

郑吉昌、夏晴：《服务业发展与产业集群竞争优势——以浙江产业集群发展为例》，《财贸经济》2005 年第 7 期。

赵启蒙：《基于投入产出的中国区域科技服务业的产业结构及产业关联差异研究》，东北财经大学硕士学位论文，2017。

覃成林、张华、张技辉：《中国区域发展不平衡的新趋势及成因——基于人口加权变异系数的测度及其空间和产业二重分解》，《中国工业经济》2011 年第 10 期。

干春晖、郑若谷：《中国地区经济差距演变及其产业分解》，《中国工业经济》2010 年第 6 期。

范剑勇、朱国林：《中国地区差距演变及其结构分解》，《管理世界》2002 年第 7 期。

蔡昉、都阳：《中国地区经济增长的趋同与差异——对西部开发战略的启示》，《经济研究》2000 年第 10 期。

魏后凯：《中国地区经济增长及其收敛性》，《中国工业经济》1997 年第 3 期。

Bhalla, A., Yao, S. J. and Zhang, Z. Y. Regional Economic Performance in China, The Economics of Transition, 2003: 11 (1), pp. 25 - 39.

金相郁、武鹏：《中国区域经济发展差距的趋势及其特征——基于 GDP 修正后的数据》，《南开经济研究》2010 年第 1 期。

刘贯春、张晓云、邓光耀：《要素重置、经济增长与区域非平衡发展》，《数量经济技术经济研究》2017 年第 7 期。

戴魁早、刘友金：《要素市场扭曲、区域差异与 R&D 投入——来自中国高技术产业与门槛模型的经验证据》，《数量经济技术经济研究》2015 年第 9 期。

蔡昉、都阳：《区域差距、趋同与西部开发》，《中国工业经济》2001 年第 2 期。

杨丽君、邵军：《中国区域产业结构优化的再估算》，《数量经济技术经济研究》2018 年第 10 期。

龚勤林：《区域产业链研究》，四川大学博士学位论文，2004。

刘贵富：《产业链的基本内涵研究》，《工业技术经济》2007 年第 8 期。

程李梅、庄晋财、李楚、陈聪：《产业链空间演化与西部承接产业转移的"陷阱"突破》，《中国工业经济》2013 年第 8 期。

魏后凯：《大都市区新型产业分工与冲突管理——基于产业链分工的视角》，《中国工业经济》2007 年第 2 期。

高煜、张雪凯：《政策冲击、产业集聚与产业升级——丝绸之路经济带建设与西部地区承接产业转移研究》，《经济问题》2016 年第 1 期。

郭丽娟、邓玲：《我国西部地区承接产业转移存在的问题及对策》，《经济纵横》2013 年第 8 期。

第二章
"一带一路""五通"建设重点研究
——基于量化关联规则的测度

【摘　要】　"五通"是实现"一带一路"倡议的主要抓手。由于"五通"包括的范围广泛，本研究针对"五通"建设的层次性予以测度，以期在建设实践中做到有的放矢。本章基于"五通"建设之间相互关联的认识，利用量化关联规则挖掘"五通"指数，识别出"五通"建设的重点，认为资金融通与贸易畅通应是今后"一带一路""五通"建设的重点，并以此提出层次化建设的政策建议。

【关键词】　"一带一路"　"五通"指数　关联规则

一　引言

近年来，"一带一路"倡议秉承着共商、共建、共享原则，在"五通"①建设上取得了长足发展。在政策沟通方面，"一带一路"倡议获得了100多个国家或国际组织的认同与支持。共建"一带一路"倡议及核心理念等，被纳入联合国、二十国集团、亚太经合组织、上合组织等重要国际机制的成果文件。[1]在设施联通方面，首先公路、铁路、航

---

① 政策沟通、设施联通、贸易畅通、资金融通、民心相通。

空、海运以及管道、跨境光缆的建设使得共建"一带一路"国家形成了陆、海、空、网的互联互通；其次以中巴经济走廊、新亚欧大陆桥经济走廊、中蒙俄经济走廊等为代表的"六廊六路多国多港"格局已初步形成。在贸易畅通方面，首先中国与共建"一带一路"国家在经贸合作区建设上取得较大进展，中白工业园、中埃苏伊士经贸合作区、中马关丹产业园等工业园区是其中的佼佼者；其次在钢铁、水泥、机械制造等产能合作方面也在不断加强与深入；最后在通关一体化、自由贸易合作以及跨境电商等方面也取得了初步成就。在资金融通方面，首先PPP模式助推共建"一带一路"国家加快基础设施建设；其次在金融合作上，亚洲基础设施投资银行和丝路基金为共建"一带一路"国家提供资金保障。东亚及太平洋中央银行行长会议组织（EMEAP）、东盟与中日韩金融合作机制、东南亚中央银行组织（SEACEN）等金融合作机制也是近年来资金融通建设的一大亮点。在民心相通方面，旅游活动、科教往来、民间交流等方面也有较快发展。

"一带一路"倡议提出以来，有关"一带一路"的研究层出不穷，近几年随着"一带一路"建设取得初步成就，有关"一带一路"建设成效的量化研究也不断涌现，其中以北京大学"一带一路""五通"指数研究课题组最具代表性。该研究团队以"五通"建设数据为依据，构建了共建"一带一路"国家（除巴勒斯坦）的三级指标体系，形成"五通"指数，是中国与共建"一带一路"国家在政策沟通、设施联通、贸易畅通、资金融通、民心相通五个方面的建设评分及排名。[2]本章基于"五通"指数进行数据分析，具体来说是应用数据挖掘领域中的关联分析算法进行"五通"指数的深度挖掘，以期从该研究中发现新的领域知识。

数据挖掘是近十年来发展较快的一门跨学科的数据分析方法，其融合了计算机技术、统计学、大数据等多门学科。数据挖掘对经济学研究有着深刻的影响，这种影响甚至涉及经济学研究的范式或方法论。在数据采集阶段，数据挖掘对数据类型没有限制，从传统的数值结构化数据到文字、图像、视频甚至声音都可作为它的作用对象。在数据处理阶段,数据挖掘不惧任何体量的数据,良好的伸缩性保证了数据挖掘的有效性。在模型分析阶段,数据挖掘提供了大量算法,保障了数据集分析与领域知识的融合,降低了模型的解释难度。随着大数据时代的来临,数据分析从样本分析演化为总体分析,导致以样本分析为核心的计量经济学受到冲击。计量经济学是以样本的分析来估计总体的情况,而大数据及数据挖掘技术却有能力将总体作为研究对象。数据挖掘对经济学研究的影响在不断加深是不争的事实,而其能否颠覆经济学研究范式还未可知,学界需要主动将数据挖掘技术应用于经济学研究中,方可不断提高经济学的研究力。

相比传统分析方法,数据挖掘在非数值与非结构化数据分析上具有天然优势,然而其在结构化数据分析方面的能力亦不容忽视。关联算法在数据分析上的一大优势是能从数据中形成新的知识,这是统计学、计量经济学方法难以提供的。在形成新的领域知识方面,Apriori 算法是关联分析领域中的代表;在处理数值数据上,量化关联规则算法亦是不二之选,这也是本章选择应用量化关联规则算法进行"五通"指数挖掘的原因。

二 文献综述

2015 年以来,一些机构与学者开始构建有关"一带一路"建设的指数体系,以量化方式观察"一带一路"建设的进展。具有代表性的有:2015 年上海航运交易所发布的"一带一路"航运指数;2015 年北京大学海洋研究院等单位建立的五通指数;2016 年新华社中国经济信息社、中国国际技术智力合作公司联合发布的《新华——中智"一带一路"沿线国家知识产权风险指数报告》;2017 年中国对外承包工程商会发布了首期《"一带一路"国家基础设施发展指数报告》。[3]

近年来智库、高校、机构等发布的"一带一路"相关指数报告,大致可分为四类[4]:一是关于共建"一带一路"国家整体发展情况的指数,比如,中国电子信息行业联合会发布的共建"一带一路"国家工业和信息化发展指数、中国人民大学国家发展与战略研究院能源与资源战略研究中心发布的"一带一路"能源投资政治风险指数等。二是关于我国与共建"一带一路"国家之间互联互通情况的指数，比如，国家信息中心发布的"一带一路"国别合作度指数和"一带一路"国别贸易合作度指数、北京大学"一带一路""五通"指数研究课题组发布的"五通"指数等。三是关于细分行业参与"一带一路"建设情况的指数，比如，上海航运交易所发布的"一带一路"航贸指数、国家信息中心发布的"一带一路"企业影响力指数和"一带一路"智库影响力指数等。四是关于我国不同地区参与"一带一路"的情况指数，比如，国家信息中心发布的"一带一路"省（区、市）参与度指数和"一带一路"省（区、市）外贸竞争力指数等。

一些学者在"一带一路"微观层面的量化研究上也进行了有益的尝试。许和连等利用 UNCom 贸易畅通 2012 年的 HS6 分位贸易数据综合构建了共建"一带一路"国家的高端制造业贸易网络，考察各国在贸易网络中的地位和贸易模式。他们认为，不平衡的非互惠贸易关系在贸易网络中仍然普遍存在，且在制度因素中，贸易、金融和货币自由度以及政府效能对高端制造业贸易具有明显的正向促进作用；[5] 张会清和唐海燕基于贸易强度指数模型，从进出口贸易两方面深入分析中国与共建"一带一路"地区的贸易联系问题。他们认为中国在优势工业品的出口贸易、资源性产品的进口贸易上与共建"一带一路"地区有较强的互补性[6]；张奇、童纪新以"一带一路"相关的 17 个省（区、市）2005~2014年的面板数据为基础，采用 DEA 及 Malmquist 指数模型将"一带一路"分为东南、东北、西南和西北四大板块进行分析，得出各区域的 TFP、综合效率、技术效率等指标的变化与增长速率[7]；蔡中华、王一帆、董广巍分区域研究了中国在共建"一带一路"国家专利申请与出口贸易分布情况，并构建了专利结构与出口结构相似度指数[8]；徐梁基于大量贸易数据，梳理了 21 世纪以来中国出口各行业比较优势的动态演进历程，并分行业和地区测算了中国与共建"一带一路"国家的贸易互补性关系[9]。

利用数据挖掘技术对"一带一路"建设进行量化研究的成果不多。刘伟从国内外媒体对"一带一路"相关新闻报道出发，采用 LDA 主题模型、层次聚类等文本数据挖掘技术，探索"一带一路"倡议正式提出后国内外舆情关注热点[10]；宋红娟、蒋玉石利用 RFM 分析、决策树、购物篮分析等数据挖掘技术判断丝绸之路旅游市场价值并预测游客目的地选择行为[11]；王冬冬等应用线性回归、回归树、神经网络、随机森林和支持向量机五种数据挖掘模型对沪深两市"一带一路"概念股的平均成交量和收益率进行预测[12]；马志云、刘云以技术产出的专利为数据源，运用数据挖掘工具、泰尔熵指数及空间计量学的方法和理论，分析了共建"一带一路"国家应对气候变化关键技术创新差异的时空格局演变情况[13]。就现有文献来看，数据挖掘技术与"一带一路"研究结合的成果并不令人满意，主要问题如下：一是对数据挖掘相关技术掌握得不全面，某一技术与作者所分析的数据并不切合，使得挖掘效果大打折扣。二是作者对数据挖掘技术一味地求新、求多，一篇文献中用到多个数据挖掘技术对同一数据进行分析，这实际上是没必要的，多个数据挖掘技术的应用只会增加领域知识的解释难度，给数据挖掘与相关学科的结合带来障碍。三是一些学者对数据挖掘、大数据等概念的滥用。近几年大数据概念炒得比较火热，一些学者期望以蹭热度的方式提高论文的发表概率或者下载量，将一些统计学方法或者计量经济学方法都称为数据挖掘，这对于数据挖掘的跨学科应用百害而无一益。

可喜的是，近年来一些具有坚实技术基础的学者在经济学或者管理学上对数据挖掘的应用取得了不错的成果。一是以证券市场为研究主体的数据挖掘：张宗新、沈正阳以国内证券市场发生的内幕操纵股票为样本，利用 Logistic 模型、决策树模型和神经元网络模型对内幕操纵行为进行了甄别[14]；杜宽旗、蒙肖莲将时间序列数据挖掘方法运用于具体的股票价格生成的高频时间序列分析[15]；何海鹰、朱建平、谢邦昌将决策树、逻辑斯蒂回归和贝氏概率分类算法用于判断被访者是否购买股票，用 K - means 聚类法将股票购买者划分不同的类型[16]。二是以上市公司为研究主体的数据挖掘：杨海军、太雷将模糊支持向量机（FSVM）算法应用于财务困境预测问题的研究[17]；辛金国、关建清运用神经网络模型与 C5.0 决策树模型分别构建了民营上市公司绩效评价体系并进行了实证分析[18]。三是以市场客户为研究主体的数据挖掘：郭崇慧、赵作为基于 CRISP - DM 模型提出了一种适合于 4S 店的客户细分方法与客户群变化挖掘方法[19]；琚春华、帅朝谦提出了融入情境强度约束的行为模式挖掘方法和模式变化侦测方法，并进一步提取了造成行为变化的关键情境[20]。四是以网络评论为研究主体的数据挖掘：李实、叶强等基于改进关联规则算法实现了针对中文产品评论的产品特征信息挖掘[21]；叶强、张紫琼、罗振雄利用非结构化信息挖掘技术，对网络评论进行情感分析[22]。

三　量化关联分析与 Apriori 算法

关联规则是一种关联分析的表示形式，这种关联分析用于发现隐藏在数据中的有意义的联系，所谓有意义的联系反映的是数据中体现的满足人们研究预期或者符合、更新相关领域认识的知识。

关联规则是一系列的蕴涵表达式 $X \rightarrow Y$，X 与 Y 是不相交的项集，即 $X \cap Y = \emptyset$。关联规则的强度，即可信或可采用的程度用支持度（support）和置信度（confidence）度量。支持度确定规则可以用于给定数据集的频繁程度，而置信度确定 Y 在包含 X 的事务中出现的频繁程度。支持度（s）与置信度（c）的度量形式如下：

$$s(X \rightarrow Y) = \frac{\sigma(X \cup Y)}{N} \qquad \text{式（2-1）}$$

$$c(X \rightarrow Y) = \frac{\sigma(X \cup Y)}{\sigma(X)} \qquad \text{式（2-2）}$$

$\sigma(X)$ 表示项集 X 的支持度计数。所谓支持度计数，是指包含特定项集的事务个数。

大多数关联规则挖掘算法采用相同的策略，即将关联规则挖掘任务分解为两个子任务：一是频繁项集的产生，任务是发现满足最小支持度阈值的所有项集，这些项集被称作频繁项集（frequent itemset）；二是规则的产生，任务是从上一步发现的频繁项集中提取所有置信度高的规则，这些规则被称作强规则（strong rule）。

本章采用 Apriori 算法产生关联规则。该算法是 Agrawal 与 R. Srikant 于 1994 年提出的，为布尔关联规则挖掘频繁项集的原创性算法。Apriori 算法使用逐层搜索的迭代方法，其中 k 项集用于探索 $k+1$ 项集。通常用于寻找频繁项集的步骤是，首先通过扫描数据集累计每个项的计数，并收集满足最小支持度的项，找出频繁 1 项集的集合。然后用 1 项集找出 2 项集的集合，如此往复下去，直到无法找到频繁 k 项集。为了提高频繁项集逐层产生的效率，Apriori 算法采用先验性质来压缩搜索空间，这也是该算法命名的由来。所谓先验性质，是指频繁项集的所有非空子集也一定是频繁的。

Apriori 算法的频繁项集产生的伪代码如下。

算法 2 - 1

1：$k = 1$
2：$F_k = \{i \mid i \in I \wedge \sigma(\{i\}) \geqslant N \times minsup\}$ //发现所有的频繁 1 项集
3：**repeat**
4：$k = k + 1$
5：$C_k = apriori - gen(F_{k-1})$ //产生候选项集
6：**for** 每个事务 $t \in T$ **do**
7：$C_t = subset(C_k, t)$ //识别属于 t 的所有候选项集
8：**for** 每个候选项集 $c \in C_t$ **do**
9：$\sigma(c) = \sigma(c) + 1$ //支持度计数增值
10：**end for**
11：**end for**
12：$F_K = \{c \mid c \in C_k \wedge \sigma(\{c\}) \geq N \times minsup$ //提取频繁 k 项集
13：**until** $F_k = \varnothing$
14：$Result = \cup F_k$

算法 2 - 1 步骤 5 中的 apriori - gen（）函数通过如下两个操作产生候选项集：
1. 候选项集的产生。该操作由前一次迭代发现的频繁 $k-1$ 项集产生新的候选 k 项集。
2. 候选项集的剪枝。该操作采用基于支持度的剪枝策略，删除一些候选 k 项集。

Apriori 算法使用一种逐层方法来产生关联规则，其中每层对应于规则后件中的项数。初始，提取规则后件只含一个项的所有高置信度规则，然后使用这些规则来产生新的候选规则。

Apriori 算法中的规则产生的伪代码如下。

算法 2-2

1：**for** 每一个频繁 k 项集 f_k，$k \geqslant 2$ **do**

2：$H_1 = \{ i \mid i \in f_k \}$ //规则的 1 项后件

3：call ap - gen rules (f_k, H_1)

4：**end for**

本章的挖掘对象是"五通"指数，属于结构化数值数据，因而在数据预处理阶段需要将数据离散化才可应用 Apriori 算法进行数据挖掘。包含连续属性的关联规则通常称作量化关联规则。一般对于连续属性的关联分析方法有三种：一是离散化方法；二是基于统计学的方法；三是非离散化方法。本章应用离散化方法对"五通"指数进行预处理，这也是处理连续属性最常用的方法。可以采用等宽、等频或者基于熵、聚类的方法实现，将连续属性的临近值分组，形成有限个区间。

连续属性离散化的关键参数在于划分每个属性的区间个数。通常这个参数需要用户自主确定，当使用等宽方法离散化时，需要确定区间宽度；当使用等频方法离散化时，需要确定每个区间的平均事务个数；当使用基于聚类方法离散化时，需要确定聚类数。确定区间宽度有时是困难的，如果区间太宽，可能因为缺乏置信度而丢失某些信息；如果区间太窄，则可能因为缺乏支持度而丢失某些信息。

四 "一带一路""五通"指数的 Apriori 算法分析

应用 Apriori 算法对已有的"五通"指数等指标数据进一步分析或者从构成"五通"指数的源数据进行挖掘都是可行的。关联挖掘算法的一大优势就是可以产生新的模式（知识），并且学习结果简单直观，这样就可以和领域知识很好地融合。但是 Apriori 算法主要是处理非数值数据的,因而在应用算法时需要进行数据预处理,具体地说,就是需要将数值数据离散化或者二元化,数据的预处理在数据挖掘过程中是非常复杂与耗时的。应用数据挖掘技术进行"一带一路"研究在技术上是可行的,但实践中困难也不少,一是数据的预处理(数值数据的离散化);二是数据格式的手工调整;三是挖掘结果可能不符合预期;四是挖掘结果与相关认知或理论不相容。

以下是"一带一路""五通"指数数据挖掘的实证研究,分为三个部分:一是数据来源说明;二是数据挖掘过程及结果;三是关联规则分析。

1. 数据来源说明

本章利用北京大学"一带一路""五通"指数研究课题组《"一带一路"沿线国家"五通"指数报告》(2016[①]、2017[②])的研究成果进行深度数据挖掘。"五通"指数部分数据如表 2-1、表 2-2 所示。

表 2-1 2016 年共建"一带一路"国家"五通"指数评分部分数据

国　　家	政策沟通	设施联通	贸易畅通	资金融通	民心相通	等级
俄　罗　斯	10	10	8.57	9.47	9.57	顺畅型
马　来　西　亚	9.35	6.94	8.93	9.36	8.91	顺畅型
新　加　坡	7.55	5.52	10	10	10	顺畅型
……	……	……	……	……	……	……
哈萨克斯坦	8.74	8.08	8.41	6.53	6.73	良好型
蒙　　古	9.06	4.57	7.88	8.24	7.63	良好型
巴　基　斯　坦	9.68	3.5	7.44	8.32	8.33	良好型
……	……	……	……	……	……	……
沙特阿拉伯	4.34	7.02	7.6	4.9	5.76	潜力型
缅　　甸	6.22	5.84	6.91	5.27	5.1	潜力型

---

① 北京大学"一带一路""五通"指数研究课题组:《"一带一路"沿线国家"五通"指数报告》,经济日报出版社,2016。

② 翟崑、王继民:《"一带一路"沿线国家"五通"指数报告》,商务印书馆,2017。

国　家	政策沟通	设施联通	贸易畅通	资金融通	民心相通	等级
科 威 特	3.74	5.93	7.23	6.88	4.83	潜力型
……	……	……	……	……	……	……
伊 拉 克	2.83	4.97	5.71	2.33	4.12	薄弱型
马 尔 代 夫	3.83	4	3.5	3.26	5.31	薄弱型
……	……	……	……	……	……	……

说明:《"一带一路"沿线国家"五通"指数报告》(2016)将共建"一带一路"国家"五通"发展状况依据测算结果分为四个等级,依次为:顺畅型、良好型、潜力型、薄弱型。政策沟通指数均值为5.57,属于潜力型;设施联通指数均值为4.98,属于潜力型;贸易畅通指数均值为6.53,属于良好型;资金融通指数均值为4.98,属于潜力型;民心相通指数均值为5.89,属于潜力型。

表2-2　2017年共建"一带一路"国家"五通"指数评分部分数据

国　家	政策沟通	设施联通	贸易畅通	资金融通	民心相通	等级
俄 罗 斯	16.85	16.68	13.25	15.73	17.88	顺畅型
新 加 坡	13.67	14.83	18.53	17.8	14.36	顺畅型
马 来 西 亚	15.29	15.13	15.79	16.07	14.95	顺畅型
……	……	……	……	……	……	……
泰　　国	13.46	10.31	13.09	15.04	16.67	良好型
卡 塔 尔	11.56	14.95	13.33	14.79	8.85	良好型
波 兰	11.59	11.84	11.99	14.1	13.56	良好型
……	……	……	……	……	……	……
立 陶 宛	9.77	11.35	9.68	11.13	7.78	潜力型
拉 脱 维 亚	9.97	11.65	8.88	9.64	9.04	潜力型
乌 克 兰	7.95	8.9	7.69	10.74	13.31	潜力型
……	……	……	……	……	……	……
东 帝 汶	7.14	5.53	5.87	6.55	4.57	薄弱型
也　　门	4.7	8.14	6.74	3.86	5.71	薄弱型
不　　丹	4.71	6.62	5.83	6.46	3.26	薄弱型

说明:《"一带一路"沿线国家"五通"指数报告》(2017)依然将共建"一带一路"国家"五通"发展状况依据测算结果分为四个等级,依次为:顺畅型、良好型、潜力型、薄弱型。政策沟通均值为10.97,属于良好型;设施联通均值为10.42,属于良好型;资金融通均值为10.37,属于良好型;贸易畅通均值为9.88,属于潜力型;民心相通均值为10.7,属于良好型。计算"五通"之间的Pearson系数可知:政策沟通与民心相通高度相关,二者相关系数达到0.72,而它们与其他三项的相关系数均在0.50上下;贸易畅通与资金融通密不可分,二者相关系数达到0.77,而与其他三项的相关系数均在0.60上下;设施联通与贸易畅通、资金融通的相关性明显高于其与政策沟通和民心相通的相关性。

2. 数据挖掘过程及结果

本章利用数据挖掘软件 Weka 3.8① 对"五通"指数进行深度挖掘，具体操作步骤如下：步骤 1，将源数据格式强制转换为 csv；步骤 2，在 WekaGUI Chooser 对话框的 Applications 选项中点击 Explorer，进入探索者平台；步骤 3，导入 csv 格式的"五通"指数；步骤 4，在预处理标签中选择非监督离散化 Discretize 选项，并将离散参数修改为 5 箱、等宽；步骤 5，进入 Associate 标签，选择 Apriori 算法，保持默认参数，点击 Start 按钮开始数据挖掘。

挖掘结果如表 2－3、表 2－4 所示。

表 2－3 2016 年共建"一带一路"国家"五通"指数挖掘结果

序号	置信度	提升度	杠杆率	确信度	关联规则
1	1	1.97	0.09	5.41	贸易畅通 ＝（5.986－7.324]资金融通 ＝（－inf－3.368] ＝ ＝ ＞设施联通 ＝（4.618－6.412]
2	1	1.97	0.09	5.41	资金融通 ＝（－inf－3.368]民心相通 ＝（5.032－6.688]等级 ＝潜力型 ＝ ＝ ＞设施联通 ＝（4.618－6.412]
3	1	2.03	0.09	5.59	设施联通 ＝（4.618－6.412]资金融通 ＝（－inf－3.368]民心相通 ＝（5.032－6.688] ＝ ＝ ＞等级 ＝潜力型
4	1	2.03	0.08	5.08	资金融通 ＝（3.368－5.026]民心相通 ＝（5.032－6.688] ＝ ＝ ＞等级 ＝潜力型
5	1	2.74	0.09	5.71	等级 ＝薄弱型 ＝ ＝ ＞资金融通 ＝（－inf－3.368]
6	1	1.97	0.07	4.43	贸易畅通 ＝（5.986－7.324]资金融通 ＝（－inf－3.368]等级 ＝潜力型 ＝ ＝ ＞设施联通 ＝（4.618－6.412]

---

① Weka 的全名是怀卡托智能分析环境（Waikato Environment for Knowledge Analysis），是一款免费的，非商业化的，基于 JAVA 环境下开源的机器学习（machine learning）以及数据挖掘（data mining）软件。

序号	置信度	提升度	杠杆率	确信度	关联规则
7	1	2.03	0.06	4.06	设施联通 ＝（2.824－4.618］资金融通 ＝（3.368－5.026］＝＝＞等级＝潜力型
8	1	3.5	0.08	5	贸易畅通 ＝（5.986－7.324］民心相通 ＝（6.688－8.344］＝＝＞等级＝良好型
9	1	2.74	0.06	3.81	政策沟通 ＝（－inf－3.416］等级＝薄弱型＝＝＞资金融通 ＝（－inf－3.368］
10	1	7	0.08	5.14	政策沟通 ＝（－inf－3.416］资金融通 ＝（－inf－3.368］＝＝＞等级＝薄弱型
11	1	2.74	0.06	3.81	贸易畅通 ＝（－inf－4.648］等级＝薄弱型＝＝＞资金融通 ＝（－inf－3.368］
12	0.93	1.83	0.09	3.44	资金融通 ＝（－inf－3.368］等级＝潜力型＝＝＞设施联通 ＝（4.618－6.412］
13	0.92	3.04	0.12	4.19	资金融通 ＝（－inf－3.368］民心相通 ＝（5.032－6.688］＝＝＞设施联通 ＝（4.618－6.412］等级＝潜力型
14	0.9	1.77	0.06	2.46	政策沟通 ＝（3.416－5.062］资金融通 ＝（－inf－3.368］等级＝潜力型＝＝＞设施联通 ＝（4.618－6.412］

说明：规则1解释，良好型的贸易畅通、薄弱型的资金融通与潜力型的设施联通具有关联性。如果贸易畅通指数在（5.986－7.324］（良好型、均值范围）、资金融通指数在（－inf－3.368］（薄弱型、小于均值），那么设施联通指数在（4.618－6.412］（潜力型、大于均值）；该条规则表明：共建"一带一路"国家设施联通发展等级属于潜力型，且处于均值范围内的，贸易畅通发展优于资金融通发展。这也与指数体系值反映的知识相符——贸易畅通指数均值：6.53，资金融通指数均值：4.98。由于篇幅有限，剩下规则不再逐条解释。

表2－4　2017年共建"一带一路"国家"五通"指数挖掘结果

序号	置信度	提升度	杠杆率	确信度	关联规则
1	1	1.85	0.09	5.52	资金融通 ＝（12.208－15.004］＝＝＞等级＝良好型
2	1	1.85	0.07	4.6	贸易畅通 ＝（9.758－12.682］资金融通 ＝（12.208－15.004］＝＝＞等级＝良好型
3	1	1.85	0.07	4.14	政策沟通 ＝（9.56－11.99］贸易畅通 ＝（9.758－12.682］＝＝＞等级＝良好型

序号	置信度	提升度	杠杆率	确信度	关联规则
4	1	1.85	0.05	3.22	设施联通 =（9.99－12.22］贸易畅通 =（9.758－12.682］= = > 等级 = 良好型
5	1	1.85	0.05	3.22	设施联通 =（9.99－12.22］民心相通 =（12.032－14.956］= = > 等级 = 良好型
6	1	2.17	0.06	3.78	资金融通 =（9.412－12.208］等级 = 潜力型 = = > 贸易畅通 =（6.834－9.758］
7	1	1.85	0.04	2.76	政策沟通 =（9.56－11.99］资金融通 =（12.208－15.004］= = > 等级 = 良好型
8	1	3	0.06	4	贸易畅通 =（6.834－9.758］资金融通 =（－inf－6.616］= = > 等级 = 潜力型
9	1	3.32	0.07	4.19	资金融通 =（12.208－15.004］民心相通 =（12.032－14.956］= = > 贸易畅通 =（9.758－12.682］
10	1	1.85	0.04	2.76	贸易畅通 =（9.758－12.682］民心相通 =（9.108－12.032］= = > 等级 = 良好型
11	1	3.32	0.07	4.19	资金融通 =（12.208－15.004］民心相通 =（12.032－14.956］等级 = 良好型 = = > 贸易畅通 =（9.758－12.682］
12	0.95	1.76	0.12	4.37	贸易畅通 =（9.758－12.682］= = > 等级 = 良好型
13	0.92	1.99	0.09	3.24	政策沟通 =（9.56－11.99］等级 = 潜力型 = = > 贸易畅通 =（6.834－9.758］

3. 关联规则分析

由表2－3的14条关联规则和表2－4的13条关联规则综合分析可以得到强规则，如表2－5、表2－6所示。

表2－5　2016年"五通"指数挖掘强规则

序号	来源	"五通"发展状况	强规则
1	规则3、4	潜力型	资金融通与民心相通对政策沟通、设施联通、贸易畅通具有带动作用

序号	来源	"五通"发展状况	强规则
2	规则2、6	潜力型	资金融通发展较差；民心相通与设施联通具有较强的关联性；贸易畅通与设施联通具有较强的关联性
3	规则8	良好型	贸易畅通与民心相通对"五通"发展状况分类属性决定作用大于政策沟通、设施联通、资金融通，也表明贸易畅通、民心相通对政策沟通、设施联通、资金融通具有一定带动作用
4	规则5	薄弱型	如果一个国家"五通"发展状况属于薄弱型，那么它的资金融通指数一定较低，但如果一个国家的资金融通指数较低，那么该国"五通"发展状况不一定属于薄弱型，也有可能是潜力型。这就说明，资金融通对其他"四通"的负向作用较明显
5	规则9、10	薄弱型	在薄弱型国家中，政策沟通与资金融通的发展均较差，且它们之间也具有关联性
6	规则9、10	全 部	薄弱的政策沟通与资金融通使得其他"三通"发展受限

表2-6 2017年"五通"指数挖掘强规则

序号	来源	"五通"发展状况	强规则
1	规则1	良好型	良好的资金融通对其他"四通"带动作用明显
2	规则12	良好型	良好的贸易畅通对其他"四通"带动作用明显，作用仅次于资金融通
3	规则1、2	良好型	良好的贸易畅通对政策沟通、设施联通与民心相通具有带动作用
4	规则2、3、4、10	良好型	良好的贸易畅通与资金融通、政策沟通、设施联通、民心相通的关联性递减
5	规则1~13	潜力型	资金融通指数对"五通"指数的正向带动作用小于贸易畅通指数对"五通"指数的负向带动作用；贸易畅通对除资金融通以外的"三通"具有带动作用

五 "一带一路""五通"建设的政策建议

由表2-5可知，潜力型国家是"五通"发展的重点，由于资金融通与民心相通对政策沟通、设施联通、贸易畅通具有带动作用，且民心相通与设施联通具有较强的关联性，贸易畅通与设施联通具有较强的关联性；因而重点应在资金融通与设施联通上发力。在良好型国家中，由于贸易畅通、民心相通对政策沟通、设施联通、资金融通具有一定带动作用；因而重点发力在贸易畅通与民心相通上。在薄弱型国家中，资金融通对其他"四通"的负向作用较明显，薄弱的政策沟通与资金融通使得其他"三通"发展受限，政策沟通与资金融通的发展均较差，且它们之间也具有关联性；因而重点发力在资金融通与政策沟通上。由表 2-6 可知，建设重点应在良好型国家中。资金融通与贸易畅通对其他"三通"的带动作用明显，应重点发力，尤其是资金融通方面。潜力型国家中资金融通建设是发力重点。综合以上观点来看，资金融通与贸易畅通应是今后"一带一路""五通"建设的着力点。重要的是，需要注重"五通"建设的层次性，充分利用资本和贸易对区域经济发展的带动作用，促进设施联通与民心相通的发展，保证"五通"建设的平衡与提高"五通"建设的效率。

参考文献

[1]《"一带一路"倡议五周年政策环境进一步优化》，央视网，http://news.cctv.com/2018/08/21/ARTIvnh8DV9BAhjCES87QU45180821.shtml。

[2]翟崑、王继民：《"一带一路"沿线国家"五通"指数报告》，商务印书馆，2017。

[3]顾春光、翟崑：《"一带一路"贸易投资指数：进展、挑战与展望》，《当代亚太》2017 年第 6 期。

[4]范洋：《"一带一路"指数研究综述与分析》，《中国经贸导刊》（理论版）2018 年第 8 期。

[5]许和连、孙天阳、成丽红：《"一带一路"高端制造业贸易格局及影响因素研究——基于复杂网络的指数随机图分析》，《财贸经济》2015 年第 12 期。

[6]张会清、唐海燕：《中国与"一带一路"沿线地区的贸易联系问题研究——基于贸易强度指数模型的分析》，《国际经贸探索》2017 年第 3 期。

[7]张奇、童纪新：《"一带一路"省市城市基础设施利用效率分析——基于 DEA 及

Malmquist 指数模型》，《软科学》2016 年第 11 期。

[8] 蔡中华、王一帆、董广巍：《中国在"一带一路"国家专利与出口结构关系的研究——基于行业层面相似度指数的分析》，《国际贸易问题》2016 年第 7 期。

[9] 徐梁：《基于中国与"一带一路"国家比较优势的动态分析》，《管理世界》2016 年第 2 期。

[10] 刘伟：《"一带一路"倡议下国内外新闻舆情及其演化分析》，《统计与信息论坛》2018 年第 6 期。

[11] 宋红娟、蒋玉石：《"一带一路"旅游市场的价值判断》，《开发研究》2017 年第 4 期。

[12] 王冬冬、吴寒、史光燕等：《大数据背景下投资者关注对"一带一路"概念股预测能力的实证检验》，2015 年（第四届）全国大学生统计建模大赛论文，2015。

[13] 马志云、刘云：《应对气候变化关键技术创新差异的时空格局——以"一带一路"沿线国家为例》，《中国人口·资源与环境》2017 年第 9 期。

[14] 张宗新、沈正阳：《基于数据挖掘的内幕操纵行为甄别研究》，《管理工程学报》2008 年第 2 期。

[15] 杜宽旗、蒙肖莲：《股票价格时间序列的隐藏瞬时模式识别方法研究》，《数量经济技术经济研究》2008 年第 5 期。

[16] 何海鹰、朱建平、谢邦昌：《证券投资意识调查分析——基于数据挖掘的视角》，《统计研究》2008 年第 9 期。

[17] 杨海军、太雷：《基于模糊支持向量机的上市公司财务困境预测》，《管理科学学报》2009 年第 3 期。

[18] 辛金国、关建清：《基于数据挖掘民营上市公司绩效评价研究探索》，《中国管理科学》2012 年第 S1 期。

[19] 郭崇慧、赵作为：《基于客户行为的 4S 店客户细分及其变化挖掘》，《管理工程学报》2015 年第 4 期。

[20] 琚春华、帅朝谦：《融入情境强度的客户行为模式挖掘及变化侦测》，《管理科学学报》2014 年第 8 期。

[21] 李实、叶强、李一军等：《中文网络客户评论的产品特征挖掘方法研究》，《管理科学学报》2009 年第 2 期。

[22] 叶强、张紫琼、罗振雄：《面向互联网评论情感分析的中文主观性自动判别方法研究》，《信息系统学报》2007 年第 1 期。

第三章
丝绸之路经济带沿线省区市产业结构：
趋同还是趋异

【摘　要】　丝绸之路经济带的建设作为一项政策冲击，将影响共建国家和国内沿线省区市的经济发展以及产业结构的变化。本章考察丝绸之路经济带的建设是否对国内沿线省区市产业的趋同与趋异产生影响。首先采用相似系数法，研究丝绸之路经济带沿线省区市三次产业结构层面趋同的现象。其次，通过计算丝绸之路经济带沿线省区市制造业细分行业区位熵，讨论制造业层面是否存在产业趋同现象。最后运用偏离—份额分析法（SSM）对"丝绸之路经济带"沿线省区市产业趋同合意性进行分析。得出以下结论：①丝绸之路经济带沿线省区市三次产业结构层面趋同现象明显。②丝绸之路经济带沿线省区市产业结构制造业层面没有明显的产业趋同现象。③丝绸之路经济带沿线省区市的产业结构趋同现象属于合意性趋同。

【关键词】　丝绸之路经济带　产业趋同　相似系数　区位熵　合意性分析

一　引言

古丝绸之路作为东西方贸易往来和文化交流的主干线，曾是世界历史上最繁忙的商路，促进了欧亚非各国与古代中国的友好关系。2013年9月7日中国国家主席习近平在哈萨克斯坦访问时发表了题为《弘扬人民友谊，共创美好未来》的重要演讲，倡议共同建设丝绸之路经济带，创新区域合作模式，丝绸之路经济带概念的提出得到了欧亚大陆主要国家的积极回应，丝绸之路又重新进入大家的视野，并被赋予更高的战略地位，站在了新的历史起点上。丝绸之路经济带的建设作为一项政策冲击，将影响共建国家和国内沿线省区市的经济发展以及产业结构的变化。

区域产业结构趋同问题是研究产业结构的重要问题。区域产业结构趋同，就是指各区域产业结构演进过程中所表现出的某种共同倾向，作为一种动态的发展过程，这种现象集中表现为产业结构差异缩小。20世纪80年代世界银行中国经济考察团提出了我国区域产业结构趋同问题，此后一直都是我国学术界关注与研究国内区域经济发展的热点问题之一，诸多学者从区域产业结构趋同的概念、趋同程度的测算、合意性分析等方面对我国区域产业结构趋同现象进行了深入研究。"结构趋同"与"重复建设"不同，前者主要从空间角度反映产业结构的动态变化。石涛、鞠晓伟（2008）认为，区域产业结构趋同集中表现为：产业结构差异缩小；各地区工业产品结构趋于接近；主要工业产品生产的区域分布集中度下降；许多产品的生产缺乏应有的规模经济。

在对区域产业结构趋同的概念充分讨论之后，诸多学者采取了各种不同的技术方法，对全国或某个特定区域的产业结构趋同程度进行了定量的测算。区域产业结构趋同程度的测算通常采用由联合国工业发展组织（UNIDO）国际工业研究中心提出的产业结构相似系数（王永锋、华怡婷，2008；刘杰，2013），其他方法还包括区位熵（王韶华、张伟，2018）、灰色关联度（彭继增等，2015）。此外，衡量区域产业结构趋同程度的指标还包括赫希曼指数、洛伦兹指数、霍夫曼系数等。学术界普遍认为，目前还不存在一个合理的测算指标可以准确判断区域产业结构趋同程度，通常需要综合使用多个指标。区域产业结构趋同的合意性也是学术界研究的重点问题之一。早期学术界聚焦于产业结构趋同的负面效应，而后大多数学者认为产业结构趋同存在合意性与非合意性两种价值判断。一是从理论层面判断其合意性。孙根紧（2013）指出，地理空间上的毗邻与资源禀赋条件的相似性导致的区域产业结构趋同是合理的。程忠、黄少安（2016）在理论层面引入冰山运输成本，提出在资源可支撑、技术可复制的前提下，如果地理距离超过一定程度，那么其运输成本过高将带来利润下降，在这样的情况下，区域产业结构趋同可视为合意的。二是从实证层面判断其合意性。诸多学者利用偏离－份额分析法（SSM）分析产业结构与经济增长的关系。赵峰、姜德波（2011）提出丝绸之路经济带沿线省区市三次产业层面存在严重的结构趋同，但产业结构趋同没有阻碍区域经济增长。同时，他们认为，在整个行业具有好的经济效益时，存在一定的制造业趋同是必要的。刘杰（2013）对山东省西部产业结构趋同进行研究，发现三次产业层面的趋同是合意的，制造业中行业层面产业结构趋同是非合意的。

目前我国关于区域产业结构趋同的研究较少，且大多研究的是东部发达省市。本章将研究对象限定为丝绸之路经济带沿线省区市，包括重庆市、四川省、贵州省、云南省、陕西省、甘肃省、青海省、宁夏回族自治区、新疆维吾尔自治区九个省区市。分析各省区市 2012 年到 2016 年数据，将丝绸之路经济带作为一项政策冲击，考察丝绸之路经济带的建设是否对沿线省区市产业的趋同与趋异产生影响。

二 丝绸之路经济带沿线省区市产业结构趋同测度方法

对产业结构趋同的测度目前有多种方法。本章采用相似系数和区位熵两种研究方法，其指标值直接反映了产业结构的同构性，而其随时间的变化则反映了区域产业结构趋同或趋异的整体走势。本章对丝绸之路经济带沿线省区市工业结构同构性进行定量测度，从而对丝绸之路经济带沿线省区市工业结构关系是互补型还是竞争型从整体上做出判断。

1. 相似系数法

为体现区域工业在结构上的相似与差异，本章采用多元统计分析中的相似系数法，测度研究对象（区域）之间两两相似系数的大小，并制作"区域－区域"相似系数矩阵，该矩阵是一个对称矩阵，选取若干代表性年份分别计算相似系数矩阵，比较各个相似系数的总体变化趋势，对产业趋同性进行考察，其计算公式为：

$$s_{ij} = \sum_{k=1}^{n} x_{ik} x_{jk} \left/ \sqrt{\sum_{k=1}^{n} x_{ik}^2 \sum_{k=1}^{n} x_{jk}^2} \right. \qquad \text{式（3-1）}$$

式（3-1）中：x_{ik} 和 x_{jk} 分别为地区 i 和地区 j 工业部门 k 的工业总产值在本地区工业总产值中所占的比重；s_{ij} 值介于 0 与 1 之间，其值若为 0，则表明两个相比较区域的工业结构完全不同；若其值为 1，则说明两个相比较区域的工业结构完全相同。也就是说，s_{ij} 的值越大，说明两个相比较地区间产业结构趋同程度越高；反之则表明趋同程度越低。联合国工业组织认为两个相比较地区间的结构相似系数大于 0.9，即为产业结构趋同。

2. 区位熵法

区位熵计算表达式如下：

$$LQ_{ij} = \frac{L_{ij} \left/ \sum_{j=1}^{m} L_{ij}\right.}{\sum_{i=1}^{n} L_{ij} \left/ \sum_{i=1}^{n} \sum_{j=1}^{m} L_{ij}\right.} \qquad \text{式（3-2）}$$

式（3-2）中：LQ_{ij} 表示 i 地区 j 行业的区位熵，i 表示第 i 个地区，j 表示第 j 个行业；L_{ij} 表示第 i 个地区、第 j 个行业的产出指标。当 $LQ_{ij} > 1$ 时，表示 i 地区 j 行业的供给能力能满足本地需求而且有余，可对外提供产品。当 $LQ_{ij} < 1$ 时，表示 i 地区 j 行业的供给能力不能满足本地需求，需要由区外调入。当 $LQ_{ij} = 1$ 时，表示 i 地区 j 行业

的供给能力恰恰能满足本地需求。并且，LQ_{ij} 值越大则该区域该产业部门的集中程度越高，该产业在所在区域的专业化程度就越高。L_{ij} 为 j 地区 i 产业产值，$\sum_{j=1}^{m} L_{ij}$ 为 j 地区制造业产值，$\sum_{i=1}^{n} L_{ij}$ 为丝绸之路经济带沿线省区市 i 产业产值，$\sum_{i=1}^{n}\sum_{j=1}^{m} L_{ij}$ 表示丝绸之路经济带沿线省区市制造业总产值。

本章以两个空间参考系（全国，丝绸之路经济带沿线省区市）、两个经济指标参考系（三次产业比值结构，按主要行业工业总产值所计算的制造业产值结构）的结构相似系数为主，以主要行业按工业总产值计算的区位熵为辅，分析丝绸之路经济带沿线省区市产业结构的趋同现象。同时，为了深入分析丝绸之路经济带提出前后沿线省区市产业结构趋同现象的变化趋势，依据现有的数据计算出多个年份（2012~2016年）相似系数。数据来源为 2012 年到 2016 年《中国统计年鉴》、2012年到 2016 年《中国工业统计年鉴》以及各省区市统计年鉴。

三 丝绸之路经济带沿线省区市产业结构测度结果与分析

1. 以全国为背景的丝绸之路经济带沿线省区市三次产业结构相似系数分析

（1）静态分析

采用式（3-1）测算，得出丝绸之路经济带沿线省区市 2016 年三次产业结构相似系数，结果如表 3-1 所示。首先，从全国范围来看，甘肃和新疆由于第一产业比重较大，第二产业比重较小，与全国产业结构相似系数低于 0.9900。其次，在西南四省市（重庆、四川、贵州、云南）中除重庆与贵州，其他地区的产业结构相似系数均大于 0.9900。西北五省区（陕西、甘肃、青海、宁夏、新疆）中青海与宁夏产业结构高度趋同，甘肃与新疆相似系数较高，陕西与青海产业结构相似系数

高达 0.9998。最后，总体来看，九省区市产业结构相似系数大部分在
0.9800 以上。2016 年丝绸之路经济带沿线九省区市存在产业结构趋同，
两个地区间的产业结构相似系数均大于 0.9。

表 3－1　2016 年丝绸之路经济带沿线省区市三次产业结构相似系数

地区	全国	重庆	四川	贵州	云南	陕西	甘肃	青海	宁夏	新疆
全国	1.0000									
重庆	0.9995	1.0000								
四川	0.9979	0.9965	1.0000							
贵州	0.9913	0.9893	0.9976	1.0000						
云南	0.9929	0.9901	0.9984	0.9992	1.0000					
陕西	0.9903	0.9937	0.9884	0.9842	0.9808	1.0000				
甘肃	0.9888	0.9837	0.9932	0.9913	0.9957	0.9640	1.0000			
青海	0.9915	0.9947	0.9894	0.9850	0.9819	0.9998	0.9660	1.0000		
宁夏	0.9964	0.9984	0.9935	0.9873	0.9861	0.9984	0.9746	0.9988	1.0000	
新疆	0.9874	0.9843	0.9955	0.9993	0.9991	0.9768	0.9931	0.9778	0.9809	1.0000

（2）动态分析

采用式（3－1）测算，得出丝绸之路经济带沿线省区市 2012 年三
次产业结构相似系数，结果如表 3－2 所示。对比分析表 3－1 与表 3－2
可以看出：首先，从全国范围来看，2012～2016 年贵州、青海与全国
产业结构相似系数有所提高，且都高于 0.9900，说明这两个省经济发
展迅速和产业结构优化明显。陕西省与全国产业结构相似系数不变。宁
夏、新疆与全国产业结构相似系数有所下降。其次，2012～2016 年西
南四省市之间以及西北五省区之间产业结构相似系数整体上均有提升。
最后，总体来看，2012 年以来丝绸之路经济带沿线九省区市平均产业
结构相似系数逐年增大，即由 2012 年的 0.9854 增长到 2016 年的
0.9898，九省区市产业结构趋同越来越明显。

表 3 - 2　2012 年丝绸之路经济带沿线省区市三次产业结构相似系数

地区	全国	重庆	四川	贵州	云南	陕西	甘肃	青海	宁夏	新疆
全国	1.0000									
重庆	0.9986	1.0000								
四川	0.9914	0.9941	1.0000							
贵州	0.9801	0.9684	0.9580	1.0000						
云南	0.9901	0.9836	0.9846	0.9913	1.0000					
陕西	0.9903	0.9959	0.9966	0.9453	0.9720	1.0000				
甘肃	0.9964	0.9927	0.9921	0.9863	0.9981	0.9842	1.0000			
青海	0.9848	0.9921	0.9945	0.9330	0.9637	0.9994	0.9776	1.0000		
宁夏	0.9999	0.9983	0.9898	0.9807	0.9893	0.9892	0.9957	0.9834	1.0000	
新疆	0.9880	0.9861	0.9950	0.9726	0.9946	0.9839	0.9961	0.9791	0.9863	1.0000

（3）"一带一路"沿线省区市三次产业结构相似系数变化

采用式（3 - 1）测算，得出 21 世纪海上丝绸之路沿线省市[①]以及丝绸之路经济带沿线省区市 2012 年到 2016 年三次产业结构相似系数，其变化趋势如图 3 - 1 所示。2013 年后 "一带一路" 沿线省区市产业结构趋同有了较大提升，且 21 世纪海上丝绸之路沿线省市趋同程度上升较快，但产业结构相似系数始终低于丝绸之路经济带沿线省区市。由于丝绸之路经济带沿线市场经济发展程度低，产业的选择主要依靠相互竞争的地方政府决定，而不是由市场主导，因此产业结构趋同程度较高。

图 3 - 1　"一带一路" 沿线省区市三次产业结构相似系数变化趋势

① 21 世纪海上丝绸之路沿线省市包括上海市、浙江省、福建省、广东省、海南省。

2. 丝绸之路经济带沿线省区市制造业中主要行业区位熵分析

（1）制造业中主要行业总体分析

采用式 3 - 2 测算，得出丝绸之路经济带沿线九省区市制造业主要行业区位熵，得出 2016 年各省区市排在前五位的制造业主要行业。重庆：交通运输设备制造业，计算机、通信和其他电子设备制造业，非金属矿物制品业，电气机械和器材制造业，农副食品加工业；四川：计算机、通信和其他电子设备制造业，交通运输设备制造业，非金属矿物制品业，农副食品加工业，酒、饮料和精制茶制造业；贵州：非金属矿物制品业，酒、饮料和精制茶制造业，化学原料和化学制品制造业，黑色金属冶炼和压延加工业，有色金属冶炼和压延加工业；云南：烟草制品业，有色金属冶炼和压延加工业，化学原料和化学制品制造业，黑色金属冶炼和压延加工业，农副食品加工业；陕西：交通运输设备制造业，石油加工、炼焦和核燃料加工业，有色金属冶炼和压延加工业，非金属矿物制品业，农副食品加工业；甘肃：有色金属冶炼和压延加工业，石油加工、炼焦和核燃料加工业，黑色金属冶炼和压延加工业，农副食品加工业，非金属矿物制品业；青海：有色金属冶炼和压延加工业，化学原料和化学制品制造业，黑色金属冶炼和压延加工业，非金属矿物制品业，农副食品加工业；宁夏：石油加工、炼焦和核燃料加工业，化学原料和化学制品制造业，有色金属冶炼和压延加工业，黑色金属冶炼和压延加工业，纺织业；新疆：石油加工、炼焦和核燃料加工业，有色金属冶炼和压延加工业，化学原料和化学制品制造业，电气机械和器材制造业，农副食品加工业。可见，在制造业主要行业层面，趋同现象较弱。

（2）静态分析

采用式（3 - 2）测算，得出 2016 年丝绸之路经济带沿线省区市制造业细分行业区位熵，具体结果见表 3 - 3。可以看出丝绸之路经济带九省区市 30 个主要行业中区位熵大于 1 的，重庆占 12 个、四川占 21 个、贵州占 14 个、云南占 11 个、陕西占 12 个、甘肃占 6 个、青海占 8

个、宁夏占9个、新疆占8个。其中重庆的交通运输设备制造业，四川的家具制造业，贵州的酒饮料和精制茶制造业与木材加工和木竹藤棕草制品业，云南的烟草制品业、文教工美体育和娱乐用品制造业以及有色金属冶炼和压延加工业，陕西的仪器仪表制造业，甘肃的石油加工、炼焦和核燃料加工业和有色金属冶炼和压延加工业以及其他制造业，青海的纺织服装服饰业、文教工美体育和娱乐用品制造业、化学原料和化学制品制造业、有色金属冶炼和压延加工业，宁夏的食品制造业、纺织业、石油炼焦和核燃料加工业，新疆的石油加工炼焦和核燃料加工业、化学纤维制造业、电气机械和器材制造业，区位熵都达到2以上。区位熵值越大则该省区市该产业部门的集中程度越高，该产业在丝绸之路经济带背景区域的专业化程度就越高。从九省区市制造业细分行业的区位熵没有看出明显的产业趋同现象。这说明九省区市在制造业上都有长足发展，但是，大多集中在产业链的低端，竞争力不强。从产业经济学的角度分析，这应是沿线九省区市经济落后的根本原因所在。

表3-3 2016年丝绸之路经济带沿线省区市制造业细分行业区位熵

细分行业 \ 地区	重庆	四川	贵州	云南	陕西	甘肃	青海	宁夏	新疆
农副食品加工业	0.6616	1.1655	0.6597	1.1469	1.0807	1.0740	0.7578	0.7782	1.3163
食品制造业	0.4576	1.1060	0.8519	1.0297	1.2923	0.5585	0.7196	2.4031	1.5442
酒、饮料和精制茶制造业	0.2010	1.5718	2.4031	0.6804	0.7506	0.5538	0.5454	0.3329	0.4849
烟草制品业	0.2729	0.2543	1.7986	7.4150	0.5067	1.0223	0.0000	0.2341	0.2977
纺织业	0.5236	1.4231	0.1290	0.1785	0.9676	0.2668	1.1749	4.8075	1.3708
纺织服装、服饰业	1.1741	1.2280	1.2853	0.3326	0.6841	0.3310	3.3623	0.2258	0.6081
皮革、毛皮、羽毛及其制品和制鞋业	1.5737	1.3901	1.2702	0.2299	0.1542	0.6478	0.0000	0.8125	0.2462
木材加工和木、竹、藤、棕、草制品业	0.5706	1.3910	2.8511	1.1747	0.5334	0.0178	0.0000	0.3880	0.2736
家具制造业	0.5348	2.2362	0.6961	0.0481	0.2772	0.0340	0.2521	0.4256	0.0899

续表

地区 细分行业	重庆	四川	贵州	云南	陕西	甘肃	青海	宁夏	新疆
造纸和纸制品业	1.2570	1.1806	1.0687	0.7917	0.8615	0.3458	0.0131	0.7908	0.5829
印刷和记录媒介复制业	1.1128	1.3664	0.6834	1.0413	0.8934	0.2577	0.4491	0.4804	0.1081
文教、工美、体育和娱乐用品制造业	1.0595	0.6942	0.8411	2.5019	1.0933	0.1708	4.1962	1.0460	0.3399
石油、炼焦和核燃料加工业	0.0652	0.4341	0.5144	0.3909	1.8721	2.9120	0.0661	3.8175	4.1371
化学原料和化学制品制造业	0.5817	0.9578	1.3481	1.4028	0.9167	0.6435	2.1200	1.8523	1.5767
医药制造业	0.8369	1.1035	1.5475	1.0910	1.1577	0.6989	1.1359	0.4888	0.1699
化学纤维制造业	0.1673	1.8175	0.0082	0.6216	0.3360	0.0961	0.0000	0.0000	4.1591
橡胶和塑料制品业	1.0361	1.1127	1.0945	0.7564	1.1367	0.5921	0.0741	0.5199	0.9375
非金属矿物制品业	0.7424	1.0602	1.8002	0.7813	1.0335	0.8812	1.1788	0.6448	0.9419
黑色金属冶炼和压延加工业	0.5353	0.9556	1.3476	1.2701	0.9465	1.9930	1.4710	1.4897	0.9057
有色金属冶炼和压延加工业	0.4846	0.2446	0.7627	2.2118	1.1388	3.5134	4.6930	1.5362	1.8926
金属制品业	1.1779	1.2303	1.0168	0.5216	0.8163	0.9118	0.3362	0.5643	0.5610
通用设备制造业	0.9549	1.6167	0.4359	0.1843	1.0346	0.3397	0.2881	0.7013	0.1202
专用设备制造业	0.7496	1.3652	0.5703	0.5007	1.4676	0.8513	0.0987	0.6017	0.2513
交通运输设备制造业	2.6482	0.7473	0.4898	0.2639	0.9962	0.0660	0.0442	0.0109	0.0309
电气机械和器材制造业	1.2830	0.8724	0.6345	0.3486	1.2354	0.5288	0.9229	0.6031	2.1930
计算机、通信和其他电子设备制造业	1.9999	1.3847	0.5448	0.0484	0.4577	0.1343	0.0335	0.0000	0.0033
仪器仪表制造业	1.7224	0.4798	0.3766	1.0777	2.2566	0.2077	0.3759	0.8413	0.0463
其他制造业	0.8683	1.2552	1.7371	0.4950	0.3963	2.5218	0.1079	1.0540	0.0000
废弃资源综合利用业	0.6540	1.8215	0.8603	0.7743	0.1822	0.8553	0.0000	1.1242	0.2261
机械和设备修理业	1.1779	1.2303	1.0168	0.5216	0.8163	0.9118	0.3362	0.5643	0.5610

（3）动态分析

采用式（3-2）测算，得出 2012 年丝绸之路经济带沿线省区市制造业细分行业区位熵，具体结果见表3-4。对比表3-3和表3-4可以看出：除重庆外其他各省区制造业主要行业中区位熵大于1的个数均有所上升。重庆市的纺织服装服饰业、家具制造业等区位熵有所下降。重庆的机械和设备修理业，四川的其他制造业，贵州的金属制品业、机械和设备修理业，云南的仪器仪表制造业，陕西的通用设备制造业、电气机械和器材制造业，甘肃的石油加工炼焦和核燃料加工业、有色金属冶炼和压延加工业，青海的医药制造业、非金属矿物制品业、有色金属冶炼和压延加工业，宁夏的石油加工炼焦和核燃料加工业、其他制造业、废弃资源综合利用业，新疆的石油加工炼焦和核燃料加工业、有色金属冶炼和压延加工业、电气机械和器材制造业，区位熵值均有明显上升，说明2012年以来丝绸之路经济带沿线九省区市在制造业上都有较好发展，而且从产业链的低端向中高端迈进。

表3-4 2012年丝绸之路经济带沿线省区市制造业细分行业区位熵

细分行业 \ 地区	重庆	四川	贵州	云南	陕西	甘肃	青海	宁夏	新疆
农副食品加工业	0.8444	1.3264	0.4920	0.9670	0.8933	0.9316	0.3646	0.5576	0.8585
食品制造业	0.5680	1.1372	0.6749	0.9434	1.1950	0.6830	0.5501	2.3224	0.9790
酒、饮料和精制茶制造业	0.2942	1.6968	2.1035	0.4948	0.6259	0.6040	0.4488	0.2753	0.3350
烟草制品业	0.4264	0.2708	2.0775	6.5060	0.4515	0.7172	0.0000	0.0035	0.1864
纺织业	0.8795	1.5226	0.0573	0.1551	0.7606	0.2383	0.7064	2.7796	1.1825
纺织服装、服饰业	1.9685	1.4681	0.2475	0.1239	0.6965	0.1517	2.0631	0.1194	0.2132
皮革、毛皮、羽毛及其制品和制鞋业	1.7826	1.7955	0.5217	0.1228	0.0556	0.5708	0.0000	0.6854	0.1663
木材加工和木、竹、藤、棕、草制品业	0.4125	1.7030	2.3918	1.1796	0.3953	0.0113	0.0000	0.3466	0.1961
家具制造业	1.0320	2.2076	0.3969	0.0245	0.1795	0.0206	0.0000	0.2265	0.2285
造纸和纸制品业	1.5075	1.4030	0.5724	0.8950	0.6416	0.2709	0.0000	1.3146	0.3125
印刷和记录媒介复制业	1.2017	1.3567	0.4406	1.5966	0.9073	0.1271	0.5559	0.3203	0.1425
文教、工美、体育和娱乐用品制造业	1.1827	0.9995	0.2744	3.2093	0.2188	0.3318	5.8772	0.0000	0.0000

续表

地区 细分行业	重庆	四川	贵州	云南	陕西	甘肃	青海	宁夏	新疆
石油、炼焦和核燃料加工业	0.0654	0.2291	0.2750	0.4584	1.9106	2.7169	0.5289	2.4681	3.4668
化学原料和化学制品制造业	0.8353	0.9792	1.4256	1.5179	0.5818	0.7992	2.0625	1.4375	1.0545
医药制造业	0.8872	1.1772	1.7195	1.1582	1.0451	0.5883	0.9238	0.5085	0.1136
化学纤维制造业	0.0653	1.5494	0.0000	0.5409	0.3273	0.3067	0.0000	0.0000	4.1333
橡胶和塑料制品业	1.3723	1.1474	1.3636	0.7414	0.8915	0.4230	0.0410	0.6091	0.8323
非金属矿物制品业	1.0049	1.1663	1.1667	0.8108	0.8929	0.8644	0.7137	0.7922	0.8194
黑色金属冶炼和压延加工业	0.6703	0.8407	1.2895	1.5852	0.6974	1.6587	1.3035	1.0858	1.3233
有色金属冶炼和压延加工业	0.5529	0.3221	0.9370	2.5144	1.0813	2.5948	3.6681	1.9786	0.4836
金属制品业	1.3967	1.3805	0.6601	0.5248	0.7706	0.5855	0.2444	0.6101	0.5971
通用设备制造业	1.1568	1.6738	0.2925	0.2921	0.9893	0.2962	0.4025	0.4782	0.0578
专用设备制造业	0.7071	1.4611	0.3203	0.4270	1.4709	0.6915	0.0497	0.9262	0.2025
交通运输设备制造业	3.6459	0.6913	0.4764	0.2739	1.1776	0.0474	0.2063	0.0413	0.0549
电气机械和器材制造业	1.9557	0.9161	0.4689	0.3306	1.0411	1.3469	0.0000	0.5173	0.9444
计算机、通信和其他电子设备制造业	2.3911	1.6500	0.2246	0.0612	0.3754	0.0992	0.0138	0.0000	0.0629
仪器仪表制造业	2.6459	0.4767	0.4288	0.4275	2.2342	0.1619	0.1853	0.9116	0.0151
其他制造业	2.6560	0.5541	1.1453	0.4485	0.4958	3.5195	0.2336	0.0000	0.0000
废弃资源综合利用业	2.4216	1.4008	0.5210	0.3431	0.4003	0.6435	0.0000	0.1131	0.0000
机械和设备修理业	0.7491	1.4106	0.0000	0.0000	1.2829	1.9674	1.6268	0.0000	0.2574

四 丝绸之路经济带沿线省区市产业趋同合意性分析

1. 丝绸之路经济带沿线省区市产业趋同合意性测度

区域产业结构趋同并不等同于重复建设，并非所有的区域产业结构趋同会阻碍经济发展，源于产业结构升级和行业内分工的产业结构趋同应当属于合意性趋同。本章将进一步采用偏离－份额分析法（SSM），从目前存在的产业结构趋同是否有利于经济增长的角度出发，对丝绸之路经济带沿线省区市产业结构趋同的合意性做定量分析。

偏离－份额分析法（SSM）的基本原理是，把区域经济的增长看作一个动态的过程，区域经济增长率的差别可以从产业结构因素和竞争力因素两个方面分别进行统计说明（竞争力因素指除产业结构以外的生产率水平、经营管理水平、投资规模等因素）。它将研究区域的经济增长与标准区域的经济增长联系起来进行比较，认为区域经济增长与地区份额因素、产业结构偏离因素、竞争力因素有关。因此，一个区域的经济增长（G）可以分为三个部分：增长份额（RS）、产业结构偏离份额（PS）、竞争力偏离份额（DS），即区域经济增长＝增长份额＋产业结构偏离份额＋竞争力偏离份额，从而将区域经济增长实际分解为三个分量。

根据前人的研究成果（赵峰、姜德波，2011；郭庆、邓凯文，2016），偏离－份额分析法的计算公式如下：

$$G = RS + PS + DS = \sum_{i=1}^{n} y_i^0 + (R_i - R) + \sum_{i=1}^{n} y_i^0 \times (r_i - R_i) \qquad 式（3-3）$$

式（3-3）中，RS 表示该省（区、市）第 i 产业产值按整个地区生产总值总增长率（R）计算所应实现的增长份额，其中 y_i^0 为该省（区、市）第 i 产业的基期产值。把这种假定的增长水平同实际的增长水平相比较，如果低于实际增长水平，则该省（区、市）总偏离值为正，即 $G - RS > 0$；反之，则为负。PS 代表该省（区、市）第 i 产业产值按照标准区域第 i 产业增长率（R_i）计算的增长额与按照标准区域生产总值增长率（R）所实现的增长额之差，反映了该省（区、市）第 i 产业随区域第 i 产业增长（或下降）而增长（或下降）的情况。若某省（区、市）以快速增长型产业为主，则 $PS > 0$；反之，则 $PS < 0$。DS 代表该省第 i 产业产值按照实际增长率（r_i）实现的增长额与按照标准区域同一产业增长率（R_i）所实现的增长额之差，反映了与丝绸之路

经济带沿线省区市相比该省区市在发展第 i 产业方面所具有的竞争（区位）优势或劣势。若某个省区市竞争力高于区域水平，则 $DS > 0$；反之，则 $DS < 0$。由于上述三者的关系为 $G = RS + PS + DS$，进一步可以得到地区经济增长率的表达式：$G = RS_r + PS_r + DS_r$，因此地区经济增长总量也可以分为三部分，即地区增长份额 + 产业结构偏离份额 + 竞争力偏离份额。

本章选用丝绸之路经济带沿线 9 个省区市 GDP 和三次产业（$i = 1$，2，3）产值数据，以 2012 年为基期，2016 年为研究期，采用式（3 - 3）对丝绸之路经济带沿线省区市的产业结构和竞争能力优劣进行计算，其中各项产值均按当年价格计算。结果如表 3 - 5 所示。

表 3 - 5　2012～2016 年丝绸之路经济带沿线省区市经济
增长的偏离 - 份额分析结果

单位：亿元，%

省区市	总增长（G）		地区份额（RS）		产业份额（PS）		区位份额（DS）		总偏离（G－RS）	
	增量	增长率	增量	增长率	增量	增长率	增量	增长率	增量	增长率
重庆	16456	139.83	4730	71.87	35	23.23	11691	44.73	11726	51.62
四川	11817	220.54	9897	71.87	- 377	- 5.31	2297	153.99	1920	288.48
贵州	8385	146.10	2841	71.87	372	0.28	5172	73.96	5544	70.87
云南	17821	109.46	4274	71.87	225	2.29	13322	35.30	13548	38.52
陕西	6267	48.93	5992	71.87	296	- 2.27	- 21	- 20.67	275	76.50
甘肃	2765	245.34	2342	71.87	80	5.62	343	167.85	423	242.57
青海	389	86.77	785	71.87	- 56	- 2.00	- 340	16.90	- 396	- 76.25
宁夏	4735	105.36	971	71.87	40	1.71	3724	31.79	3764	33.27
新疆	6596	77.50	3111	71.87	- 24	- 19.13	3509	24.76	3485	37.95

根据表 3 - 5 对丝绸之路经济带沿线地区的产业趋同合意性进行分析。首先，重庆、四川、贵州、云南、陕西、甘肃、宁夏、新疆的总偏离增量均为正，分别为 11726 亿元、1920 亿元、5544 亿元、13548 亿元、275 亿元、423 亿元、3764 亿元、3485 亿元，说明这八个省区市实际经济增量大于假定的基于区域份额的增量。其中，重庆和云南得益于

竞争力因素而产生的区位份额增量分别为 11691 亿元、13322 亿元；贵州得益于产业结构因素而产生的产业份额增量为 372 亿元。其次，四川、陕西、青海、新疆的产业份额增长率为负，说明 2012～2016 年丝绸之路经济带建设所带来的产业结构变化，对这些省份的经济增长造成了一定的阻碍。根据前文三次产业结构相似系数和区位熵的分析结果，笔者发现这些省区市正是存在制造业内部结构趋同的地区。这表明，丝绸之路经济带沿线地区存在的局部区域产业结构趋同在样本期间对区域经济的发展有一定的制约作用。再次，陕西、青海的区位份额增量为负，其余地区的区位份额增量为正，说明陕西、青海没有有效地将其区位优势转化为竞争优势，一定程度上阻碍了该区域的经济增长。总的来看，丝绸之路经济带沿线地区的产业结构趋同现象并没有阻碍地区经济发展，说明这种趋同属于合意性趋同。但部分省区市，产业结构不合理或者缺乏竞争力，这在一定程度上阻碍了当地的经济发展，并且不利于丝绸之路经济带沿线省区市之间的进一步合作和整个地区经济的发展，应当引起重视。

2. 丝绸之路经济带沿线省区市产业结构趋同合意性的成因分析

首先，区域的产业趋同和该地区内部经济发展水平接近有关。现代技术经济理论表明，经济发展水平越接近，产业结构相似程度就越高，这是因为，处于同一和近似的发展水平和发展阶段的不同区域，其供给结构和需求结构必然具有很高的相似性，进而形成相近的资源结构、生产函数和需求偏好，所以，在这些地区，大分类的产业结构必然具有高度的相似性。丝绸之路经济带沿线九省区市同属于我国经济发展水平较低的西部地区，无论从人均 GDP 还是三次产业占比来看，沿线九省区市内部经济发展水平都较为接近。

其次，产业结构的相似性和资源禀赋的相似性有关，丝绸之路经济带沿线九省区市包含西北五省区和西南四省市，这些省区市资源禀赋包括自然条件、人文历史背景、文化传统、要素禀赋以及经济发展的初始条件、制约因素都相当类似。由此决定各地政府在选择本地区发展战略和主导产业时，必然会有相同或类似的选择。因为客观地说，只有选择与本地区资源禀赋和要素结构相适宜的发展战略，才是理性的。而且丝绸之路经济带市场经济发展程度低，地区发展战略以及主导产业的选择主要靠政府决定，地方政府间的竞争，极大地增加了产业结构趋同的可能性。

最后，经济联系的紧密性以及由此而来的要素流动也对产业结构的相似性产生正面的影响。经济联系的紧密性，使得相关区域之间在产业经济发展的方面具有互相学习和模仿的可能。同时紧密的经济联系，必然导致要素的流动，以及由此而来的技术转移和产业转移，进而在相关区域形成"重合"的产业，即造成产业的趋同。丝绸之路经济带的提出使得沿线九省区市经济联系的紧密性进一步加强。区域经济合作是丝绸之路经济带的核心内涵，以产业一体化为标志的区域产业合作就成为丝绸之路经济带建设的重要内容和核心环节。构建丝绸之路经济带的合作模式，就要加强"五通"，即政策沟通、设施联通、贸易畅通、资金融通和民心相通。"五通"的加强与建设使得丝绸之路经济带沿线省区市的要素流动性进一步加强，从而进一步推动该区域产业结构加强。

五　丝绸之路经济带沿线省区市调整产业结构的对策建议

本章结论包括：第一，丝绸之路经济带沿线省区市三次产业结构趋同现象明显。首先，2016 年丝绸之路经济带沿线九省区市存在产业结构趋同，两个地区间的产业结构相似系数均大于 0.9。总体来看，2016年丝绸之路经济带沿线九省区市产业结构相似系数大部分在 0.98 以上。2012 年以来丝绸之路经济带沿线省区市平均产业结构相似系数逐年增大，九省区市产业结构趋同越来越明显。其次，在西南四省市以及西北五省区内部产业结构高度趋同。2012 ~2016 年，西南四省市之间以及西北五省区之间产业结构相似系数整体上均有提升。最后，2013 年后

"一带一路"沿线省区市产业结构趋同有了较大提升，且21世纪海上丝绸之路沿线省区市趋同程度上升较快，但产业结构相似系数始终低于丝绸之路经济带沿线省区市。

第二，丝绸之路经济带沿线省区市产业结构制造业层面没有明显的产业趋同现象。首先，从2016年丝绸之路经济带沿线省区市制造业细分行业区位熵可以看出，九省区市在制造业上都有长足发展，在丝绸之路经济带建设背景区域都占有一席之地，且行业的产品各异。但是值得注意的是，这些主要行业大多集中在产业链的低端，竞争力不强。其次，对比2012年和2016年丝绸之路经济带沿线省区市制造业细分行业区位熵表可以看出，2012年以来九省区市在制造业上都有较好发展，而且从产业链的低端向中高端迈进。区位熵有明显上升的主要行业有：机械和设备修理业、电气机械和器材制造业、石油炼焦和核燃料加工业、有色金属冶炼和压延加工业等。

第三，丝绸之路经济带沿线省区市的产业结构趋同现象属于合意性趋同。但值得注意的是，部分省区市需要调整产业结构并提高产业的竞争力，以适应当地的经济发展以及丝绸之路经济带的进一步建设。

基于以上结论，本章提出的对策建议如下。

第一，市场机制是实现区域有效竞争的制度前提。①必须以建立市场化条件下合理的区域分工为前提。在市场化条件下，生产要素和产品可以在区域内实现充分流动，并以其效率参与区际分工，在区域之间发挥经济互补作用，提高资源配置的总体效率，实现区域分工利益，促进区域经济增长。②完善的市场机制可以修正我国目前经济制度转型中的诸多扭曲因素，使各分工区域在分工中合理分配所得利益，自发促进区域之间的联系与开放。③企业跨区域发展在客观上加强了区域之间资金、技术、人才和物资等的流动，推动了管理方式和社会观念等的交流，对有关区域的经济发展都会起到促进作用。④企业跨区域发展可以使企业本身的优势得到进一步发挥，放大所拥有的资源的配置效果。企业的跨区域发展在客观上加深了区域分工，对区域协调起到了积极作用。

第二，推进政府经济行为和角色转换。一是弱化政府的微观管理职能，强化政府的宏观管理职能。二是改革财政包干制和 GDP 业绩考核制。在"有限政府"的前提下，根据"科学发展观"的要求，改进政绩考核，就成为破解产业结构趋同的重要途径。

第三，加强整个地区合作，形成丝绸之路经济带沿线区域整体产业发展的共识。各省区市间应加强合作与分工，发展各自具有相对优势的产业，调整区域产业结构，逐步形成各自的产业优势，加强区域之间的横向经济联系。

第四，实行差异化的比较优势策略，加快产业转移和承接速度。比较优势法则将驱使劳动密集型产业、自然资源密集型产业从东部发达省市向丝绸之路经济带沿线省区市转移，为丝绸之路经济带沿线地区的经济发展提供新的机遇。

第五，实现产业的市场化整合，形成产业集聚优势。注重发展与主导产业配套的服务业和相关产业，提高产业配套能力和发展水平，形成特色优势产业集群，培育具有国际竞争力的区域产业集群。要在规范市场和促进竞争的基础上，通过建立资源配置效率高、对市场反应灵敏的企业组织来实现。对此，一是建立企业之间的产业联系网络，利用企业外部的垂直联系和水平联系，以网络性的产业组织空间形成产业群落；二是建立由企业主导的区域经济合作组织。

参考文献

汪晓文：《"丝绸之路经济带"建设中的产业合作研究》，《经济问题》2015 年第 5 期。

覃成林、潘丹丹：《粤港澳大湾区产业结构趋同及合意性分析》，《经济与管理评论》2018 年第 3 期。

郭先登：《大国区域经济发展空间新格局下城市群基本发展样态与趋势研究》，《经济与管理评论》2017 年第 5 期。

程忠、黄少安：《合理性产业结构趋同的理论标准与中国的实证》，《财经问题研究》2016 年第 9 期。

彭继增、孙中美、黄昕：《基于灰色关联理论的产业结构与经济协同发展的实证分析——以江西省为例》，《经济地理》2015 年第 8 期。

陈建军：《长江三角洲地区的产业同构及产业定位》，《中国工业经济》2004 年第 2 期。

刘杰：《山东省西部产业结构趋同研究》，《经济地理》2013 年第 9 期。

孙根紧：《我国西南地区产业结构趋同的实证分析》，《区域经济评论》2013 年第 1 期。

蔡磊、李广明：《珠三角产业结构的区位熵灰色关联研究》，《产经评论》2012 年第 3 期。

赵峰、姜德波：《产业结构趋同的合意性与区域经济发展——以"丝绸之路经济带"沿线省域地区为例》，《财贸经济》2011 年第 4 期。

覃剑、张文霞：《珠三角地区产业结构变迁与优化研究》，《产经评论》2010 年第 6 期。

覃成林、梁夏瑜：《广东产业转移与区域协调发展——实践经验与思考》，《国际经贸探索》2010 年第 7 期。

石涛、鞠晓伟：《要素禀赋、市场分割对区域产业结构趋同的影响研究》，《工业技术经济》2008 年第 5 期。

王永锋、华怡婷：《环渤海地区产业结构趋同的实证研究》，《经济与管理》2008 年第 2 期。

邱风、张国平、郑恒：《对长三角地区产业结构问题的再认识》，《中国工业经济》2005 年第 4 期。

陈建军：《长江三角洲地区的产业同构及产业定位》，《中国工业经济》2004 年第 2 期。

郭庆、邓凯文：《基于偏离—份额分析法的山东省资源型城市产业结构研究》，《经济与管理评论》2016 年第 6 期。

第四章
自由贸易区推动地区产业发展：
"一带"与"一路"存在差异化效应吗？

【摘　要】　本章通过构建产业发展指标体系，计算我国各省区市的产业发展指数。运用双重差分方法（DID）实证分析设立自贸区对产业发展的影响，检验丝绸之路经济带与 21 世纪海上丝绸之路建设在产业发展中的差异化效应。通过比较二者政策净效应和传导机制的区别，为丝绸之路经济带在西部地区的建设提供重要参考价值，进一步释放西部地区产业发展新动能，定位自贸区在西部地区具体的发展方向。故而，丝绸之路经济带建设应以自贸区为实践孵化制度创新，协调政府与市场之间的关系，完善自贸区法制建设和市场自由。在其指导下，西部地区以制造业等第二产业为产业发展重点的同时，逐步发展金融业，从而提高西部地区的市场需求水平，发挥西部地区的需求推动其产业发展的乘数效应。

【关键词】　"一带一路"倡议　自贸区建设　双重差分方法　政策效应　传导机制

一　引言

"一带一路"（The Belt and Road）是丝绸之路经济带与 21 世纪海上

丝绸之路的简称。2013 年习近平主席提出"一带一路"倡议，2015 年发布的《推动共建丝绸之路经济带和 21 世纪海上丝绸之路的愿景与行动》，标志着"一带一路"倡议正式进入全面推进阶段。"一带一路"打通了亚欧的贸易通道，为中西部创造出新的经济增长点，其发展成果显著并受到了全世界的广泛关注。然而在现阶段中美贸易摩擦的严峻考验下，"一带一路"倡议急需向更高水平演进，即如何深化"一带一路"倡议，为我国各地区的产业发展注入新活力，尤其是丝绸之路经济带建设对西部地区产业发展的影响巨大。中国自贸区是为"一带一路"倡议提供服务支撑的支点和实行"一带一路"政策而先行先试的重要载体和平台（李猛，2017）。本章从自贸区的视角切入，研究"一带一路"政策引导下，自贸区建设对国内不同地区产业发展的影响效应。2013 年 9 月我国成立了第一个自贸区——中国（上海）自由贸易试验区，2015 年 4 月国务院批准设立了广东、福建、天津自贸区，2017 年 4 月陕西、辽宁、浙江、河南、四川、重庆、湖北七个自贸试验区正式挂牌成立，2018 年党中央提出要在海南建设自贸区和自由贸易港。至此，在"一带一路"的政策指导下，我国初步构建起自贸区的网络格局。自贸区建设作为先行先试的实践平台，对其建设的准确定位，能够发挥各地区不同的产业优势，指导丝绸之路经济带在西部地区的建设。

研究问题的提出：第一，自贸区的建设是否推动了各地区的产业发展以及成效如何？第二，丝绸之路经济带与 21 世纪海上丝绸之路中的自由贸易地区对产业发展的影响效应有无差异？据此，本章基于自贸区的视角，以丝绸之路经济带与 21 世纪海上丝绸之路为划分依据，结合各地区自贸区设立的时间轴，进行以下划分：上海、广东、福建、天津作为 21 世纪海上丝绸之路的代表地区（以下简称"一路"）；陕西、河南、四川、重庆和湖北则作为丝绸之路经济带的代表地区（以下简称"一带"）。因为海南自贸区设立的时间较短，辽宁和浙江为第三批设立的自贸区，所以鉴于数据的可得性和实证要求的政策实施时间的统一性，未将这三个地区运用于实证计量当中。本章引入双重差分模型，将我国现有分批次设立的自贸区中的九个自贸区纳入考察范围，利用省级面板数据，研究自贸区对产业发展的影响。通过不同地区自贸区对产业发展影响效应的差异，能够反映"一带"和"一路"政策的差异化，为丝绸之路经济带在西部地区的建设提供重要参考价值，进一步释放西部地区产业发展新动能，定位自贸区在西部地区具体的发展方向，从而深化"一带一路"倡议的内涵。

二　文献综述

对外贸易对产业发展影响效应的研究分析：对外贸易是影响一国产业结构优化的最重要和最基本的外部因素。出口贸易能够获取产业规模经济效应并改善资源结构、拓展国际市场，进口贸易可以弥补国内产业结构失衡、改善要素资源的存量和结构等（姜丽，2013）。Amighini 等（2014）在研究非洲产业发展中指出，进口商品与外商直接投资都会加速产业结构的升级。周茂等（2016）研究表明，贸易自由化通过进口竞争效应显著促进产业结构优化，从而实现国内产业整体的发展。金京等（2013）认为，资源要素的国际化分工与协作是产业转型升级的源泉。陈丽娴等（2017）也指出，要素分工与产业发展的关联性，即要素分工的发展趋势是由低端初始产业要素向高端制造业、服务业等产业流动，该趋势与产业发展的内涵基本一致。苏东水在《产业经济学》一书中也指出，进出口贸易对产业结构的主要影响有：资源、商品、劳务的出口等，从而推动国内相关产业的发展。

三　"一带一路"建设下对外贸易对产业发展影响的机理分析

1. 对外贸易影响产业发展的相关理论

对外贸易对产业发展的影响研究可以追溯到李嘉图的"比较优势理

论"，该理论指出各国生产率的差异导致比较优势的形成，比较优势决定生产模式，从而决定一国的产业发展模式，即各国应专业化生产出口具有比较优势的产品，进口具有比较劣势的产品，通过专业化和自由贸易获得更多的利益。赫克歇尔和俄林的要素禀赋论认为，在生产率相同的前提下，资源的丰富程度是形成比较优势的决定性因素。各国出口本国资源丰富的产品，进口资源稀缺的产品，在对外贸易中获益，继而不断促进产业结构的调整与产业发展。汉密尔顿的贸易观和李斯特的贸易保护主义都从侧面反映了对外贸易与产业发展之间的关系：对于后进国家而言，面临先进国的竞争压力，其产业得以发展的主要途径就是贸易保护，防止外来竞争。罗伯特·索洛提出对外贸易的发展不仅能通过不断的进出口贸易积累技术进步所需要的资本，推进国内产业不断发展，而且能够通过对外贸易来降低研发成本和避免重复劳动，从而促进产业结构转型升级。布兰德、斯潘塞与克鲁格曼在 20 世纪 70 年代末及 80 年代初相继提出的战略性贸易理论与贸易保护的实质相同，即通过政府干预促进本国产品出口，抑制外来产品进口来扶持本国产业，从而促进产业的优化调整。

2. 对外贸易对产业发展的作用机制

（1）出口贸易的物质资本积累效应

亚当·斯密提出的"剩余出路"论指出，出口贸易在扩大本国市场、为国内产品提供出路的同时，也在充分利用国内资源，促进经济增长。出口本国产品赚取外汇从而积累资本：发达国家出口高附加值的资本密集型产品，发展中国家出口低附加值的劳动密集型产品，都能在出口贸易中赚取外汇积累物质生产资本。在产出模型中，劳动力要素可以认为无限供给，出口创汇积累生产所需要的资本，资本的增加带动产出规模的不断扩大，逐渐形成规模经济效应。在正向的循环积累因果关系中，产业得以快速发展。

（2）进口贸易的技术创新效应

技术创新作为产业发展的根本动力，引进技术可以极大地提高生产效率、充分利用要素资源、改善传统产业。进口贸易的技术引进作为节省研发成本、节约研发时间的最快速提高技术水平的"催化剂",为促进技术和产业高度融合提供了最有效的支撑。在产出模型中,生产技术水平的提高,极大地促进产出规模扩大、产业转型升级。后进国家在引进国外先进技术、高新设备的同时,通过"干中学"方式,在生产中不断积累技术、知识和经验。并且"技术外溢"效应能推动相关产业的技术革新,进而促使国内整体的产业优化升级。

(3)对外贸易的竞争效应

进出口贸易打破了国内市场的制约,扩展了国际市场,但相伴随的是国内和国外不断升级的市场竞争。后进国家在进出口贸易弥补国内生产短板、激发新的生产动能的同时,也面临着技术未能及时更新而惨遭淘汰的境地。在优胜劣汰的市场竞争机制中,进出口贸易所引发的竞争效应能够不断促进产业结构调整,促进产业发展。发达国家利用技术优势出口工业制成品,进口发展中国家的初级产品和农副产品。这一旧贸易模式,其特点是各国的产业结构相对独立、国际贸易互补性差,导致各国的产业结构固化为单一的模式。随着全球价值链发展,国与国之间的贸易联系不断加强,进出口贸易的竞争效应可以推动全球价值链中各国处于加工组装等低端环节的产业,向着制造中间产品、研发销售等中高端环节的方向转型,从而不断促进国内的产业发展。

(4)对外贸易的消费需求效应与要素改善效应

在消费方面,国际贸易极大地刺激了国内消费和投资的需求,为推动产业发展奠定了重要的需求基础。对外贸易能引起需求规模与结构的变化,特别是需求弹性大的产品,会刺激相关产业的发展,使得产业间的关联程度不断调整,从而有利于产业的转型与发展。在生产方面,对外贸易能够突破国家生产要素的"瓶颈",增加生产要素存量、改善要素质量和改变要素结构。而雷布津斯基定理指出,当生产要素的供给结构发生变化时,较多使用增长要素的生产部门将扩张,较多使用非增长要素的生产部门将收缩，因此实现产业结构的调整、推动产业的发展。

四 模型设计、变量选择与处理

1. 模型设计

双重差分法（difference in difference method，DID）作为近年来国内外广泛使用的政策效果评估方法，具有较强的优越性，但受到"共同趋势假定"这一前提条件的限制，故先要进行平行趋势检验。检验过程：将中国自贸试验区（FTZ）的建设看作一项"准自然实验"，将实施自贸区政策的所在地区 i 设为处理组，同时找到与处理组相匹配的地区 j 作为控制组，地区 i 与地区 j 的可观测变量取值足够相似。从而根据可忽略性假设，只有地区 i 和地区 j 实施"自贸区建设"的概率很接近，才具有可比性。本章通过各省区市的趋势图筛选出两组处理组所对应的控制组，然后将设立自贸区的省区市作为处理组，平行匹配后的省区市作为控制组。

一般的双向固定效应计量模型为：

$$upindustry_{it} = \alpha_0 + \alpha_1 du + \alpha_2 dt + \alpha_3 du \times dt + \sum \alpha_j x_{it} + \delta_i + \eta_t + \varepsilon_{it} \qquad 式（4-1）$$

其中，$upindustry_{it}$ 为省区市 i 在 t 时期的产业发展指数，反映产业发展水平；du 为组别虚拟变量，设立自贸区的处理组为 1，未设立自贸区的控制组为 0；dt 为自贸区设立的时间虚拟变量，自贸区设立前取值为 0，设立后取值为 1；$du \times dt$ 为个体虚拟变量与时间虚拟变量的交互项，表示设立自贸区的政策净效应，而交互项系数 α_3 则是本章研究的重点；x_{it} 为其他一系列控制变量；ε_{it} 为随机扰动项。其中，根据 Hausman 检验，该模型为固定效应模型，δ_i 为个体固定效应，η_t 为时间固定效应。

本章研究的处理组是按批次依次建立的自由贸易试验区，即政策实施的时间节点不同，且研究重点为交互项系数，故设交互项为 $ftz_{it} = du \times dt$，简化模型如下：

$$upindustry_{it} = \alpha_0 + \alpha_1 ftz_{it} + \sum \alpha_j x_{it} + \delta_i + \eta_t + \varepsilon_{it} \qquad 式（4-2）$$

其中，某地区 i 在 t 年之前未设立自贸区，$ftz_{it}=0$，设立自贸区，$ftz_{it}=1$。

2. 变量选择

（1）被解释变量——产业发展指数（upindustry）

产业发展是指产业的产生、成长与进化过程，既包括单个产业的进化过程，又包括产业总体，即整个国民经济的进化过程，进化过程核心是指结构变化的过程（苏东水，2015），即产业发展不仅包括量的增加，还包括质的变化。通过自贸区建设的总体方案笔者整理出九大自贸区的基本情况（见表4-1），因为研究核心是产业发展，所以表4-1主要关注重点发展的产业。

表4-1　九大自贸区的基本情况

设立批次	自贸区	重点发展的产业
第一批	上海自贸区	国际贸易服务，金融服务，专业服务，国际物流服务，国际航运服务，离岸服务，现代商贸，总部经济，航运金融，文化体育旅游业，高端服务业，战略性新兴产业
第二批	广东自贸区	航运物流，特色金融，国际商贸，高端制造，金融，现代物流，信息服务，科技服务，旅游休闲健康，商务金融服务，文化科教和高新技术
第二批	福建自贸区	国际贸易，保税加工和保税物流，商贸服务，航运服务，现代物流业，金融服务业，新兴服务业，旅游服务业，高端制造业
第二批	天津自贸区	航运物流，国际贸易，融资租赁，航空航天，装备制造，新一代信息技术和研发设计，航空物流，金融创新为主的现代服务业
第三批	陕西自贸区	战略性新兴产业，高新技术产业，高端制造，航空物流，贸易金融，国际贸易，现代物流，金融服务，旅游会展，电子商务
第三批	河南自贸区	智能终端，高端装备及汽车制造，生物医药，国际商贸，跨境电商，现代金融服务，服务外包，医疗旅游，创意设计，商务会展，动漫游戏，文化传媒，文化金融，艺术品交易
第三批	四川自贸区	现代服务业，高端制造业，高新技术，临空经济，口岸服务，国际商品集散转运，分拨展示，保税物流仓储，国际货代，整车进口，特色金融，信息服务，科技服务，会展服务，航运物流，港口贸易，教育，医疗，装备制造，现代医药，食品饮料

续表

设立批次	自贸区	重点发展的产业
第三批	重庆自贸区	高端装备，电子核心部件，云计算，生物医药，总部贸易，服务贸易，电子商务，展示交易，仓储分拨，专业服务，融资租赁，研发设计，保税物流中转分拨，国际中转，集拼分拨
	湖北自贸区	新一代信息技术，智能制造，国际商贸，金融服务，现代物流，检验检测，研发设计，信息服务，专业服务，新能源汽车，大数据，云计算，商贸物流，生物医药，电子信息，总部经济

资料来源：自贸区建设的总体方案。

本章结合国家产业的标准分类法和九大自贸区的基本情况，从两个不同维度构建产业发展体系，运用熵值法得到产业整体发展指数。

第一，从产业发展的总量维度出发，即产业增长总量。产业增长总量为第一、第二和第三产业的产值之和，本章直接用地区的 GDP 来表示产业增长总量。

第二，从产业发展的结构维度出发，产业结构升级是指产业结构由低水平向高水平状态发展的动态过程。最早是根据克拉克定律采用的非农业产值比重作为度量指标，但是由于信息技术革命所带来的巨大冲击和"经济服务化"的趋势，该度量指标已经无法准确测度产业结构变化趋势，鉴于"经济服务化"过程中第二产业增长慢于第三产业这一典型事实（吴敬琏，2008），本章运用通常采用的第三产业与第二产业的产值之比作为度量指标。

由于两个指标的单位不同且需要进行对数处理，因此运用平移极差标准化法进行无量纲化处理，在联合国人类发展指数和经济脆弱度指数的赋权法基础上（干春晖，2011），使用均等权重的熵值法对产业增长总量指数和产业结构升级指数进行赋值，得到产业的整体发展指数。

（2）核心解释变量

本章的核心解释变量 $fiz = du \times dt$ 是设立自贸区虚拟变量和时间虚拟变量的交互项，是反映样本组别个体 i 在 t 时期是否设立自贸区的政策虚拟变量，代表了自由贸易试验区设立的政策效应。

（3）控制变量

为控制其他因素对产业发展的影响，本章选取的控制变量见表4-2。

政府发展水平（gov）：政府财政支出与GDP的比值。外商直接投资水平（fdi）：林毅夫（2008）认为外商直接投资可以通过资本形成、出口扩展和技术转移等推动开放。因此采用外商直接投资额占GDP的比重来反映fdi。金融发展水平（fi）对地区产业发展有显著的促进效应，故选取金融机构年末存贷款余额与GDP的比值来表示。地方需求水平（dem）：用居民消费水平表示。人力资本（edu）：普通高等学校在校生数与地区年末人口总数之比。货物周转能力（tur）：货物周转量。

表4-2　主要变量统计及计算方法

变量类型	变量名称	计算方法
被解释变量	产业整体发展指数（upi）	GDP与产业结构指数通过熵值法加权得到
核心解释变量	设立自贸区政策（ftz）	设立自贸区为1，否则为0
控制变量	政府发展水平（gov）	政府财政支出与GDP的比值
	外商直接投资水平（fdi）	实际利用外商直接投资额与GDP的比值
	金融发展水平（fi）	金融机构年末存贷款余额与GDP的比值
	地方需求水平（dem）	居民消费水平
	人力资本（edu）	普通高等学校在校生数与地区年末人口总数之比
	货物周转能力（tur）	货物周转量

3. 变量处理

考虑到2008年金融危机的冲击，本章采用2009~2018年的面板数据，2009~2017年的数据均来源于国家统计局及各省区市的统计年鉴，2018年的数据来源于各省区市政府在2019年2月公布的《2018年国民经济和社会发展统计公报》。依据前文中划分的处理组，匹配其各自的控制组地区，一是"一带"对应的控制组地区：山西、内蒙古、安徽、江西、湖南、贵州、甘肃、宁夏；二是"一路"对应的控制组地区：北京、河北、吉林、黑龙江、山东、江苏。在数据统计中，对于缺失值采用插值法进行填补，同时考虑到价格的因素，以2009年为基期，运用CPI对所有涉及货币度量的指标进行预处理，按照当年汇率将各省区市每年实际利用外商直接投资额换算为人民币单位，并在回归过程中对各指标进行对数处理以消除异方差。两组变量的描述性统计结果见表4-3和表4-4。

表4-3　"一带"地区主要变量的描述性统计

变量	观测值	均值	标准差	最小值	最大值
upi	130	0.4711	0.1927	0.1	1
gov	130	0.1010	0.0217	0.0576	0.1628
fdi	130	0.0181	0.0118	0.0022	0.0635
fi	130	2.6754	0.6407	1.5057	4.1052
dem	130	11731.36	3518.968	5456	20454.54
edu	130	0.0186	0.0041	0.0085	0.0291
tur	130	3915.092	2645.712	627.68	13500.6

表4-4　"一路"地区主要变量的描述性统计

变量	观测值	均值	标准差	最小值	最大值
upi	100	0.4996	0.2661	0.1023	1.1335
gov	100	0.1145	0.0430	0.0599	0.2000
fdi	100	0.0282	0.0188	0.0083	0.0806
fi	100	3.1172	1.7003	1.0752	7.9242
dem	100	20218.46	9668.792	7193	45055.68
edu	100	0.0215	0.0053	0.0132	0.0335
tur	100	8634.656	11110.88	601.41	95662.24

五　"一带一路"政策效应的实证检验与结果分析

1. 平行趋势检验

双重差分法使用的前提条件是平行趋势，即政策实施前，处理组与控制组的时间效应一样，具有共同的发展趋势。根据产业整体发展指数的计算结果，笔者绘制了"一带"和"一路"所属地区中处理组与控制组的趋势图。根据图4-1和图4-2，"一带"和"一路"所属地区中处理组与控制组在自贸区设立之前具有共同趋势，满足平行趋势假设。

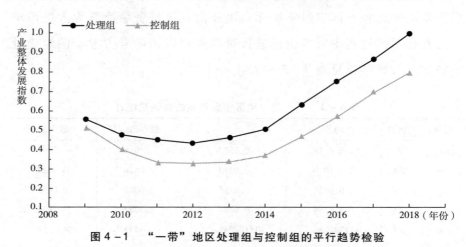

图4-1 "一带"地区处理组与控制组的平行趋势检验

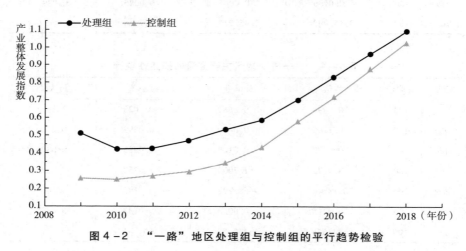

图4-2 "一路"地区处理组与控制组的平行趋势检验

2. 回归结果分析

（1）设立自贸区对产业发展的政策效应

在平行趋势假设成立的基础上，本研究结合2009～2018年的产业整体发展指数，通过双重差分法来考察设立自贸区对产业发展的影响，

使用前文的计量模型进行回归分析，其估计结果见表 4 - 5：列 (1)
(3) 为仅考虑政策时的回归结果；列 (2)(4) 为加入控制变量后的回
归结果。

第一，自贸区的设立对产业发展具有正向促进作用，对"一带"
地区的促进作用小且不稳定，对"一路"地区的促进作用大且稳定。
"一带"与"一路"的政策回归系数都为正，且在1%的水平上显著。
"一带"地区的计量结果显示：不考虑控制变量时，自贸区设立的政策
回归系数为 0.5158，在1%的水平上显著；加入控制变量时，自贸区设
立的政策回归系数为 0.2412，在1%的水平上显著，两次处理的回归系
数差为 0.2746，较大变化的差值表明自贸区设立对产业发展的影响效
应还未趋于稳定。"一路"地区的计量结果显示：不考虑控制变量时，
自贸区设立的政策回归系数为 0.5656，在1%的水平上显著；加入控制
变量时，自贸区设立的政策回归系数为 0.4127，在1%的水平上显著，
两次处理的回归系数差为 0.1529，与"一带"地区的政策回归系数差
值相比，回归系数变化不大。这表明"一路"地区的政策净效应相对
"一带"地区比较稳定。

第二，比较不同地区控制变量的影响效应：两地区政府发展水平
(gov) 的回归系数都为负，且都在1%的水平上显著，表明政府的财政
支出越多，越可能挤压市场发展的空间，即要求协调"政府"与"市
场"的关系。外商直接投资水平 (fdi) 的回归系数都为负，对"一带"
地区的影响效应不显著，而对"一路"地区的影响效应显著，表明东
部沿海地区在利用外商直接投资方面已趋于饱和，同时结合"一路"地
区的地方需求水平 (dem) 的回归系数较"一带"地区更大、"一带"地
区的金融发展水平 (fi) 的回归系数为正而"一路"地区则为负和货物
周转量系数也是前者为正、后者为负，这些实证结果反映"一带"与
"一路"地区产业发展的影响因素有着显著差异，从而表明丝绸之路经济
带在西部地区的建设不可盲目参照海上丝绸之路在东部地区的建设。

表4-5　设立自贸区对产业发展的影响

解释变量	"一带"地区		"一路"地区	
	（1）	（2）	（3）	（4）
ftz	0.5158***	0.2412***	0.5656***	0.4127***
	（9.77）	（3.07）	（6.34）	（4.63）
$lngov$		-0.6738***		-0.6373***
		（-4.18）		（-2.62）
$lnfdi$		-0.0444		-0.3389***
		（-0.65）		（-3.50）
$lnfi$		0.5910***		-0.3834*
		（3.34）		（-1.68）
$lndem$		0.7472***		1.1704***
		（6.21）		（7.35）
$lnedu$		-0.2621		0.2201
		（-1.66）		（0.63）
$lntur$		0.0371***		-0.0997
		（0.55）		（-1.55）
常数项	-0.8788***	-11.4810***	-0.9425***	-12.9915***
	（-25.45）	（-6.37）	（-15.36）	（-6.00）
时间固定效应	是	是	是	是
个体固定效应	是	是	是	是
观测值	130	130	130	130
R^2	0.4693	0.7428	0.4530	0.7330

说明：*、**、***分别表示在10%、5%、1%的水平上显著；括号里的数据为 t 统计量。

（2）设立自贸区对产业发展的传导机制

在实证分析自贸区设立对产业发展的促进作用和"一带"与"一路"政策的差异化效应后，为进一步确定其效应差异化的来源，通过研究政策的传导机制来甄别自贸区设立通过哪种渠道促进产业发展，即用自贸区设立（ftz）作为解释变量对全部显著的控制变量进行回归。两组回归结果见表4-6和表4-7。

表 4 - 6　"一带"地区自贸区设立对产业发展的传导机制

被解释变量	lngov	lnfi	lndem	lntur
ftz	- 0. 1590 ***	0. 0068	0. 4282 ***	0. 4132 ***
	(- 3. 8)	(0. 13)	(9. 65)	(2. 82)
常数项	- 2. 3036 ***	0. 9535 ***	9. 2915 ***	8. 0281 ***
	(- 115. 51)	(40. 43)	(344. 41)	(128. 78)
时间固定效应	是	是	是	是
个体固定效应	是	是	是	是
观测值	130	130	130	130
R^2	0. 4389	0. 1001	0. 5395	0. 4270

说明：*、**、*** 分别表示在 10%、5%、1% 的水平上显著；括号里的数据为 t 统计量。

表 4 - 7　"一路"地区自贸区设立对产业发展的传导机制

被解释变量	lngov	lnfdi	lnfi	lndem
ftz	0. 3410 ***	0. 3642 **	0. 2467 ***	0. 5624 ***
	(4. 96)	(2. 4)	(2. 84)	(6. 88)
常数项	- 2. 2965 ***	- 3. 8224 ***	0. 9832 ***	9. 7035 ***
	(- 57. 55)	(- 58. 64)	(19. 64)	(197. 24)
时间固定效应	是	是	是	是
个体固定效应	是	是	是	是
观测值	100	100	100	100
R^2	0. 530	0. 4545	0. 4472	0. 6125

说明：*、**、*** 分别表示在 10%、5%、1% 的水平上显著；括号里的数据为 t 统计量。

第一，表 4 - 6 的回归结果表明，自贸区设立对"一带"地区的地方需求水平和货物周转水平有着显著的正向作用，对其金融发展水平的作用不显著，而对政府的发展水平起到了反向作用。该政策的实施使得当地需求水平提高了 42. 82%，在 1% 的水平上显著；使得货物周转水平提高了 41. 32%，在 1% 的水平上显著。该结果表明自贸区设立通过当地需求水平和货物商品的周转运输加速了商品和生产要素的流动，即丝绸之路经济带建设主要通过制造业等第二产业带动西部地区产业的发展。

第二，表 4 - 7 的回归结果表明，自贸区设立对"一路"地区的政府发展水平、外商直接投资水平、地方需求水平和金融发展水平都有显著的正向作用。该政策的实施使得当地政府的发展水平提高了 34.1%，在 1% 的水平上显著；使得外商直接投资水平提高了 36.42%，在 5% 的水平上显著；使得金融发展水平提高了 24.67%，在 1% 的水平上显著。结合表 4 - 5 中的政府发展水平、外商直接投资水平和金融发展水平对产业发展水平的回归系数为负，表明自贸区的设立虽然提高了"一路"地区政府发展水平、外商直接投资水平和金融发展水平，但并未对产业发展起到促进作用。真正促进产业发展的只有地方需求水平，在表 4 - 5 中回归系数为 1.1704，且在 1% 的水平上显著。

第三，自贸区设立对"一带"与"一路"地区产业发展的传导机制分析。首先，在"一带一路"政策的差异化效应中，"一带"地区中金融发展水平和货物周转水平对产业发展有显著的正向作用，而"一路"地区中其作用效果不明显。在传导机制分析中，自贸区设立对"一带"地区的金融发展水平影响不显著，而对"一路"地区的影响显著。该结果表明，在不同地区，自贸区建设促进产业发展的主导产业不同。"一带"地区以第二产业为主，从货物周转水平可以看出；"一路"地区以第三产业为主，从金融发展水平可以看出。其次，对政府发展水平的回归结果分析，虽然"一带"与"一路"地区中政府发展水平都对产业发展有着挤出作用，但在传导机制分析中，"一带"与"一路"地区的自贸区政策对政府发展水平的影响不同，前者回归系数为负、后者为正，表明在不同地区存在政府以利益为导向实施政策的现象。最后，对地方需求水平的回归结果分析，自贸区的设立对两地区需求水平都有显著的正向作用，地方需求水平对产业发展也都有着显著的促进作用，即两地区自贸区的设立都通过带动当地需求水平提升推动产业发展。但其影响效应存在差异化，比较两地区的回归结果，自贸区设立对地方需求水平的影响系数基本相等，但是在促进产业发展方面，"一路"地区的需求水平对产业发展的影响系数远大于"一带"地区。简言之，在"一路"地区，自贸区设立对地方需求水平起到一倍的提升作用，然后地方需求水平就会对产业发展起到两倍的促进作用，"一带"地区则没有这种乘数效应。

六 稳健性检验

1. 假设不同的政策实施时间检验自贸区设立对产业发展的影响

通过变换各地区自贸区设立的年份来检验本章研究结果的可靠性，假定"一带"地区的政策实施时间为 2015 年，"一路"地区的政策实施时间为 2013 年。检验结果见表 4 - 8，变换年份后，自贸区设立（*ftz*）对"一带"与"一路"地区的产业发展指数（ln*upi*）的回归系数都不显著，表明自贸区设立政策对产业发展起到促进作用的研究结果是稳健的。

2. 变换因变量的稳健性检验

为检验产业发展指数对产业发展衡量的可靠性，用传统文献使用的经济增长指数 GDP 作为经济发展的代表变量来替换产业发展指数。检验结果见表 4 - 8，替换变量后，自贸区设立（*ftz*）对"一带"与"一路"地区的经济增长（ln*gdp*）的回归系数都显著，与基本的回归结果一致，表明自贸区设立促进产业发展的研究结果是稳健的。

表 4 - 8 稳健性检验结果

被解释变量	"一带"地区		"一路"地区	
	ln*upi*	ln*gdp*	ln*upi*	ln*gdp*
ftz	0.0123 (6.32)	0.8807 *** (7.49)	- 0.325 (- 3.48)	0.2659 * (1.84)
常数项	3.68 ** (7.35)	9.3462 *** (140.02)	0.861 (20.38)	10.0338 *** (137.07)
时间固定效应	是	是	是	是
个体固定效应	是	是	是	是
观测值	130	130	100	100
R²	0.132	0.5005	0.473	0.4253

说明：*、**、*** 分别表示在 10%、5%、1% 的水平上显著；括号里的数据为 *t* 统计量。

七 "一带一路"差异化效应的总结与政策建议

在自贸区设立对产业发展影响效应的理论分析基础上，通过自贸区建设的总体方案构建产业发展体系，采用熵值法计算得到产业发展指数。再运用 2009~2018 年 23 个省区市的面板数据和双重差分方法实证检验了自贸区设立对产业发展的影响，以及其对"一带"和"一路"地区的政策效应和传导机制的差异化。可以得到以下结论。

第一，自贸区设立总体上对产业发展有着正向促进作用，但对不同地区的促进效应不同。在"一带"地区，自贸区设立对产业发展的促进作用较小且不稳定。在"一路"地区，自贸区设立对产业发展的促进作用大且稳定。其效应差异化的原因一方面是地区属性的不同，另一方面是政策的实施存在时滞性，"一带"地区的自贸区建设政策实施时间晚于"一路"地区，还未能充分且稳定地体现政策净效应。

第二，在不同地区，自贸区设立推动产业发展的传导机制不同，一方面"一带"与"一路"地区虽都主要通过提升地方需求水平来促进产业发展，但后者需求水平对产业发展的促进作用远远大于前者；另一方面"一带"地区主要通过制造业等推动产业发展，"一路"地区则主要通过金融业等推动产业发展。

总体而言，自贸区的设立提高了产业的发展水平，自贸区作为支撑"一带一路"政策的支点，其在不同地区体现的政策效应和传导机制的差异，关系丝绸之路经济带在西部地区的建设，以及自贸区在西部地区发展方向的具体定位。研究结果也表明自贸区作为"一带一路"政策的重要载体和先试平台，把握好自贸区在不同地区的不同定位，能够为丝绸之路经济带在西部地区的建设提供重要参考。

为了解决自贸区设立在实施中存在的实际问题，更好地促进西部地区产业的高质量发展，为丝绸之路经济带的政策调整提供新思路，本章提出以下政策建议。

第一，坚定自贸区建设的信心并持续贯彻"一带一路"政策。研究事实表明，中国在自贸区建设方面已经取得显著的成效，这主要得益于政府正确的政策主张。自贸区作为"一带一路"政策的实践平台，坚持其建设是我国应对当前国际性问题尤其是贸易摩擦不断的重要解决方法，也是持续贯彻"一带一路"政策指导、促进丝绸之路经济带建设、释放西部地区产业发展活力的重要举措。

第二，协调政府与市场之间的关系，完善自贸区法制建设和市场自由。自贸区的建设需要协调好多个政府部门，不仅涉及其所在省（区、市）的改革，作为示范地区还会涉及整个国家的改革发展方向。因此，该项政策必然涉及不同部门之间和集团之间的利益冲突，想要扩大试点范围就必须消除这些利益屏障。政府与市场关系一直是市场经济的一大困扰，在自贸区建设中必然会激化两者之间的矛盾，因而，在提升自贸区内制度创新水平、完善相关法制保障的基础上，要利用好自贸区现有的经济平台优势，建立完善的风险管理体系和信用管理体系，做好金融监管和调控，为本省（区、市）和周边地区的产业发展提供制度保障和示范。

第三，鉴于"一带"与"一路"的差异化效应，以自贸区建设为实践孵化制度创新。自贸区建设作为一项制度创新，在实践过程中，分析制度体系中每个环节的必要性，充分运用减法，减少制度的交叉和重叠，构建精简高效的制度生态体系，激发市场活力，从而以自贸区为实践推动丝绸之路经济带在西部地区的建设。

参考文献

李猛：《中国自贸区服务与"一带一路"的内在关系及战略对接》，《经济学家》2017年第5期。

姜丽、黄庆波：《我国对外贸易对产业结构优化影响的实证分析》，《特区经济》2013年第12期。

Alessia Amighini, Marco Sanfilippo. Impact of South – South FDI and Trade on the Export Upgrading of African Economies, World Development, 2014, p. 64.

周茂、陆毅、符大海：《贸易自由化与中国产业升级：事实与机制》，《世界经济》2016 年第 10 期。

金京、戴翔：《国际分工演进与我国开放型经济战略选择》，《经济管理》2013 年第 2 期。

陈丽娴、沈鸿：《区域知识溢出如何影响企业增加值率——基于中国创意产业上市公司的实证研究》，《当代财经》2017 年第 8 期。

苏东水：《产业经济学》，高等教育出版社，2015。

吴敬琏：《中国增长模式抉择》（增订版），上海远东出版社，2008。

干春晖、郑若谷、余典范：《中国产业结构变迁对经济增长和波动的影响》，《经济研究》2011 年第 5 期。

林毅夫：《发展与转型：思潮、战略和自生能力》，《北京交通大学学报》（社会科学版）2008 年第 4 期。

第五章
西部地区对外贸易与产业结构升级：
基于丝绸之路经济带建设背景的研究

【摘　要】　本章运用中介效应检验方法，研究在丝绸之路经济带建设背景下对外贸易如何影响西部地区产业结构升级。发现对外贸易程度的加深可以直接促进产业结构升级。同时，对外贸易可以通过资本积累、消费需求的增加、技术进步以及经济制度的变革间接促进产业结构升级。本章还深入研究了丝绸之路经济带建设背景下对外贸易对西部地区产业结构升级的理论机制，并从直接和间接两个角度来检验对外贸易对产业结构升级的影响。

【关键词】　西部地区　丝绸之路经济带　产业结构升级　对外贸易

一　引言

中国作为典型的投资拉动型国家，自改革开放以来，不断融入经济全球化的过程中。中国依托"人口红利"和各种贸易政策，在短时间内，创造了令全世界惊叹的"中国奇迹"。而随着人口红利的消退，传统发展模式难以为继，中国也逐渐落入"中等收入陷阱"。同时，我国推行的"两个大局"的思想，使我国的发展出现了显著的空间渐进特征。其具体表现为：区域内发展迅速，区域间矛盾突出。这不仅体现在东西部地区之间，也体现在各省区市之间。而矛盾的主要方面也是产业结构。在2013年，党中央和国务院提出并实施的丝绸之路经济带建设，使"丝绸之路"从交通走廊变成经济发展带，给西部地区的经济发展以及产业结构优化升级带来了新的机遇。而"政策沟通、设施联通、贸易畅通、资金融通、民心相通"是丝绸之路经济带建设的五大支柱。丝绸之路首先是贸易之路，贸易畅通是丝绸之路经济带建设的本质内容，起着关键性作用，是其他"四通"的基石和依托。同时结合各国的发展经验，各国从高速发展阶段转变为次高速发展阶段，都会面临产业结构转型升级的难题。因此，在丝绸之路经济带建设带来对外贸易程度加深的背景下，如何实现西部地区产业结构转型升级，还需要深入研究对外贸易影响产业结构升级的相关机制。

关于丝绸之路经济带的研究，目前还主要集中在这几个方面：第一，对丝绸之路经济带的理论基础、战略思想和内涵方面进行了研究，藤田昌久等（2011）对区域与合作贸易给出了历史性的解释。第二，从基础设施、环境规制、资源开发等角度研究丝绸之路经济带所带来的影响。王小宁等（2017）研究了丝绸之路经济带建设下环境规制对经济发展和产业结构升级的影响。何义霞等（2014）以能源合作为突破口考量和展望丝绸之路经济带的建设思路。第三，将目光聚焦于丝绸之路经济带的产业空间布局。郭爱军等（2014）从增长极模式、点轴布局模式、网络布局模式来研究丝绸之路经济带产业空间布局模式。董锁成等（2014）认为核心－边缘合作共赢模式是丝绸之路经济带优化产业空间布局的最好方法。这些研究大多从宏观层面来讨论丝绸之路经济带建设的内涵和意义。然而，目前针对丝绸之路背景对地区发展和产业结构的具体影响机制的研究还较为薄弱。

随着我国近三十年的高速发展，我国经济发展进入新常态，开始从高速增长转变为中高速增长，从要素驱动开始转变为创新驱动，并且经济结构不断优化升级。对于产业结构升级的研究，从现有的文献来看，大多数侧重于产业结构升级指标的测度、国际贸易与产业结构升级的关系以及对外贸易所带来的一系列效应等方面。其中，在产业结构升级的指标测度方面，大多数学者根据克拉克的产业结构演进规律，验证了随着经济的发展，第三产业所占比重逐渐升高，产业结构发生重大变化。干春晖等（2011）选取了第三产业产值与第二产业产值之比来测度产业结构升级。李逢春等（2012）选取了第三产业的产值占 GDP 的比重来衡量产业结构升级。蓝庆新等（2013）对不同产业赋予不同的权重，加权求得产业结构升级的指数。在研究对外贸易与产业结构升级的关系方面，Hyun 等（2011）根据韩国 1000 家公司的数据，得出了对外贸易程度的提高会促进公司内部的产业结构升级。周茂等（2016）认为对外贸易会依托进口竞争效应，促进国内产业结构升级。而傅耀等（2008）则认为对外贸易只是经济发展的外部驱动力，对产业结构升级只会产生抑制作用。

自改革开放以来，我国推行"两个大局"的思想，使我国地区之间发展极不平衡，东西部地区差距逐渐拉大。对于西部地区产业结构的研究，从现有的文献来看，大多数侧重于西部地区产业结构的特征、产业承接转移与结构升级以及产业的可持续发展等方面。在产业结构的特征方面，宋周莺（2014）、张卉（2007）等学者研究发现，西部地区大多是技术含量较低的资源密集型产业，形成了以能源矿产开发与加工、特色农产品加工为主的产业体系。在产业承接与结构升级方面，张可云（2015）、郑涛（2015）等都认为丝绸之路经济带倡议的提出与实施，为西部地区产业结构升级带来了新的机遇，加快了东部地区劳动密集型产业向西部地区的转移，对缩小我国地区间差距也有着重大意义。在产业的可持续发展方面，要关注发展过程中出现的环境问题与竞争力不足的问题（吴念等，2013）。

通过对现有研究成果的梳理，相关学者已经揭示对外贸易与产业结构升级的相互影响，但并未形成统一的结论。并且大多数学者是通过对外贸易对产业结构升级的直接影响来进行研究，而没有考虑对外贸易通过物质资本积累、消费需求、技术创新、制度变革等其他机制来影响产业结构升级。目前也没有关于丝绸之路经济带建设背景下对外贸易对西部地区产业结构升级的具体影响机制的研究文献。基于此，本章将会分析在丝绸之路经济带建设背景下对外贸易对西部地区产业结构升级的影响机制，并从对外贸易对西部地区产业结构升级的直接与间接影响来研究，为丝绸之路经济带建设背景下的西部地区产业结构升级提供政策性建议。

二　西部地区对外贸易影响产业结构升级的理论机制

英国经济学家威廉·配第最先创立了产业结构理论，产业结构是一个国家或地区经济发展的核心议题，随着经济的发展，产业结构也会发生变化。产业结构升级也与物质资本积累、消费需求、技术创新和制度变革息息相关，贸易畅通作为丝绸之路经济带其他"四通"的依托，对外贸易对资本积累等上述要素也有着潜移默化的影响。因此，本章将从资本积累、消费需求、技术创新和制度变革等多个角度，来分析在丝绸之路经济带建设背景下对外贸易对西部地区产业结构升级的影响。

1. 资本积累效应

新贸易理论认为各国应首先发展规模经济，规模经济是引起专业化和国际贸易的重要原因。随着对外贸易程度的不断加深，出口规模不断扩大，促进国内物质资本积累，提升资源的优化配置水平，促进产业结构优化升级。发达国家主要出口资本密集型产品，进口劳动密集型产品。与之相反，发展中国家主要进口资本密集型产品，出口劳动密集型产品。不管是发展中国家还是发达国家，均能通过对外贸易程度的加深来促进物质资本积累，进而影响产业结构升级。

假设1：对外贸易可以通过资本积累间接促进产业结构升级。

2. 消费需求效应

对外贸易作为经济全球化的重要途径，会极大加强国与国之间的投资和消费需求。由于各地区的对外贸易的程度不相同，各地区的投资和消费需求也会存在差异，从而各地区的产业结构也会发生变化。同时对外贸易也可以解决产能过剩的问题，从而使各地区产业结构得到优化。另外，不同的产品在不同产业结构的国家间转移，当别国对该产品的要求程度高于本国时，也会促进本国的产业结构优化升级。正如我国国内过剩的产能通过"一带一路"倡议，在沿线欠发达国家找到了出路，通过多余生产要素的引入，欠发达国家和地区的基础设施建设提高了。

假设2：对外贸易可以通过消费需求的提高来促进产业结构升级。

3. 技术创新效应

随着经济发展进入新常态，经济发展也已经从要素驱动转变为创新驱动。随着市场竞争机制的成熟，创新作为贯穿于社会各个活动之间的要素，已经成为各个地区产业结构合理化和高级化的关键一环。在经济全球化的背景下，一个国家或地区的创新不仅依赖于自身的投入和研发，也在很大程度上依赖于对外贸易，通过"干中学"和"技术溢出"效应吸收和转化别国的先进技术。对于发展中国家来说，这种方式带来的正向促进作用是大于负向抑制作用的，能够促进各地区的产业结构优化升级。

假设3：对外贸易可以通过技术创新间接促进产业结构升级。

4. 制度变革效应

随着对外贸易程度的不断加深，国与国之间的交流程度也日益加深，交流的范围也不断变广，其中最突出的部分就是经济制度变革的交流。经济制度对生产关系的全过程均有着关键的影响，若在对外贸易过程中，吸收转化别国的先进经济和管理制度，并根据本国的实际情况进行创新，就会形成经济制度的变革，会对产业结构升级产生重大影响。

正如我国建立的上海自由贸易试验区，以及 2017 年在党中央、国务院的批准下，建立的中国（陕西）自由贸易试验区、中国（重庆）自由贸易试验区以及中国（四川）自由贸易试验区，正是通过以点带面的方式学习国外的先进经济制度，促进经济制度的变革和优化。这在很大程度上也影响着国家或地区的产业结构优化升级。

假设 4：对外贸易可以通过经济制度的变革间接促进产业结构升级。

三　西部地区对外贸易影响产业结构升级的实证研究

1. 研究方法

中介效应最初大多应用于心理学研究领域，是一种间接效应，主要表现为解释变量通过中介变量间接作用于被解释变量。如图 5 - 1 所示，若 Z 为中介变量，则解释变量 X 通过中介变量 Z 作用于被解释变量 Y。

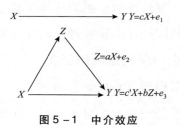

图 5 - 1　中介效应

如图 5 - 1 所示，X 为解释变量，Y 为被解释变量，Z 为中介变量，c 为 X 对 Y 的总效应，c' 为 X 对 Y 的直接效应，a 和 b 表示 X 经过 Z 对 Y 产生的间接效应，e 为误差项。若变量已经中心化或者标准化，可用如图 5 - 2 所示的程序和路径图来说明中介效应。当只有一个中介变量时，效应之间的关系为：$c = c' + ab$，中介效应的大小用 $ab = c - c'$ 来衡量。根据温忠麟等（2005）的思路，建立如图 5 - 2 所示的检验步骤。第一步，检验方程 $Y = cX + e_1$，若 c 显著，则进行第二步检验，若不显著，则停止中介效应检验；第二步，检验方程 $Z = aX + e_2$ 与方程 $Y = c'X +$

$bZ + e_3$，若 a 和 b 都显著，则存在中介效应，进行第三步检验，若至少有一个不显著，则进行第四步检验；第三步，检验 c'，若系数显著，则中介效应显著，X 通过 Z 来影响 Y，若 c' 不显著，则存在完全中介效应，即 X 对 Y 的影响必定依靠中介变量 Z 来实现；第四步，进行 Sobel 检验。

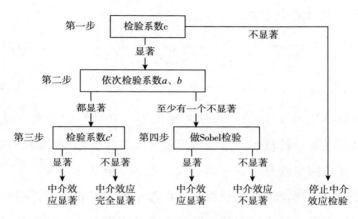

图 5-2　中介效应检验程序

2. 模型设定

基于上述分析，构建如下模型来考察对外贸易对产业结构升级的影响：

$$structure_{it} = \eta_0 + \gamma_1 \, open_{it} + \sum_{j=2}^{5} \gamma_j \, control_{it} + \eta_i + \varepsilon_{it} \qquad 方程（5-1）$$

方程（5-1）中，$structure$ 表示产业结构升级指数；$control$ 表示控制变量；$open$ 表示对外贸易程度，用进出口总额占 GDP 比例来衡量；i 表示地区；t 表示年份；η 表示随机扰动项。而产业结构升级指数的衡量，则借鉴干春晖等（2011）的方法，用第三产业的产值和第二产业的产值之比来衡量，反映产业结构的服务化倾向。

对于控制变量 $control$，添加了以下控制变量：外商直接投资（fdi），外商直接投资会通过技术溢出效应和资本积累影响产业结构升级，用人均外商直接投资来衡量；人力资本（*labor*），人力资本可以通过影响一个地区的创新水平来影响产业结构升级，本章借鉴岳书敬等（2006）的方法，用一个地区居民平均受教育年限来衡量。在计算方法层面，将居民受教育程度分为小学（*primary*）、初中（*senior*）、高中（*high*）、大专及以上（*university*），受教育年限分别计 6 年、9 年、12年、16 年，其计算公式为：

$$labor_{it} = \frac{6 \times primary_{it} + 9 \times senior_{it} + 12 \times high_{it} + 16 \times university_{it}}{population_{it}}$$

方程（5 - 2）

基础设施建设（*infra*），根据吴福象等（2013）的研究，基础设施建设可以通过蒂伯特机制和空间溢出效应加快产业结构升级，本章用公路密度，即公路里程与该省（区、市）面积的比值来衡量。

此外，对于理论机制的分析，可以总结为对外贸易可以通过物质资本积累、消费需求、技术创新以及制度变革来影响产业结构升级，本章将检验上述中介效应是否显著，构建如下方程：

$$structure_{it} = \eta_0 + \gamma_1 open_{it} + \sum_{j=2}^{5} \gamma_j control_{it} + \eta_i + \varepsilon_{it} \qquad 方程（5-3）$$

$$W_{it} = \tau_0 + \theta_1 open_{it} + \sum_{j=2}^{5} \theta_j control_{it} + \tau_i + \upsilon_{it} \qquad 方程（5-4）$$

$$structure_{it} = \xi_0 + \varphi_1 open_{it} + \omega W_{it} + \sum_{j=2}^{5} \varphi_j control_{it} + \xi_i + \mu_{it} \qquad 方程（5-5）$$

在上述方程中，W_{it} 表示中介变量，包括物质资本积累效应（*cap-effect*）、消费需求效应（*con-effect*）、技术创新效应（*tech-effect*）和制度变革效应（*gove-effect*）。其中，物质资本积累效应（*cap-effect*），用地均物质资本存量来衡量；消费需求效应（*con-effect*），用人均零售消费额来衡量；技术创新效应（*tech-effect*），用地区人均专利申请授权量来衡量；制度变革效应（*gove-effect*），用各省（区、市）人均财政支出与中央人均财政支出比值来衡量。首先对方程（5 - 2）进行回归，检验产业结构升级与对外贸易的关系，若 $\gamma_1 > 0$ 且检验显著，则说明对外贸易对产业结构升级有着正向的影响。其次，对方程（5-3）和方程（5-4）进行回归，分为两种情况。第一种情况，若 θ_1、$\gamma_1 > 0$ 且 $\varphi_1 < \gamma_1$，说明存在正向的中介效应；第二种情况，若 $\theta_1 < 0$，γ_1、$\varphi_1 > 0$ 且 $\varphi_1 > \gamma_1$，说明存在负向的中介效应。

3. 数据来源和描述性统计

本章所用的数据来源于 2000~2016 年《中国统计年鉴》《中国人口和就业统计年鉴》《中国教育统计年鉴》《中国科技统计年鉴》以及各省份统计年鉴。在研究对象上，选取丝绸之路经济带沿线各省（区、市）进行研究（西北五省区陕西、甘肃、青海、宁夏、新疆，以及西南四省区市重庆、四川、云南、广西）。表5-1反映了各变量的描述性统计以及各变量的定义。其中制度变革效应、技术进步效应以及人力资本的方差最大，数值波动幅度较大。外商直接投资方差最小，数值波动幅度较小。产业结构升级、对外贸易程度以及资本积累效应的方差差别不大，具有比较一致的波动幅度。

表5-1 描述性统计

变量类型	变量名称	符号	均值	方差	最小值	最大值
被解释变量	产业结构升级	*structure*	0.8523	0.1522	0.5539	1.4714
解释变量	对外贸易程度	*open*	0.1525	0.1815	0.0357	1.5498
控制变量	外商直接投资	*fdi*	0.0210	0.0242	0.0006	0.1289
	人力资本	*labor*	7.7896	0.8385	5.5860	9.5460
	基础设施建设	*infra*	0.4006	0.3596	0.0208	1.7342
中介变量	资本积累效应	*cap - effect*	0.0702	0.1334	0.0005	0.8907
	消费需求效应	*con - effect*	0.6599	0.4869	0.1375	2.3856
	技术进步效应	*tech - effect*	1.7629	2.4504	0.1298	14.0216
	制度变革效应	*gove - effect*	4.7428	2.8367	1.2461	14.5961

资料来源：运用 Stata14.0 软件计算并整理所得。

四 丝绸之路经济带建设背景下西部地区对外贸易影响产业结构升级的实证分析

1. 基准回归结果分析

表 5 - 2 展示了基准回归分析结果。模型（1）验证了对外贸易对产业结构升级的直接影响。结果显示，对外贸易对产业结构升级存在明显的正向促进作用，估计系数为 0.1943，且至少在 5% 水平上显著。模型（2）则表示在加入一系列控制变量以后，对外贸易对产业结构升级的估计系数较为稳健，估计系数为 0.2484，且至少在 1% 水平上显著，即无论是否加入控制变量，对外贸易对产业结构升级均存在显著的正向促进作用。

表 5 - 2　对外贸易对产业结构升级影响的实证结果

解释变量	被解释变量：产业结构升级（structure）	
	模型（1）	模型（2）
对外贸易（open）	0.1943 **	0.2484 ***
	(3.05)	(3.66)
外商直接投资（fdi）		- 1.4391
		(- 1.68)
人力资本（labor）		0.0366
		(1.72)
基础设施建设（infra）		- 0.1352
		(- 1.58)
C	0.8227 ***	0.6135 ***
	(56.16)	(4.07)
R^2	0.0611	0.1499
N	153	153
模型选择	FE	FE

说明：括号内数据为 T 值，***、**、* 分别表示在 1%、5%、10% 的水平上显著。

在控制变量方面，外商直接投资对产业结构升级产生了抑制作用，原因是各地区的"晋升锦标赛"的存在，各地方政府为了单纯实现

GDP 指标，大规模引进投资以促进当地的经济发展，使当地出现了很多产业结构大同小异的产业园区，并且绝大部分效率不高，很容易出现产能过剩等问题，对当地产业结构升级无法产生促进作用。基础设施建设并未对产业结构升级产生积极影响，原因是发展模式还比较粗放，难以满足实际应用的需要。人力资本对产业结构升级只有微弱的促进作用，其原因是第三产业的总体技术含量需求要高于第一产业和第二产业，而比较粗放的经济发展模式可能会导致从业者较多地从事简单的制造加工业，无法对产业结构升级产生促进作用。

2. 中介效应检验结果分析

表 5 - 3　对外贸易对产业结构升级的资本积累效应和消费需求效应

解释变量	资本积累效应		消费需求效应	
	W	structure	W	structure
	模型（3）	模型（4）	模型（5）	模型（6）
对外贸易（open）	0.1029 ***	0.2206 ***	0.5960 ***	0.1746 ***
	(1.90)	(2.04)	(8.09)	(1.56)
外商直接投资（fdi）	0.3212 ***	- 2.845 ***	3.0252 (1.03)	- 3.6303 ***
	(0.73)	(- 3.45)		(- 3.70)
人力资本（labor）	0.0515 ***	- 0.0281	0.3909 ***	- 0.0459
	(1.38)	(- 0.76)	(9.62)	(- 1.72)
基础设施建设（infra）	- 0.0442 **	0.1533 **	0.4861	0.1174 *
	(- 0.46)	(3.00)	(2.08)	(2.09)
W		0.1402 ***		0.1131 ***
		(0.98)		(0.95)
C	0.3362 ***	1.0259 ***	- 2.7347 ***	1.1383 ***
	(1.26)	(4.01)	(- 10.10)	(6.55)
R^2	0.2496	0.7229	0.8566	0.1171
N	153	153	153	153
模型选择	FE	RE	FE	RE
中介效应		显著		显著

说明：括号内数据为 T 值，*** 、** 、* 分别表示在 1% 、5% 、10% 的水平上显著。

表5-4　对外贸易对产业结构升级的技术创新效应和制度变革效应

解释变量	技术创新效应		制度变革效应	
	W	structure	W	structure
	模型（7）	模型（8）	模型（9）	模型（10）
对外贸易（open）	4.5461***	0.0977***	1.083***	0.2278***
	(3.36)	(0.97)	(1.62)	(2.52)
外商直接投资（fdi）	39.2727	-4.092***	-2.4257	-1.899*
	(2.02)	(-4.37)	(-0.91)	(-1.60)
人力资本（labor）	0.6113*	-0.0267	2.8855**	0.0913
	(2.55)	(-0.87)	(4.45)	(1.96)
基础设施建设（infra）	2.1535	0.0643	2.1703	-.0940
	(1.97)	(1.63)	(1.96)	(-0.82)
W		0.0315***		0.1897***
		(2.46)		(1.66)
C	5.3810***	1.0502***	1.7928**	0.2733***
	(3.15)	(4.46)	(3.79)	(0.82)
R^2	0.76	0.1675	0.6957	0.1816
N	153	153	153	153
模型选择	FE	RE	FE	FE
中介效应		显著		显著

说明：括号内数据为 T 值，***、**、* 分别表示在1%、5%、10%的水平上显著。

表5-3和表5-4分别报告了四种中介效应对产业结构升级的回归结果。结果显示，对外贸易对产业结构升级的中介效应显著，即满足中介效应检验的第一步。模型（3）的结果显示对外贸易对资本积累具有正向的促进作用，说明对外贸易程度的加深能促进资本积累。根据模型（4）的结果，对外贸易（open）和资本积累（W）与产业结构升级（structure）均高度正相关，且估计系数小于基准回归模型（2）的估计系数，说明资本积累效应在对外贸易影响产业结构的过程中存在中介效应，对外贸易可以通过影响资本积累来促进产业结构升级。这也符合中国西部地区的实际情况，西部地区的产业大多是能源与资源产业，而资本密集型产业和技术密集型产业主要集中在东部。在丝绸之路经济带建设的

背景下，西部地区参与全球化的程度进一步提高，出口规模进一步扩大，资本积累程度大大提高。但根据模型（4）的回归结果，资本积累产生的中介效应占总效应之比并不高，说明西部地区产业仍主要为劳动密集型产业和资源密集型产业，资本积累仍处在低端环节，资本积累的效率并不高。

根据模型（5）的回归结果，对外贸易对消费需求具有显著的正向促进作用，说明西部地区的对外贸易可以刺激该地区的消费需求。根据模型（6）的回归结果，对外贸易（open）和消费需求（W）与产业结构升级（structure）均高度正相关，且回归系数小于基准回归模型（2）的回归结果，说明消费需求在对外贸易影响产业结构升级的过程中存在中介效应，且中介效应占总效应之比较高，对外贸易可以通过刺激消费需求来促进产业结构升级，并且该路径的作用十分明显。这也与中国的实际情况相符，消费作为传统的拉动经济发展的三驾马车之一，在过去经济发展的过程中扮演着举足轻重的角色，中国消费零售总额从1978年至今，提高了174.4倍。在丝绸之路经济带的背景下，随着对外贸易程度的不断加深，西部地区经济发展水平不断提升，居民可支配收入进一步提高，将会进一步刺激西部地区的消费需求，在一定程度上加快了西部地区服务业以及制造衍生产业的发展，最终促进西部地区的产业结构升级。

根据模型（7）的回归结果，对外贸易对技术创新有着显著的促进作用，说明西部地区的对外贸易能够促进该地区的技术创新。根据模型（8）的回归结果，对外贸易（open）和技术创新（W）与产业结构升级（structure）均高度正相关，且回归系数小于基准回归模型（2）的估计系数，说明技术创新在对外贸易影响产业结构升级的过程中存在中介效应，西部地区对外贸易可以通过技术创新的溢出效应促进该地区的产业结构升级。在"丝绸之路经济带"贸易畅通的背景下，对外贸易程度的不断加深使西部地区的各个企业面临更大的竞争压力，促使企业内部不断进行技术变革，同时通过"技术溢出效应"和"干中学"吸收和转化别国的先进技术，使企业内部不断进行创新活动，引领西部地区的产业结构升级。但中介效应占总效应的比重并不高，其原因在于，现阶段西部地区的大多数企业自主创新能力不强，在盲目引进国外技术的同时，自身研发能力不足导致无法对别国的先进技术进行充分的吸收和转化。同时由于各地区可能出现"晋升锦标赛"的现象，各地区只注重引进技术的规模，而不注重质量，致使西部地区技术创新对该地区产业结构升级的促进作用无法在短期内充分实现。

根据模型（9）的回归结果，对外贸易对制度变革具有显著的正向促进作用，说明西部地区的对外贸易可以对该地区的经济制度变革产生影响。根据模型（10）的回归结果，对外贸易（*open*）和经济制度变革（*W*）与产业结构升级（*structure*）均高度正相关，且回归系数小于基准回归模型（2）的回归结果，说明经济制度变革在对外贸易影响产业结构升级的过程中存在中介效应，且中介效应占总效应之比较高，对外贸易可以通过推动制度变革来促进产业结构升级，并且该路径的作用十分明显。随着经济水平的不断提升，中国已经从一个多边贸易体制的参与者变成了重要贡献者。中国政府为了应对这种变化，也进行了许多改革试点。比如在丝绸之路经济带建设背景下，党中央、国务院批准建立了中国（陕西）自由贸易试验区、中国（重庆）自由贸易试验区以及中国（四川）自由贸易试验区。其职能涉及切实转变政府职能、深化投资领域改革、推动贸易转型升级以及深化金融领域创新等各个方面，主要对现行经济制度进行改革，这也是促进地区产业结构升级的关键因素。

如表 5 - 5 所示，模型（11）将资本积累效应（*cap - effect*）、消费需求效应（*con - effect*）、技术创新效应（*tech - effect*）和制度变革效应（*gove - effect*）这四个中介变量纳入同一个方程中进行检验，结果表明这四个中介变量均对产业结构升级有着显著的正向促进作用，且对外贸易的估计系数明显小于基准回归结果的估计系数，更加证实了对外贸易可以通过资本积累、消费需求、技术创新和经济制度变革间接促进产业结构升级。

表 5 - 5　纳入全部中介变量的中介效应检验

类别	项目	被解释变量
		structure
		模型（11）
解释变量	对外贸易程度（*open*）	0. 0622 ***
		（1. 37）
控制变量	外商直接投资（*fdi*）	- 4. 1323 **
		（- 3. 56）
	人力资本（*labor*）	0. 0504
		（1. 12）
	基础设施建设（*infra*）	0. 17357
		（1. 83）
中介变量	资本积累效应（*cap - effect*）	0. 3496 ***
		（2. 37）
	消费需求效应（*con - effect*）	0. 2163 ***
		（0. 65）
	技术创新效应（*tech - effect*）	0. 0214 ***
		（0. 53）
	制度变革效应（*gove - effect*）	0. 0448 ***
		（2. 04）
	C	0. 6336 ***
		（2. 07）
	R^2	0. 3589
	N	153
	模型选择	FE

说明：括号内数据为 T 值，*** 、** 、* 分别表示在 1% 、5% 、10% 的水平上显著。

五　丝绸之路经济带建设背景下促进西部地区产业结构升级的政策建议

本章运用丝绸之路经济带沿线西北五省区和西南四省区市的省级面板数据，运用中介效应检验方法，通过资本积累、消费需求、技术创新和制度变革这四个路径，深入研究了在丝绸之路经济带建设背景下，西部地区对外贸易对产业结构升级的影响。结论如下：第一，对外贸易对西部地区产业结构升级有着明显的正向促进作用；第二，对外贸易可以通过资本积累效应、消费需求效应、技术创新效应以及制度变革效应等间接促进产业结构升级，并且每种因素所产生的中介效应程度存在差异，制度变革效应和消费需求效应所带来的中介效应与总效应之比最高，技术创新效应带来的中介效应与总效应之比次之，资本积累效应所产生的中介效应与总效应之比最小，即消费需求和制度变革这两条路径对产业结构升级的影响最大。

在丝绸之路经济带建设背景下，西部地区应顺应经济全球化发展的趋势，不断提高对外贸易程度，积极发展技术密集型产业。对外贸易能够促进西部地区产业结构升级。因此，一方面，西部地区应大力发展新兴服务业和技术密集型产业，加快西部地区从劳动密集型产业向技术密集型产业的过渡，引导产业向着信息化、智能化发展，实现创新驱动发展。另一方面，在面对丝绸之路经济带带来的新机遇，西部地区应提升对外贸易的程度，改变传统外贸增长方式，推动外贸增长方式由规模扩张型向质量效率型转变。而资本积累、消费需求、技术创新和制度变革同样在西部地区产业结构升级中扮演着重要角色，各地区政府应该避免出现"晋升锦标赛"的现象，政绩考核标准以引进外商投资的质量来代替引进外商投资的规模，不要盲目引进劳动密集型产业来发展经济。同时，也要考虑别国先进技术和经济制度对本国的适用性，努力提高本土企业的自主创新能力，引导微观企业积极参与到创新活动中来，创造高质量的创新市场环境，充分发挥西部地区技术创新效应和制度变革效应对产业结构升级的作用。同时，自改革开放以来，我国推行的"两个大局"的思想使西部地区承接了大量劳动密集型、环境污染型和资源密集型产业，如今中东部地区需要为西部地区输送人才、新兴产业等要素，使西部地区能够借助丝绸之路经济带这个新机遇，加快产业结构升级，缩小地区间差距。

参考文献

藤田昌久、保罗·克鲁格曼等：《空间经济学——城市、区域与国际贸易》，中国人民大学出版社，2011。

Trade Openness and Vertical Structure：Evidence From Korean Firm – Level Data，Hea – Jung Hyun，JungHur. *Open Economies Review*. 2014（4）.

干春晖、郑若谷、余典范：《中国产业结构变迁对经济增长和波动的影响》，《经济研究》2011 年第 5 期。

蓝庆新、陈超凡：《新型城镇化推动产业结构升级了吗？——基于中国省级面板数据的空间计量研究》，《财经研究》2013 年第 12 期。

蔡海亚、徐盈之：《对外贸易是否影响了中国产业结构升级？》，《数量经济技术经济研究》2017 年第 10 期。

王小宁、周晓唯、张夺：《"丝绸之路经济带"国际贸易、环境规制与产业结构调整的实证分析》，《统计与决策》2017 年第 19 期。

何义霞：《"丝绸之路经济带"：战略考量、前景展望与建设思路》，《当代世界与社会主义》2014 年第 4 期。

李逢春：《对外直接投资的母国产业升级效应——来自中国省际面板的实证研究》，《国际贸易问题》2012 年第 6 期。

贾妮莎、韩永辉、邹建华：《中国双向 FDI 的产业结构升级效应：理论机制与实证检验》，《国际贸易问题》2014 年第 11 期。

周茂、陆毅、符大海：《贸易自由化与中国产业升级：事实与机制》，《世界经济》2016 年第 10 期。

宋周莺、刘卫东：《西部地区产业结构优化路径分析》，《中国人口·资源与环境》2013 年第 10 期。

张少军、刘志彪：《产业升级与区域协调发展：从全球价值链走向国内价值链》，《经济管理》2013 年第 8 期。

岳书敬、刘朝明：《人力资本与区域全要素生产率分析》，《经济研究》2006 年第 4 期。

白俊红、卞元超：《要素市场扭曲与中国创新生产的效率损失》，《中国工业经济》

2016 年第 11 期。

钱学锋、熊平：《中国出口增长的二元边际及其因素决定》，《经济研究》2010 年第 1 期。

温忠麟、张雷、侯杰泰：《有中介的调节变量和有调节的中介变量》，《心理学报》2006 年第 3 期。

吴福象、沈浩平：《新型城镇化、基础设施空间溢出与地区产业结构升级——基于长三角城市群 16 个核心城市的实证分析》，《财经科学》2013 年第 7 期。

第六章
"一带一路"、 FDI 异质性与西部
地区产业结构升级

【摘　要】　本章从资源导向型 FDI、效率导向型 FDI 和市场导向型 FDI 三种不同进入动机的 FDI 探讨了异质性 FDI 对产业结构升级的影响。采用 2001~2016 年中国省级面板数据，并对"一带一路"建设提出前后以及各地区进行实证分析，发现：①整体上资源导向型 FDI、效率导向型 FDI 和市场导向型 FDI 对产业结构升级均存在着显著的负向作用。②时间上："一带一路"倡议提出之前，市场导向型 FDI 对产业结构升级的作用是负向的，而在"一带一路"倡议提出之后，则变为正向促进作用。③地域上：东部地区整体 FDI 对产业结构升级效应不显著；中部地区资源导向型 FDI 对产业结构升级发挥着显著的阻碍效应；西部地区市场导向型 FDI 对产业结构升级存在显著的负相关关系。值得注意的是，丝绸之路经济带沿线省区市与西部地区情况类似，而海上丝绸之路沿线省区市与东部地区的情况相同。最后，本章结合中国的实际情况给出"变革传统的引资方式""大力建设和发展'一带一路'""促进区域间的合作交流，缩小产业结构升级的地区差异"等政策建议。

【关键词】　FDI　异质性　产业结构升级　"一带一路"

一　引言

党的十九大报告提到，我国经济"正处在转变发展方式、优化经济结构、转换增长动力的攻关期"，产业结构升级是经济结构优化的重要组成部分，对当下经济持续平稳发展具有重要的影响。在过去改革开放的 40 年，中国经济缔造了世界史上的增长神话，但产业结构矛盾、产业结构失衡等问题也日益严重。在我国产业结构优化调整的关键时期，化解过剩产能、优化产业结构成为经济发展过程中的当务之急。

FDI 是促进国内产业转型升级的一种重要的外部力量。改革开放 40 年来，在"引进来"政策的实施与推动下，大量的外商直接投资（FDI）源源不断地涌入国内市场，中国已成为吸引外资最多的国家之一，跨国公司在中国投资的不同动机和行为差异成为理论研究与政策分析的焦点。FDI 持续大量的进入极大地缓解了技术、资本等关键性生产要素对中国工业发展的制约，在一定程度上改善了中国地区产业结构的布局，达到了优化产业结构的目的。

但值得注意的是，中国近年来国际综合实力的大幅提升，使处于工业化领先地位的西方国家受到极大的挑战。在这样的背景下，西方国家开始调整对我国市场投资的战略，试图更加有效地控制 FDI 的技术溢出效应（Peter，刘春航和张瑾，2007）。中国面临的 FDI 引资形式发生了本质性的变化，重新评估跨国公司在中国投资的不同动机及其对各地区产业结构升级的影响成为在理论层面和经验层面迫切需要解决的实际问题。

从目前的研究进展来看，学者们主要侧重于 FDI 对产业结构升级的效应、FDI 与产业结构升级的关系以及各种制度、环境约束下 FDI 对产业结构升级的影响等方面展开有益的讨论，关于各类型 FDI 影响产业转型升级这一议题的探讨也逐步兴起。其中，在 FDI 分类方面，绝大多数学者遵循 Dunning（1998）的理论，认为根据 FDI 进入的动机不同可以分为资源导向型 FDI、市场导向型 FDI、效率导向型 FDI 和战略资产导向型 FDI（Braconier 和 Ekholm，2000；贾妮莎等，2014；刘军和王恕立，2015）。还有一些学者按不同进入方式分为跨国公司、绿地投资（李善民和李昶，2013），或是合资方式和独资方式（刘斌斌和黄吉焱，2017；左勇华和黄吉焱，2017），按行业类型分为生产性服务业 FDI 和服务业 FDI（张慧颖，2017；2018）；另外，还有一些按照 FDI 的规模、来源地以及类型分类的文献（王立文，2007；李建等，2017）。

在 FDI 影响产业结构升级方面，现有研究主要持有两种观点。一种观点认为，FDI 对产业结构升级存在正向的促进作用。冼国明等（2009）通过分析 FDI 与中国产业结构变迁，表明 FDI 推动了中国的产业结构升级。贾妮莎等（2014）研究发现不同时期内 FDI 对产业结构升级的贡献程度存在显著差异，在短期内 FDI 对产业结构优化升级的贡献更为突出。韩永辉和邹建华（2015）通过珠江三角洲 9 市的样本数据发现，FDI 通过投向高端制造业、提高出口比重、承载先进技术等，促进了该地区的产业升级。秦宇（2016）以中部六省为例，实证发现 FDI 对中部地区产业结构的影响体现为：促进产业结构由"二三一"的形式逐步向更高级化的"三二一"模式转变，中部地区的产业结构因 FDI 而得到一定程度的优化。谢婷婷等（2018）提出，从全国层面来看 FDI 引致的技术进步对产业结构升级产生了正向的直接和间接作用。李晓英（2018）利用空间计量模型实证检验了 FDI 和环境规制对产业结构优化的作用，研究结果表明，FDI 和环境规制均显著促进了我国产业结构升级，并且环境规制对 FDI 促进产业结构升级具有正向的引导作用。另一种观点则认为，FDI 对产业结构升级存在负向的抑制作用，如黄日福与陈晓红（2007）的研究结果表明，在三种外资投资方式中，仅有独资企业对产业结构升级起到了正向的推动作用，而合资企业和合作企业均未能对产业结构升级产生明显的作用。陆长平和聂爱云（2012）研究表明，在制度约束下 FDI 普遍缺乏关联效应，正面溢出效应也受到抑制，不利于产业增长与产业内部的高级化进程。杨祖义（2018）认为，三大地区（东中西部）FDI 对制造业产业结构升级的影响存在显著的差异，FDI 推动东部地区制造业产业结构优化，但阻碍了中西部地区制造业的产业结构升级。黄永明和陈宏（2018）实证结果表明，制造业 FDI 促进产业结构升级，但随着技术水平的不断提升，生产性服务业 FDI 可能会抑制产业结构升级。

通过对目前文献的梳理，可以发现，相关学者应用多种方法或数据样本从不同角度揭示了 FDI 和产业结构升级的内在联系，得出了富有启发性的结论。但也留下了一个遗憾：大部分学者在研究 FDI 与产业结构升级的关系中，对 FDI 变量的选择大多采用实际利用的外商投资额，研究更多关注的是总量 FDI 与产业结构升级的关系，没有直接反映出不同类型 FDI 与产业结构升级的关系。也就是说，目前关于各类型 FDI 促进抑或阻碍产业结构升级的研究比较欠缺。那么，各类型 FDI 对产业结构升级的影响存在显著差异吗？如果存在差异，哪一类的 FDI 促进产业结构升级，而哪一类的 FDI 阻碍产业结构升级？这些作用是否又存在地区差异？

二　FDI 异质性与产业结构升级的理论机理

不同投资动机的 FDI 影响产业结构升级的机理不同，参考 Dunning 等基于 FDI 进入动机不同对 FDI 的分类，下文将分资源导向型 FDI、效率导向型 FDI 和市场导向型 FDI 三种类型来分析 FDI 促进产业结构升级的机理。

1. 资源导向型 FDI 对产业结构升级的影响机理

资源导向型 FDI 是为了利用东道国丰富或特有的矿产资源、石油、天然气等自然资源而进行的直接投资。资源导向型 FDI 主要通过示范效应、出口带动效应促进东道国的产业结构升级。一方面，跨国公司拥有先进的管理经验为东道国企业提供直接观察和学习的机会，通过 FDI 的技术溢出效应、示范效应等，刺激和拉动本国企业的发展，加快本国企业整体的技术进步，从而带动产业结构升级。另一方面，资源导向型FDI通过发挥出口带动效应，引导上游资源开采设备制造业和下游制成品产业的发展，进而促进整个产业结构升级。但值得注意的是，资源导向型FDI目的是打破资源短缺限制，使一些因资源短缺而无法发展的瓶颈产业得到发展，这有可能会给东道国产业发展带来灾难，造成无法挽回的资源流失和生态环境的破坏，这一点不利于东道国产业的健康绿色发展。

2. 效率导向型 FDI 对产业结构升级的影响机理

效率导向型 FDI 是为了利用东道国相对廉价的劳动力资源以提高自身产品的竞争力和企业效益的直接投资。产业结构升级需要有相应的人才作为支撑。区域产业结构的持续升级，必然要求人才结构持续优化并与之协同匹配（张延平和李明生，2011）。效率导向型 FDI 主要通过培养人才、训练工人掌握生产技能的途径促进东道国的产业结构升级。跨国公司先进的生产技术和管理经验不仅为东道国企业提供了良好的观察和模仿的机会，同时为东道国企业培养研发和设计人才。一方面，随着中国经济的发展，某些传统产业如纺织、食品、轻工等已经进入产品生命周期的后期，效率导向性 FDI 可以凭借自身优势，弥补传统产业发展中的不足，从而为东道国企业培养研发和设计人才，促进产业的逐步升级。另一方面，效率导向型 FDI 大多投向劳动密集型的行业，简单劳动锁定了员工技能，培养出熟练但技术单一的专业工人，不利于人才的再发展，不利于东道国的产业结构升级。

3. 市场导向型 FDI 对产业结构升级的影响机理

市场导向型 FDI 是为了巩固、扩大和开辟东道国服务市场进而满足东道国消费者需求的直接投资。市场导向型 FDI 本身具有较高的技术含量，一方面，随着这种 FDI 的进入，东道国企业的资本存量被改变，加快了企业的技术研发和产品升级，加快了技术创新，从根本上提高国内产业的技术密度和资本密度，促进东道国的产业转型升级。另一方面，技术含量较高的市场导向型 FDI 可以进行绿地投资，创办新企业，或通过重组兼并东道国企业，挤占东道国国内市场，国内企业迫于竞争压力必须加大对创新的投入力度，加大国内企业的生存压力和运营成本，阻碍东道国的产业结构升级。

三　计量模型、变量与数据来源

1. 模型设定

为分析各类型 FDI 对产业结构升级的影响，本章选用 2001～2016 年的省级面板数据进行实证分析。根据上述作用机理，本章建立如下基准回归模型：

$$Struc_{it} = \alpha_0 + \beta_0 Fdi_{it} + \gamma_0 X_{it} + \mu_i + \sigma_i + \varepsilon_{it} \qquad 式（6-1）$$

公式（6-1）中，下标 i 和 t（$t = 2001, 2002, \cdots, 2016$）分别表示第 i 省和第 t 年；$Struc$ 表示产业结构水平，Fdi 表示核心解释变量，在下文的计量分析中分别代入各种类型外商直接投资的数据 [资源导向型（$Fdi1$）、效率导向型（$Fdi2$）、市场导向型（$Fdi3$）]；X 表示控制变量，具体包括：经济发展水平（$Pgdp$）、出口强度（Exp）、固定资产投资水平（$Inves$）、金融发展水平（$Finan$）；α_0 为常数项，β_0、γ_0 为相应的回归系数，μ_i 表示个体固定效应，σ_i 表示年份固定效应，ε_{it} 表示均值为零，方差为常数的误差项。

2. 变量说明

（1）被解释变量

根据配第-克拉克产业结构演变规律，随着经济发展与居民生活水平的不断提高，产业结构会发生明显的变化，具体表现在第三产业的地位逐渐提高，而第一、第二产业的比重则在不断下降。衡量产业结构升级的指标有产业结构高级化和产业结构合理化两个指标，前者衡量产业结构的演进过程，后者主要衡量产业结构之间的比例协调性。基于此，本章选取产业结构高级化来衡量产业结构升级，并借鉴干春晖、郑若谷等（2011）的做法，选取第三产业产值与第二产业产值之比来定量测度产业结构升级水平（$Struc$）。其中，$Struc$ 值越大，说明产业结构升级越快；相反则说明产业结构升级比较缓慢。

（2）解释变量

资源导向型 FDI（$Fdi1$）主要涉及采矿业、矿物加工业以及石油采掘业，此类 FDI 以采矿业、矿物加工业以及石油采掘业等行业外商投资总和来衡量。

效率导向型 FDI（$Fdi2$）主要存在于纺织业、机械和设备制造业以及服装业，本章采用外商投资于纺织业、机械和设备制造业以及服装业等行业的实际投资总额来衡量效率导向型 FDI。

市场导向型 FDI（$Fdi3$）主要投向批发零售业、运输业、储存业、通信业、房地产和金融服务业，本章在参照历年《中国外商投资报告》中外资实际利用额在各个行业中的分布情况后，选用房地产行业的外资实际利用额表示市场导向型 FDI，因为房地产行业的外资实际利用额占比远远大于其他行业，占据了大部分外商投资。

（3）控制变量

考虑到影响产业结构升级的因素有很多，为了避免遗漏变量带来的内生性偏误，在参考付宏、毛蕴诗等（2013）的相关文献基础上，笔者选取了以下对产业结构升级产生影响的变量。具体包括：经济发展水平（$Pgdp$），用人均 GDP 来衡量一个地区的经济发展水平；出口强度（Exp），计算方法为经营单位所在地出口额占地区生产总值的比重。固定资产投资水平（$Inves$），由于固定资产投资主要集中在公共基础建设领域，包括铁路、公路等，会对产业结构升级产生影响，使用该地区历年固定资产投资占同期该地区生产总值的比重来衡量。金融发展水平（$Finan$），使用金融机构年末贷款余额占地区生产总值的比重来衡量。

3. 数据来源与描述性统计

本章选取我国 30 个省区市（由于西藏自治区、香港和澳门特别行政区数据缺失过多，故在本研究中将其样本剔除）2001 年到 2016 年的省级面板数据进行实证分析，并重点关注丝绸之路经济带建设下的 12 个省区市，以及对 2013 年"一带一路"倡议实施前后的样本进行实证分析。本章计算市场导向型 FDI 的原始数据来自《中国房地产统计年鉴》；计算资源导向型 FDI 和效率导向型 FDI 的原始数据来自《中国工业经济统计年鉴》和《中国工业统计年鉴》。除此之外，其余数据来自《中国统计年鉴》、各省区市统计年鉴以及中国人民银行区域运行报告等。各变量的统计性描述结果分析如表 6 - 1 所示。

表 6 - 1 各变量描述性统计

变量	变量含义	样本数	均值	标准差	最小值	最大值
Struc	产业结构水平	480	0.9412	0.4729	0.49	4.17
Fdi1	资源导向型 FDI	480	0.6279	1.1992	0.00055	8.2965
Fdi2	效率导向型 FDI	480	1.7169	3.8481	0	24.8447
Fdi3	市场导向型 FDI	480	0.1395	0.2497	0	1.9206
Pgdp	经济发展水平	480	3.0515	2.3107	0.2895	11.8198
Exp	出口强度	480	16.0279	18.5065	1.48	88.68
Inves	固定资产投资水平	480	0.6051	0.2334	0.24	1.37
Finan	金融发展水平	480	1.1399	0.3841	0.54	2.58

资料来源：利用 Stata14.0 软件计算并整理而得。

四 FDI 异质性与产业结构升级的实证结果分析

本章采用 stata14.0 软件对基准模型（1）进行估计。表 6 - 2 报告了固定效应模型、随机效应模型对基准模型的测算结果。其中模型（1）、模型（3）、模型（5）使用固定效应模型检验了各类型 FDI 对产业结构升级的影响，结果显示资源导向型 FDI、效率导向型 FDI 和市场导向型 FDI 三类 FDI 对产业结构升级均存在着显著的负向作用，估计系

数依次为 − 0.050、− 0.010、− 0.194，且至少在 10% 水平上是显著的，说明随着各类型 FDI 的增加，产业结构水平有下降的趋势。在随机效应模型分析结果下，如模型（2）、模型（4）、模型（6）所示，各类型 FDI 对产业结构水平的估计系数较为稳健，估计系数至少在 5% 的水平上是显著的，对比固定效应模型数值略微有波动。但值得关注的是，不管使用固定效应模型还是随机效应模型，市场导向型 FDI 对产业结构升级均存在着稳健的影响，即市场导向型 FDI 对产业结构升级的影响最大，资源导向型 FDI 次之，而效率导向型 FDI 对产业结构升级的阻碍作用最小。模型（7）、模型（8）使用不同的方法展示了三种 FDI 对产业结构升级的综合效应，资源导向型 FDI、市场导向型 FDI 在综合作用中依然保持着负向的显著影响，而效率导向型 FDI 的估计系数变为正值，但是作用并不显著。笔者认为出现这种现象的原因是，资源导向型 FDI 仅仅是占据国内资源，并没有刺激国内劳动密集型、技术密集型工业发展，压缩了国内资源行业的成长空间，致使其对产业结构层次与技术进步造成低端锁定，抑制产业结构升级。

表 6 − 2　基本回归模型

模型	（1）	（2）	（3）	（4）	（5）	（6）	（7）	（8）
$Fdi1$	− 0.050 *** （ − 2.82）	− 0.056 *** （ − 3.38）					− 0.069 ** （ − 2.40）	− 0.082 *** （ − 2.88）
$Fdi2$			− 0.010 * （ − 1.88）	− 0.012 ** （ − 2.25）			0.013 （1.42）	0.014 （1.54）
$Fdi3$					− 0.194 *** （ − 3.89）	− 0.173 *** （ − 3.43）	− 0.188 *** （ − 3.61）	− 0.163 *** （ − 3.11）
$Pgdp$	0.079 *** （9.25）	0.081 *** （10.03）	0.075 *** （8.69）	0.076 *** （9.38）	0.071 *** （9.69）	0.069 *** （10.34）	0.077 *** （9.02）	0.080 *** （9.85）
Exp	− 0.005 *** （ − 2.99）	− 0.005 *** （ − 3.73）	− 0.004 ** （ − 2.43）	− 0.004 *** （ − 3.28）	− 0.003 * （ − 1.75）	− 0.003 *** （ − 2.65）	− 0.004 ** （ − 2.40）	− 0.004 *** （ − 3.05）

模型	（1）	（2）	（3）	（4）	（5）	（6）	（7）	（8）
Inves	− 0. 517 ***	− 0. 569 ***	− 0. 508 ***	− 0. 550 ***	− 0. 449 ***	− 0. 489 ***	− 0. 467 ***	− 0. 528 ***
	（− 8. 23）	（− 9. 74）	（− 7. 95）	（− 9. 36）	（− 7. 40）	（− 8. 72）	（− 7. 31）	（− 8. 91）
Finan	0. 485 ***	0. 546 ***	0. 484 ***	0. 546 ***	0. 446 ***	0. 517 ***	0. 448 ***	0. 520 ***
	（9. 30）	（− 9. 74）	（9. 24）	（11. 30）	（8. 49）	（10. 59）	（8. 55）	（10. 73）
C	0. 570 ***	0. 523 ***	0. 550 ***	0. 507 ***	0. 562 ***	0. 515 ***	0. 591 ***	0. 538 ***
	（9. 09）	（7. 90）	（8. 80）	（7. 67）	（9. 09）	（7. 78）	（9. 44）	（8. 14）
R^2	0. 4134	0. 4123	0. 4077	0. 4066	0. 4226	0. 4209	0. 4307	0. 4288
模型	FE	RE	FE	RE	FE	RE	FE	RE
N	480	480	480	480	480	480	480	480

说明：*** 、** 、* 分别表示在 1% 、5% 、10% 的水平上显著，括号内数据为 t 值或 z 值。

在控制变量上，经济发展水平（ *Pgdp* ）对产业结构升级有着显著的促进作用，说明随着经济的快速发展，当地居民的生活水平获得了提高，居民的可支配收入也随之增加，居民的消费支出转向了对高新技术产品和高质量服务的购买，从而推动了对产业结构的调整（赵云鹏和叶娇，2018）。出口强度（ *Exp* ）抑制了产业整体素质的提升，其原因主要在于目前我国的出口企业都处在全球价值链的低端，存在一定的技术锁定，对产业结构升级十分不利。固定资产投资水平（ *Inves* ）与产业结构升级水平指数的估计系数显著为负，表明固定资产投资水平提高抑制了产业的转型升级，这是由于固定资产投资主要投向以基础建设为主的第二产业，因而对产业整体结构的优化并未产生积极的作用（肖叶和刘小兵，2018）。金融发展水平（ *Finan* ）提升明显促进了产业结构的转型升级，说明银行可以通过刺激储蓄向投资转化、提高资本配置效率等方式，促进产业内技术创新、要素分配和管理创新，同时金融业作为第三产业的重要组成部分，其发展水平提升对产业结构升级产生正向的推进作用（王立国和赵婉好，2015）。

五 基于"一带一路"建设背景的考察

近年来，由于全球开放经济发展动力减弱，发达国家的贸易需求正在逐渐萎缩,我国的产业步入深刻的调整阶段。针对国家面临的内外部环境问题,国家提出"一带一路"发展规划。"一带一路"是由"丝绸之路经济带"和"21世纪海上丝绸之路"组成的,该规划有助于推动国内沿线省区市的经济发展。基于此,本章将做进一步的拓展,从不同的时间段、不同区域分别讨论各类型FDI对产业结构升级的影响。

1. 不同时间段各类型FDI对产业结构升级的影响

本章以2013年[①]为分界点,考察"一带一路"倡议实施前和实施后全国范围内各类型FDI对产业结构升级的作用,因此将数据样本分为2001~2012年、2013~2016年两个时间段进行回归分析,以此来检验"一带一路"建设背景下FDI对产业结构升级的影响,具体结果如表6-3、表6-4所示。

表6-3 2001~2012年各类型FDI对产业结构升级的影响

模型	(9)	(10)	(11)	(12)
$Fdi1$	-0.009 (-0.86)			-0.022 (-1.48)
$Fdi2$		-0.000 (-0.05)		0.016 * (1.83)
$Fdi3$			-0.147 *** (-3.11)	-0.171 *** (-3.40)
$Pgdp$	0.069 *** (6.83)	0.065 *** (6.15)	0.070 *** (8.03)	0.066 *** (6.33)
Exp	-0.003 * (-1.70)	-0.003 (-1.62)	-0.002 (-1.21)	-0.003 * (-1.73)
$Inves$	-0.650 *** (-8.47)	-0.637 *** (-8.13)	-0.608 *** (-8.14)	-0.574 *** (-7.25)
$Finan$	0.169 *** (2.87)	0.167 *** (2.83)	0.152 *** (2.61)	0.140 ** (2.39)

---

① 2013年,习近平主席在访问哈萨克斯坦纳扎尔巴耶夫大学时,首次提出"丝绸之路经济带"的概念。

续表

模型	（9）	（10）	（11）	（12）
C	0.938 ***	0.934 ***	0.930 ***	0.954 ***
	（11.63）	（11.56）	（11.71）	（11.86）
R²	0.2438	0.2421	0.2640	0.2717
N	360	360	360	360

说明：***、**、*分别表示在1%、5%、10%的水平上显著，括号内数据为 t 值。

表 6 - 4   2013～2016 年各类型 FDI 对产业结构升级的影响

模型	（13）	（14）	（15）	（16）
Fdi1	- 0.045			- 0.058 *
	（- 1.40）			（- 1.75）
Fdi2		- 0.003		- 0.005
		（- 0.14）		（- 0.25）
Fdi3			0.103	0.132 *
			（1.34）	（1.68）
Pgdp	0.100 ***	0.109 ***	0.116 ***	0.108 ***
	（3.06）	（3.36）	（3.57）	（3.29）
Exp	- 0.015 **	- 0.011 *	- 0.013 **	- 0.019 **
	（- 2.16）	（- 1.69）	（- 2.05）	（- 2.58）
Inves	- 0.277 **	- 0.298 **	- 0.351 **	- 0.338 **
	（- 2.04）	（- 2.17）	（- 2.48）	（- 2.40）
Finan	0.869 ***	0.880 ***	0.900 ***	0.892 ***
	（11.68）	（11.75）	（11.90）	（11.85）
C	- 0.045	- 0.227	- 0.234	0.008
	（- 0.18）	（- 1.02）	（- 1.08）	（0.03）
R²	0.7657	0.7604	0.7653	0.7736
N	120	120	120	120

说明：***、**、*分别表示在1%、5%、10%的水平上显著，括号内数据为 t 值。

从表 6 - 3 和表 6 - 4 可以看出，两个时间段的回归结果存在着显著的差异。表 6 - 3 中显示的回归结果与基准回归结果基本吻合，所有的估计系数符号未发生变化，其中资源导向型 FDI、效率导向型 FDI 的估计系数并未通过显著性水平的检验，只有市场导向型 FDI 的估计系数通过了 1% 的显著性水平检验。值得关注的是，在综合作用中，效率导向型 FDI 对产业结构升级的正向推动作用变得显著。出现这种现象的原因可能是在 2013 年之前，引进的 FDI 中效率导向型 FDI 较多，这种导向的 FDI 通过人力资本效应提升了劳动者的素质，为产业结构升级储备了必要的人力资源，推动了国内的产业结构升级。

表 6-4 显示了 2013 年之后各类型 FDI 对产业结构升级的影响。相比 2013 年之前，2013 年之后的回归结果与基准回归估计的结果有很大的差异。三种类型 FDI 对产业结构升级的估计系数均未通过显著性水平的检验，这可能和 2013 年之后数据量不够有关，但在整体的综合作用中，资源导向型 FDI 对产业结构升级的负向作用变得显著，而之前阻碍产业结构升级的市场导向型 FDI 在 2013 年之后变为正向的促进作用。发生这种变化的原因可能在于"一带一路"倡议提出的"绿色"发展理念，以及"一带一路"背景下，外商资本的大量优质化，迫使技术含量低、污染重的资源导向型 FDI 撤离，而市场导向型 FDI 通过示范作用促进产业结构升级。

2. 不同区域各类型 FDI 对产业结构升级的影响

我国地域辽阔，各地区发展大不相同，导致各个地区经济发展阶段与产业结构布局也是存在显著的差异。为了研究各地区间 FDI 对产业结构升级的作用是否存在差异，首先，本章按照国务院划分标准，将我国整个区域划分为东、中、西部地区，东部地区包括：北京、天津、河北、辽宁、上海、江苏、浙江、福建、山东、广东、海南；中部地区包括：山西、吉林、黑龙江、安徽、江西、河南、湖南、湖北；西部地区包括：内蒙古、广西、四川、重庆、贵州、云南、陕西、甘肃、青海、宁夏、西藏、新疆。

表 6 - 5 东部地区各类型 FDI 对产业结构升级的影响

模型	(17)	(18)	(19)	(20)
*Fdi*1	− 0.036 *** (− 3.48)			− 0.024 (− 1.38)
*Fdi*2		− 0.023 *** (− 3.37)		− 0.007 (− 0.62)
*Fdi*3			− 0.170 ** (− 2.37)	− 0.114 (− 1.55)
Pgdp	0.126 *** (10.03)	0.130 *** (9.77)	0.110 *** (9.76)	0.131 *** (9.91)
Exp	− 0.002 (− 0.85)	0.000 (0.20)	0.000 (0.03)	− 0.000 (− 0.05)
Inves	− 1.064 *** (− 8.38)	− 1.057 *** (− 8.32)	− 0.907 *** (− 6.62)	− 0.986 *** (− 7.23)
Finan	0.364 *** (3.54)	0.348 *** (3.36)	0.302 *** (2.7)	0.302 *** (2.80)
C	0.792 *** (5.14)	0.716 *** (4.67)	0.752 *** (4.81)	0.785 *** (5.00)
R^2	0.6206	0.6189	0.6057	0.6285
N	176	176	176	176

说明：*** 、 ** 、 * 分别表示在 1% 、5% 、10% 的水平上显著，括号内数据为 t 值。

由表 6 - 5、表 6 - 6、表 6 - 7 的估计结果可知，对东部地区而言，各类型 FDI 对产业结构升级的估计系数均显著为负，市场导向型 FDI 对产业结构高级化的影响最大，资源导向型 FDI 次之，而效率导向型 FDI 的影响作用最小，在综合作用中各类型 FDI 对产业结构升级的作用都变得不再显著。其原因在于东部地区作为改革开放和经济发展的前沿示范区，产业结构升级不再受到来自跨国公司的 FDI 的影响，产业结构升级的动力更多的是来源于本地发展的自身力量。与东部地区不同，中、西部地区的产业结构升级仍然受到外部 FDI 的影响。在中部地区，资源导向型 FDI 对产业结构升级产生了明显的阻碍作用，而效率导向型 FDI 和市场导向型 FDI 对产业结构升级的影响并不显著。在西部地区，市场导向型 FDI 阻碍产业的转型升级，其他类型的 FDI 对产业结构升级的作用并不显著。

表6-6　中部地区各类型 FDI 对产业结构升级的影响

模型	（21）	（22）	（23）	（24）
Fdi1	- 0. 291 *** （ - 3. 74）			- 0. 284 *** （ - 3. 57）
Fdi2		- 0. 166 （ - 1. 24）		- 0. 081 （ - 0. 62）
Fdi3			- 0. 103 （ - 0. 57）	- 0. 122 （ - 0. 71）
Pgdp	0. 031 （1. 18）	0. 001 （0. 05）	0. 002 （0. 06）	0. 002 （1. 19）
Exp	- 0. 013 （ - 1. 65）	- 0. 022 *** （ - 2. 81）	- 0. 024 *** （ - 3. 12）	- 0. 012 （ - 1. 58）
Inves	0. 250 （1. 63）	0. 245 （1. 41）	0. 159 （0. 99）	0. 289 * （1. 74）
Finan	0. 551 *** （5. 59）	0. 529 *** （4. 95）	0. 478 *** （4. 57）	0. 555 *** （5. 31）
C	0. 252 ** （2. 33）	0. 314 ** （2. 60）	0. 398 *** （3. 55）	0. 241 ** （1. 98）
R^2	0. 3670	0. 2995	0. 2920	0. 3721
N	128	128	128	128

说明：*** 、 ** 、 * 分别表示在1%、5%、10%的水平上显著，括号内数据为 t 值。

表6-7　西部地区各类型 FDI 对产业结构升级的影响

模型	（25）	（26）	（27）	（28）
Fdi1	- 0. 062 （ - 0. 86）			- 0. 062 （ - 0. 86）
Fdi2		0. 036 （1. 03）		0. 034 （0. 98）
Fdi3			- 0. 207 ** （ - 2. 54）	- 0. 199 ** （ - 2. 42）

续表

模型	(25)	(26)	(27)	(28)
$Pgdp$	-0.012 (-0.89)	-0.020 (-1.62)	-0.015 (-1.29)	-0.012 (-0.91)
Exp	-0.004 (-1.53)	-0.005* (-1.68)	-0.005* (-0.61)	-0.002 (-0.59)
$Inves$	-0.025 (-0.27)	-0.033 (-0.35)	-0.022 (-0.23)	-0.029 (-0.31)
$Finan$	0.399*** (6.11)	0.413*** (6.32)	0.403*** (6.32)	0.405*** (6.27)
C	0.480*** (8.48)	0.471*** (8.39)	0.463*** (8.37)	0.467*** (8.35)
R^2	0.2999	0.3013	0.3240	0.3305
N	176	176	176	176

说明：***、**、*分别表示在1%、5%、10%的水平上显著，括号内数据为t值。

其次，中国需要以丝绸之路经济带建设为契机，全面发掘西部地区与东部地区之间潜在的互补互利机会，全面深化与跨国公司及区域经济体之间的经济贸易、技术合作等关系。考虑到吸引外商投资的潜力以及丝绸之路经济带建设的重要性，丝绸之路经济带上各省区市的研究机构应特别关注这方面的研究。丝绸之路经济带地域辽阔，有丰富的自然资源、矿产资源、能源资源、土地资源和宝贵的旅游资源，被称为21世纪的战略能源和资源基地。国家发展改革委、外交部、商务部联合发布了《推动共建丝绸之路经济带和21世纪海上丝绸之路的愿景与行动》，圈定新疆、陕西、甘肃、宁夏、青海、内蒙古、黑龙江、吉林、辽宁、广西、云南、西藏、重庆13个省区市为丝绸之路经济带。

本章将"丝绸之路经济带"与"海上丝绸之路"进行对比，从表6-8中可以看出结果，"丝绸之路经济带"上各类型FDI对产业结构升级有着阻碍作用，但只有市场导向型FDI对产业结构升级的估计系数通过了5%的显著性水平检验，这与上文中西部地区的回归结果相吻合；相反，从表6-9中可以看出海上丝绸之路区域内各类型FDI对产业结构升级的影响均不显著，这又与上文中东部地区的回归结果相吻合。出现这种现象的原因在于丝绸之路经济带上的省区市大多位于西部地区，经济发展相对落后，但其胜在地域辽阔，市场潜力较大；海上丝绸之路上的省份大多位于沿海地区，经济发展迅猛，人口密度大，海南省更是旅游大省，产业结构升级的动力更多地是依靠本地发展的自身力量，而不是FDI。

表6-8　丝绸之路经济带相关省区市各类型FDI对产业结构升级的影响

模型	(29)	(30)	(31)	(32)
$Fdi1$	-0.043 (-0.69)			-0.040 (-0.63)
$Fdi2$		-0.011 (-0.29)		0.036 (0.84)
$Fdi3$			-0.138** (-2.34)	-0.157** (-2.42)
$Pgdp$	0.006 (0.37)	-0.000 (-0.00)	-0.001 (-0.06)	0.003 (0.18)
Exp	-0.007** (-2.23)	-0.007** (-2.16)	-0.006** (-2.00)	-0.006* (-1.95)
$Inves$	-0.079 (-0.81)	-0.056 (-0.60)	-0.012 (-0.12)	-0.031 (-0.32)
$Finan$	0.479*** (8.28)	0.476*** (8.11)	0.448*** (7.66)	0.453*** (7.69)
C	0.468*** (6.97)	0.460*** (6.97)	0.468*** (7.26)	0.471*** (7.04)
R^2	0.3258	0.3244	0.3430	0.3461
N	208	208	208	208

说明：***、**、*分别表示在1%、5%、10%的水平上显著，括号内数据为t值。

表6-9　海上丝绸之路相关省区市各类型 FDI 对产业结构升级的影响

模型	(33)	(34)	(35)	(36)
Fdi1	0.010 (0.47)			0.018 (0.78)
Fdi2		−0.015 (−1.09)		−0.016 (−1.09)
Fdi3			−0.158 (−1.31)	−0.142 (−1.16)
Pgdp	0.041 * (1.70)	0.070 *** (2.94)	0.056 *** (3.65)	0.062 ** (2.21)
Exp	−0.005 * (−1.93)	−0.005 ** (−2.13)	−0.004 (−1.58)	−0.003 (−1.06)
Inves	−0.654 *** (−3.38)	−0.760 *** (−4.20)	−0.704 *** (−4.13)	−0.699 *** (−3.57)
Finan	0.532 *** (3.99)	0.466 *** (3.39)	0.488 *** (3.74)	0.462 *** (3.31)
C	0.720 *** (3.41)	0.835 *** (4.48)	0.776 *** (4.38)	0.750 *** (3.54)
R^2	0.5973	0.6029	0.6057	0.6140
N	80	80	80	80

说明：***、**、* 分别表示在1%、5%、10%的水平上显著，括号内数据为 t 值。

3. 稳健性检验

上文从中、东、西部地区和丝绸之路经济带、海上丝绸之路两种对区域划分的方法检验各类型 FDI 对产业结构升级的作用，也是一种稳健性检验。本章将进一步以采矿业、矿物加工业以及石油采掘业等行业外商资本平均值来衡量资源导向型 FDI（Fdi1），以纺织业、机械和设备制造业以及服装业等行业的外商实际利用额的平均值来衡量效率导向型 FDI（Fdi2），并借助面板计量回归模型重新检验各类型 FDI 对产业结构升级的影响。表6-10 报告了各类型 FDI 对产业结构升级的影响的稳健性检验结果。各类型 FDI 对产业结构升级的估计系数与前文基准模型的估计结果完全一致，这说明了在样本期间内，各类型 FDI 确实抑制了产业结构的转型升级，再次验证了检验结果是稳健的。

表 6 - 10　稳健性检验估计结果

模型	(37)	(38)	(39)	(40)	(41)	(42)	(43)	(44)
Fdi1	- 0. 099 ***	- 0. 112 ***					- 0. 139 **	- 0. 163 ***
	(- 2. 82)	(- 3. 38)					(- 2. 40)	(- 2. 88)
Fdi2			- 0. 041 *	- 0. 048 **			0. 052	0. 057
			(- 1. 88)	(- 2. 25)			(1. 42)	(1. 54)
Fdi3					- 0. 194 ***	- 0. 173 ***	- 0. 188 ***	- 0. 163 ***
					(- 3. 89)	(- 3. 43)	(- 3. 61)	(- 3. 11)
Pgdp	0. 079 ***	0. 081 ***	0. 075 ***	0. 076 ***	0. 071 ***	0. 069 ***	0. 077 ***	0. 080 ***
	(9. 25)	(10. 03)	(8. 69)	(9. 38)	(9. 69)	(10. 34)	(9. 02)	(9. 85)
Exp	- 0. 005 ***	- 0. 005 ***	- 0. 004 **	- 0. 004 ***	- 0. 003 *	- 0. 003 ***	- 0. 004 **	- 0. 004 ***
	(- 2. 99)	(- 3. 73)	(- 2. 43)	(- 3. 28)	(- 1. 75)	(- 2. 65)	(- 2. 40)	(- 3. 05)
Inves	- 0. 517 ***	- 0. 569 ***	- 0. 508 ***	- 0. 550 ***	- 0. 449 ***	- 0. 489 ***	- 0. 467 ***	- 0. 528 **
	(- 8. 23)	(- 9. 74)	(- 7. 95)	(- 9. 36)	(- 7. 40)	(- 8. 72)	(- 7. 31)	(- 8. 91)
Finan	0. 485 ***	0. 546 ***	0. 484 ***	0. 546 ***	0. 446 ***	0. 517 ***	0. 448 ***	0. 520 ***
	(9. 30)	(11. 36)	(9. 24)	(11. 30)	(8. 49)	(10. 59)	(8. 55)	(10. 73)
C	0. 570 ***	0. 523 ***	0. 550 ***	0. 507 ***	0. 562 ***	0. 515 ***	0. 591 ***	0. 538 ***
	(9. 09)	(7. 90)	(8. 80)	(7. 67)	(9. 09)	(7. 78)	(9. 44)	(8. 14)
R²	0. 4134	0. 4123	0. 4077	0. 4066	0. 4226	0. 4209	0. 4307	0. 4288
模型选择	FE	RE	FE	RE	FE	RE	FE	RE
N	480	480	480	480	480	480	480	480

说明： *** 、 ** 、 * 分别表示在 1% 、 5% 、 10% 的水平上显著，括号内数据为 t 值或 z 值。

六　"一带一路"倡议下西部地区产业结构升级的政策建议

1. 研究结论

本章通过 FDI 进入动机将其划分为资源导向型 FDI、效率导向型 FDI 和市场导向型 FDI 三种类型，分别探讨了三种类型 FDI 影响产业结构升级的理论机制，并运用面板回归检验 FDI 对产业结构升级的影响。

研究结论如下：第一，三类 FDI 对产业结构升级均存在明显的负向抑制作用，其中市场导向型 FDI 对产业结构升级的阻碍作用最显著，资源导向型 FDI 次之，而效率导向型 FDI 对产业结构升级的阻碍作用最小。第二，各类型 FDI 在不同时间段内对产业结构升级的影响是不同的。"一带一路"倡议提出之前市场导向型 FDI 对产业结构升级的作用是负向的，而在"一带一路"倡议提出之后，市场导向型 FDI 对产业结构升级的作用转变为正向的促进作用。第三，FDI 对产业结构升级的效应还存在一定的地区差异性，东部地区整体 FDI 对产业结构升级效应不显著，产业结构升级更多依靠自身发展实力；中部地区资源导向型 FDI 发挥着阻碍产业结构升级的显著效应；西部地区市场导向型 FDI 与产业结构升级存在显著的负向相关关系。值得注意的是，丝绸之路经济带沿线省区市与西部地区情况类似，市场导向型 FDI 明显阻碍着产业结构升级，而海上丝绸之路沿线省区市与东部地区的情况相同，各类型 FDI 对产业结构升级的影响效果并不显著。

2. 政策建议

第一，变革传统的引资方式，推动外资由数量型扩张向质量效益型转变。研究表明，资源导向型 FDI、效率导向型 FDI 和市场导向型 FDI 对产业结构升级均存在着显著的抑制作用，但在部分地区，各类型 FDI 的作用也会发生变化。因此，需要积极构建国家的引资标准，区分各类 FDI 的进入动机，严密控制资源导向型 FDI 的进入数量以及分布，大力引进带有技术含量和效率导向型 FDI，发挥其对产业结构升级的正向促进作用。

第二，顺应时代发展的潮流，大力建设和发展"一带一路"，积极培育有效市场，促进市场导向型 FDI 对产业结构升级的影响由阻碍作用向推动作用转变。研究发现，在实施"一带一路"倡议之后，市场导向型 FDI 数量的增加有助于中国的产业结构升级。市场导向型 FDI 作为第三产业投资的一部分，在加快三次产业结构总体优化的同时，还有助于工业内部行业向服务业的过渡，促进制造业服务化，推动生产性服务业高端化与品牌化，实现向价值链中高端的战略调整。

第三，保持区域发展的相对平衡，促进区域间的合作交流，缩小产业结构升级的地区差异。研究表明，东部地区的 FDI 对产业结构升级的阻碍作用明显弱于中西部地区（海上丝绸之路沿线省区市 FDI 对产业结构升级的阻碍作用也是弱于丝绸之路经济带沿线省区市的），甚至 FDI 对东部地区的产业结构升级的效应并不显著，这就意味着沿海发达地区的产业结构升级并不依靠来自跨国公司的 FDI，这提示相关政府不能盲目追求 FDI，引入技术含量低、污染重的 FDI 来发展经济。区域间的产业结构调整致使中西部地区承接了东部地区的产业转移，优质的 FDI 更多地集中在东部沿海地区，因而东部发达地区应当反哺中西部地区，共同承担产业结构失衡带来的风险，向中西部地区输送先进技术以及资金，促进中西部地区的产业结构升级。

参考文献

蔡海亚、徐盈之：《贸易开放是否影响了中国产业结构升级？》，《数量经济技术经济研究》2017 年第 10 期。

李逢春：《对外直接投资的母国产业升级效应——来自中国省际面板的实证研究》，《国际贸易问题》2012 年第 6 期。

李晓英：《FDI、环境规制与产业结构优化——基于空间计量模型的实证》，《当代经济科学》2018 年第 2 期。

程瑜、王玉玲、阎敏：《FDI 与产业结构升级：西部的实证分析》，《经济问题》2012 年第 7 期。

陆长平、聂爱云：《制度环境、FDI 与产业结构调整——基于 ESCP 框架的分析》，《江西财经大学学报》2012 年第 4 期。

贾妮莎、韩永辉、邹建华：《中国双向 FDI 的产业结构升级效应：理论机制与实证检验》，《国际贸易问题》2014 年第 11 期。

刘斌斌、黄吉焱：《FDI 进入方式对地区绿色技术创新效率影响研究——基于环境规制强度差异视角》，《当代财经》2017 年第 4 期。

韩永辉、邹建华：《引资转型、FDI 质量与环境污染——来自珠三角九市的经验证据》，《国际贸易问题》2015 年第 7 期。

干春晖、郑若谷、余典范：《中国产业结构变迁对经济增长和波动的影响》，《经济研究》2011 年第 5 期。

杨祖义：《FDI 对制造业产业结构影响的 Sys – GMM 分析——基于省级行业动态面板数据》，《宏观经济研究》2018 年第 8 期。

付宏、毛蕴诗、宋来胜：《创新对产业结构高级化影响的实证研究——基于 2000—2011 年的省际面板数据》，《中国工业经济》2013 年第 9 期。

王立国、赵婉妤：《我国金融发展与产业结构升级研究》，《财经问题研究》2015 年第 1 期。

肖叶、刘小兵：《税收竞争促进了产业结构转型升级吗？——基于总量与结构双重视角》，《财政研究》2018 年第 5 期。

秦宇：《FDI 对中部地区产业结构优化影响研究》，《管理现代化》2016 年第 6 期。

谢婷婷、李玉梅、潘宇：《外商直接投资、技术进步与产业结构升级——基于中国省域空间计量分析》，《工业技术经济》2018 年第 8 期。

汪伟、刘玉飞、彭冬冬：《人口老龄化的产业结构升级效应研究》，《中国工业经济》2015 年第 11 期。

张延平、李明生：《我国区域人才结构优化与产业结构升级的协调适配度评价研究》，《中国软科学》2011 年第 3 期。

张林：《中国双向 FDI、金融发展与产业结构优化》，《世界经济研究》2016 年第 10 期。

赵云鹏、叶娇：《对外直接投资对中国产业结构影响研究》，《数量经济技术经济研究》2018 年第 3 期。

第七章

环境规制下 FDI 质量升级与产业结构升级：
基于丝绸之路经济带建设的实证分析

【摘　要】　中国的绿色发展要求进入的 FDI 高层次、高质量，环境规制是否制约了 FDI 的质量升级进而影响产业结构升级，是政策制定者和学者关注的重要问题。本章基于丝绸之路经济带沿线 12 个省区市的面板数据，对各类环境规制工具是否会影响 FDI 的质量特征进行了实证检验。主要结论有：第一，在样本期间，经济型环境规制对 FDI 单项规模的扩大有着显著的促进作用，并且有助于产业结构升级。第二，行政型环境规制对 FDI 投资结构的优化升级有着抑制作用，但随着地区经济水平的提升，这种抑制作用会逐渐消失。第三，行政型环境规制对 FDI 带来的环境污染程度的负向影响会随着经济发展水平的提高而得到强化，行政型环境规制越强，越有利于产业结构的升级。第四，随着地区经济水平的不断提高，监管型环境规制对 FDI 技术外溢能力的促进作用会弱化，同时监管型环境规制对产业结构升级的正向影响也会弱化。

【关键字】　环境规制　FDI　质量升级　丝绸之路经济带

一　引言

改革开放以来，中国的经济发展取得了举世瞩目的辉煌成绩，GDP

达到了世界第二，是世界上最大的出口国和外汇储备国，世界第二制造业大国。在我国经济迅猛发展的背后，也付出了惨重的资源与环境代价，发达国家在上百年工业化过程中出现的环境问题也集中出现在我国。2013年，习近平总书记在谈到环境保护问题时指出："宁要绿水青山，不要金山银山，而且绿水青山就是金山银山。"建设生态文明是关系人民福祉、关乎民族未来的大计，是实现中华民族伟大复兴中国梦的重要内容。目前，中国经济转向新常态，正在逐渐摆脱以损害环境为代价的发展方式，转向健康持续的绿色发展。

2002年，中国已成为世界上吸引外商直接投资（FDI）最多的国家。据中国商务部统计，截至2015年底，中国当年吸收外商直接投资1263亿美元，连续24年居发展中国家首位。外商投资推动了我国的改革开放，推动了思想观念更新、政府职能转变和宏观经济管理制度的改革，为建立开放型经济新体制发挥了重要作用，同时我国的工业污染的程度也在逐年增加，这一现象引起了政府部门和学者的高度关注，环境污染与FDI之间的关系也受到人们的广泛关注。中国的绿色发展对进入中国的FDI的要求也产生变化，不是排除利用国际资源和外资优势，而是要转向吸收更高层次更高质量的FDI。

随着环境污染的日益加剧，各级政府开始放下GDP崇拜，逐渐关注经济发展中的环境问题，但一些官员面临经济增长压力，其出于惯性思维仍然认为环境规制会增加企业成本，阻碍外商直接投资的进入和质量升级，进而影响地区经济发展。近年来，随着我国环境污染问题的日益突出和对外开放程度的深化，环境规制对各个地区FDI的影响引起了学者的关注。大量的文献研究一国或者一个地区能否通过降低环境标准来吸引更多的FDI（Markusen，1999；List and Co，2000；朱平芳等，2011；周长富等，2016；张鹏杨等，2016）。关于环境规制与FDI的关系存在两种截然不同的观点：一种是"污染避难所假说"（Pollution haven hypothesis，PHH）。发达国家中较高的环境标准会迫使他们把污染

密集型企业转移到环境标准相对较低的发展中国家。此时，如果该发展
中国家的环境标准提高就会阻碍此类 FDI 的进入，但也因此提高了进入
FDI 的质量。另一种观点是"波特假说"（Porter hypothesis），即严格的
环境规制在一定程度上增加了企业的成本，给企业生产带来了不利影
响。然而，严格的环境规制会倒逼企业率先发展与环境更相融的创新技
术、生产工艺等，环境技术水平的提高直接促进了企业和地方的污染治
理能力相融，因此环境标准的提高意味着企业对污染物治理成本的降
低，将导致更多高质量的 FDI 进入。

可见，环境规制既限制了污染性质的 FDI 流入，也刺激企业创新、
提高技术从而迎接更多高质量 FDI 的流入，但在现有对环境规制如何影
响 FDI 的研究中却往往忽视了对引入 FDI 质量的考察，对这一问题的忽
视不仅不利于我们正确理解环境规制对外资的真实作用，更不利于我们
合理运用环境规制这一手段调整外资流向。因此，深入理解环境规制对
FDI 质量的影响具有重要的现实意义。

二 文献综述

学界关于 FDI 是否会对东道国的环境产生影响存在争议，形成了
"污染避难所假说"和"波特假说"两种观点。"污染避难所假说"认
为环境规制较弱的国家比环境规制强的国家在吸引外资方面具有较强的
优势。一类文献通过实证研究证实了该假说的成立。例如 Dean et al.
（2009）在对中国外商合资企业区位选择决定因素的研究中得出了与
"污染避难假说"相一致的结论。傅京燕、李丽莎（2010）认为中国吸
引 FDI 的规模不断攀升，环境污染也呈现不断恶化的趋势，并证实了在
我国各个地区之间确实存在着污染避难所效应；廖显春、夏恩龙
（2015）利用 1998 ~2010 年 29 个省区市的面板数据证实了外资企业确
实将污染型企业转移至中国等环境标准执行较低的地区，证实了"污
染避难所假说"的存在；邓慧慧、桑百川（2015）的研究发现，环境

规制强度与 FDI 的区位选择之间存在正的相关性，放松环境规制是地方政府竞争 FDI 所采用的一项重要的政策手段。另一类文献却发现"污染避难所假说"成立的证据并不充分，或者说只是局部地区可以得到印证。例如，许和连、邓玉萍（2012）的研究表明，FDI 在地理上的集聚有利于改善我国的环境污染状况，从整体上来说"污染避难所假说"在中国并不成立；周长富、杜宇玮、彭平安（2016）基于成本视角研究环境规制对我国 FDI 区位选择的影响，研究发现"污染避难所假说"在我国没有得到证实，环境污染治理成本并不能抵消经济发展水平、管理成本、贸易成本等形成的比较优势，一味地放松环境规制只能吸引来污染型外商投资，既损害了区域环境又不利于地方经济的长期发展；刘玉博、汪恒（2016）基于 Copeland – Taylor 模型，将环境规制内生化于模型之中，认为 FDI 可以通过规模效应、结构效应、技术效应和收入效应来改善中国环境质量，但若是超过门槛值，FDI 的增加将会导致环境质量的恶化。

另外，很多文献研究论证了"波特假说"，即环境规制是否会刺激外资企业提高环境技术水平、降低企业成本。原毅君、谢荣辉（2015）在测算中国 30 个省区市的工业绿色全要素生产率的基础上发现，FDI 可以驱使中国加强环境规制，而严格的环境规制又能有效提高外资进入的环境门槛，对 FDI 起到"筛选"作用；张中原、赵国庆（2012）利用中国 30 个省区市 2000 ~2009 年的数据估算了环境规制强度对 FDI 溢出效应的工业技术进步边际效应的影响，结果发现 FDI 溢出效应阻碍了各地区工业技术的进步，加强环境规制有利于各地区工业技术进步，而且环境规制对促进 FDI 溢出的边际效应存在显著影响。

在外资特征方面，现有文献主要着眼于分析外资特征对经济增长的不同影响。Assanie 和 Singleton（2002）首次提出高质量的 FDI 附带了更多的高新技术，并能给东道国带去更多通过技术外溢转移促进经济增长的机会；Fortanier（2007）检验了不同母国的 FDI 通过多个渠道对经济增长的影响差异；Alfaro 和 Charlton（2013）通过分析 OECD 国家数据，选择外资进入东道国的方式、外资来源国、外资投资行业等作为衡量外资质量的指标，发现不同质量的 FDI 对经济增长的作用并不相同。国内学者郭熙保等（2009）利用我国 1999 ~2006 年省域数据检验 FDI 数量、FDI 特征与经济增长之间的关系，认为 FDI 的特征影响了其对我国经济增长的作用程度和方向；王雷、黄聪（2012）利用对中国直接投资排名前 33 位国家和地区的面板数据，对环境规制等因素与不同来源国 FDI 流入的关系进行研究，结果显示，我国环境规制虽然在一定程度上阻碍了来自发展中国家的 FDI，但对发达国家的 FDI 并未产生影响，由于我国 FDI 大部分来自发达国家，因此我国环境规制对 FDI 流入的影响是有限的；邹建华和韩永辉（2013）对珠三角地区的外资质量与区域经济增长进行了面板回归，对何种质量的外资更能推动区域的经济增长做出了回答；韩永辉、邹建华（2015）认为 FDI 对环境污染排放的影响不但取决于 FDI 的数量，还取决于 FDI 的质量，单项 FDI 规模越大、投向高端制造业部门越多、出口比重越高、承载的技术越先进，FDI 的质量越高，越有利于污染减排；王奇、蔡昕妤（2017）基于我国 22 个省区市 2004 ~2012 年面板数据，研究不同来源地 FDI 对我国不同地区环境规制严格程度的不同响应，并发现环境规制对 FDI 的影响并不显著；魏玮、周晓博、薛智恒（2017）运用省际面板数据研究发现，环境规制对不同进入动机 FDI 的影响存在差异性。

在环境规制的测度方面，国内外学者主要从以下几个角度来度量：一是基于污染治理投入的衡量方法，企业承担的污染减排支出越高，面临的环境规制强度越大；二是基于污染物排放的衡量方法，高强度的污染排放代表着比较宽松的环境规制（Xing，Kolstad，2002）；三是基于综合评价的衡量方法，构建一个合理的指标体系来测度一个地区的环境规制强度，比如 Caspar（2012）对环境规制的衡量包括投入、过程和结果三个维度；四是基于指标替代的衡量方法，比如将人均收入水平作为衡量内生环境规制强度的指标（陆旸，2009）。以上四种度量方法都在多维性和可比性方面存在着一定的不足。张成等（2011）基于数据的可得性，采用污染治理投资与规模以上工业企业主营业务成本、工业增加值的比值作为衡量环境规制强度的指标。

通过对以上文献的梳理，可以发现，国内外学者应用多种方法从不同角度考察了环境规制或环境污染与 FDI 的关系，研究者大多将 FDI 作为一种同质的资本，通过分析 FDI 的流入对东道国经济增长、技术溢出、产业结构、就业等层面的影响来阐述 FDI 对东道国经济发展的作用，或是通过东道国的外资吸收能力、制度、投资环境等因素来解释为什么 FDI 对不同国家或是地区的经济发展有着不同的影响。这些研究得出了很多富有意义的结论，也留下一些遗憾：大多数学者的研究主要集中在环境规制对 FDI 进入选择或是某一特征的影响上，而没有明确说明环境规制与 FDI 质量特征之间的关系。大部分研究只注重了 FDI 的数量，而没有关注 FDI 的质量问题。本章试图从以下几个方面对已有文献进行拓展：①结合已有文献，重新制定反映 FDI 质量特征的指标体系，直观体现出环境规制对 FDI 质量特征的影响，使研究更加深入；②考虑到不同环境规制工具对 FDI 各项质量特征的影响可能存在差异，本章将针对不同环境规制工具分别探讨；③利用中国丝绸之路经济带 12 个省区市 2003～2015 年相关数据考察各类环境规制对 FDI 质量特征的影响，试图为环境规制是否阻碍丝绸之路经济带上 FDI 的质量升级提供新证据。因此，本章在前人基础上将 FDI 的质量特征分为 FDI 单项规模、FDI 投资结构、FDI 污染程度以及 FDI 技术溢出四个指标，并依次检验各类环境规制工具对 FDI 质量特征的影响是否存在差异，在此基础上，进一步加入地区经济发展水平这一异质性因素，探讨随着经济水平的不断提升，各类环境规制工具与 FDI 质量特征的关系如何变化。

三 环境规制下 FDI 质量升级与产业结构升级的理论分析

1. 环境规制对 FDI 质量升级的影响机理

Copeland 和 Taylor（2004）详细论述了环境规制对 FDI 的影响机制。环境规制作为政府的一种管制手段会直接影响企业的生产成本，东道国若采取严格的环境规制措施限制外资企业生产经营中的排污行为，企业需要增加相应的治污投入，生产成本也相应增加。这一成本效应使得具有先进环境技术水平的外资企业相较于一般外资企业更具有成本优势，最终会造成污染型外资企业的产品在市场上份额不断减少，利润下降。同时，具有先进环境技术水平的企业能够部分或全部抵消为符合东道国制定的环境规制标准而产生的成本，获得由环境规制带来的创新补偿。因此，具有先进环境技术水平的外资企业在环境规制中具有明显的比较优势，这样留下来的 FDI 具有更高的质量。在环境规制强度提高的过程中，环境规制通过以下途径作用于 FDI 的四项质量特征。

（1）企业迫于生产成本上升的压力，可能会选择将部分生产经营投资转向绿色技术的研究与开发，并且加大对现有环境技术的改造。企业通过技术改进现有生产工艺与流程，增加单位污染排放物的产值，可以降低或抵消环境规制给企业带来的成本，提高企业利润率。由此可见，环境规制可以打破企业技术进步的路径依赖，引导企业进行绿色技术的研发与应用，吸引更多清洁型的 FDI 进入，提高东道国 FDI 质量。

（2）考虑到追加技术投资存在周期长、风险高等不利因素，即使技术研发成功，后期的科研成果转化、生产线改造成本也较高，部分外资可能倾向于选择退出或转向其他经营业务。此时，企业可能会关闭一些高污染的生产项目，转向高回报、低门槛、无污染的高新技术领域或类金融业务领域，以获得较高的回报。对于资本密集型的重污染行业而言，严格的环境规制使企业盈利降低，企业更有动机涉足污染低的其他业务。这一转型遏制了行业内的高污染产能，剔除那些为东道国带来污染的 FDI,提高了 FDI 质量。

综上所述,环境规制通过影响企业追加绿色科研投资实现对 FDI 质量的提升。环境质量提升对 FDI 质量特征的影响机理如图 7 - 1 所示。

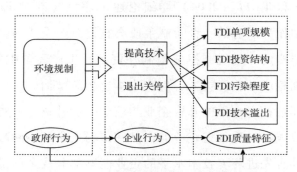

图 7 - 1 环境规制对 FDI 质量特征的影响机理

2. FDI 质量升级对产业结构升级的影响机理

宏观上,FDI 通过影响东道国的市场结构、供需结构、出口结构,影响产业结构调整;微观上,FDI 通过关联效应、技术外溢效应、竞争效应影响东道国的产业结构升级。对于发展中国家而言,FDI 通过扩展东道国原有的产品市场,以自身的品牌效应、销售经验、先进生产设备技术和分销渠道与东道国的原有产业形成竞争,通过技术外溢效应、产品竞争效应和示范效应"倒逼"东道国企业改进生产技术、改善竞争环境、降低生产成本,从而长期改善东道国企业的竞争力,促进产业结构升级。另外,对于发展中国家而言,FDI 虽能快速促进产业发展,但由于其多为低端加工制造业,也同时伴随着环境污染、抑制劳动生产率提高等问题,因此,FDI 也会成为抑制东道国产业结构再升级的瓶颈。①FDI 的质量升级能够尽量剔除 FDI 对东道国产业结构升级的不利影响,放大 FDI 对东道国产业结构升级的有利影响。

---

① 贾妮莎、韩永辉、邹建华:《中国双向 FDI 的产业结构升级效应:理论机制与实证检验》,《国际贸易问题》2014 年第 11 期,第 109~120 页。

四 环境规制下 FDI 质量升级与产业结构升级的实证设计

1. 计量模型设定

参考已有文献的研究成果，为尽可能合理且稳健地检验环境规制与 FDI 质量特征之间的关联机制，充分揭示环境规制与 FDI 质量特征之间是否存在中介效应，本章分三步进行实证检验。

第一步，检验环境规制及其他控制变量是否对 FDI 的质量特征有影响。构建如下回归模型：

$$FQ_{it} = \beta_0 + \beta_1 ER_{it} + \sum \beta X_{control} + \mu_{it} \qquad 式（7-1）$$

式（7-1）中下标 i 表示各个省份，下标 t 表示年份；FQ_{it} 代表 FDI 的质量特征，ER_{it} 代表环境规制。本章将环境规制手段分为三类，分别是行政型环境规制、监管型环境规制、经济型环境规制，同时作为解释变量参与回归。$X_{control}$ 为一系列控制变量，后文中我们将对其做详细介绍，回归参数 β 的正负与大小反映环境规制对 FDI 质量特征的影响方向及程度。

第二步，检验在不同经济发展水平作用下，环境规制变量对 FDI 质量特征的影响是否存在差异。构建以下模型：

$$FQ_{it} = \beta_0 + \beta_1 ER_{it} \times PGDP + \sum \beta X_{control} + \mu_{it} \qquad 式（7-2）$$

式（7-2）中引入一个代表经济发展水平的变量——人均地区生产总值（$PGDP$），模型中用人均地区生产总值与不同环境规制的变量的乘积作为交互项，其目的是考察不同的经济发展水平对环境规制影响 FDI 质量特征的效果是否有一定的调节作用。若一省（区、市）的经济发展水平提高，会使当地政府对环境的管制加强，将会有利于 FDI 质量的提升；若一省（区、市）经济发展水平的提升是以政府放松环境规制为前提的，那么就会对 FDI 质量提升产生负面的影响。

第三步，检验 FDI 的质量特征对产业结构升级的影响，构建以下模型：

$$STRUC_{it} = \beta_0 + \beta_1 FQ_{it} + \sum \beta X_{control} + \mu_{it} \qquad 式（7-3）$$

式（7-3）中引入产业结构升级指数（$STRUC$），其目的是考察 FDI 各项质量特征对产业结构升级是否存在差异，并试图解释在环境规制下 FDI 对产业结构升级的影响是否会变化。

2. 变量定义

（1）被解释变量

本章共有两个被解释变量，其中，FDI 的各项质量特征是本章的第一个被解释变量。由于缺乏各个省区市外资企业的微观数据，FDI 质量特征的度量是一个难题。具有不同特征的 FDI 很可能会对东道国经济发展产生大相径庭的影响（郭熙保、罗知，2009），FDI 质量特征的刻画是研究东道国 FDI 质量升级的基础，郭熙保等（2009）在研究外资特征对中国经济增长的影响问题时将 FDI 质量特征分为以下四个内容：一是单项外商直接投资的规模，二是外资在制造业中的投资比重，三是外资企业出口占该地区出口额的比重，四是外资所包含的技术水平。Buckley et al.（2004）利用 FDI 的项目规模、盈利能力、技术含量、产业和区域分布等指标评估 FDI 质量。白俊红和昌晓红（2017）从 FDI 盈利能力、管理水平、技术水平、实际规模以及出口能力等方面建立表征 FDI 质量的指标体系。本章更加注重 FDI 质量特征对东道国环境方面的影响，故在综合以上文献的基础上，从以下四个方面表述 FDI 的质量特征。

一是 FDI 的单项规模（$SCALE$）。采用外商合同投资额与签订外资合同项目个数的比值（郭熙保，2009）来衡量。FDI 的单项规模表征一项外商投资的数额，单项外商直接投资的规模越大，越有利于外资企业形成规模经济，其能够承载的节能减排的环保科技能力也就越强，对各项环境规制的实施采取正面措施的可能性也就越大。

二是 FDI 的投资结构（*STRU*）。采用外商在高新技术产业①的直接投资比重，用外商在高新技术产业的投资与当地实际外资利用额的比值衡量。FDI 在高新技术产业投资的比重较高有利于提升传统产业，优化产业结构。一个地区高新技术产业的发展会促进当地的工业污染减少，其中，具有先进环保技术的外商投资更能够推动当地企业研发生产新材料、新能源的产品，促进区域污染减排，优化当地的产业结构。因此，笔者认为 FDI 的投资结构的优化在于 FDI 在高新技术产业的投资比例的提高。

三是 FDI 的污染程度（*POLL*）。需要说明的是，各类环境统计年鉴中并没有关于外商企业单独分类的污染物排放值，本章构造一个新的指标来测算外商直接投资的污染程度，具体算法为：单位生产总值的污染物排放量与外商投资企业生产总值的乘积。本章选取 SO_2、烟尘和粉尘的排放总量为污染物排放量，选取外商企业工业销售产值作为外商投资企业生产总值计算各个省区市 FDI 的污染程度。鉴于以往文献中关于 FDI "污染避难所假说"，本章将 FDI 的污染程度作为衡量 FDI 质量的一项重要指标，具体用外商投资的工业企业污染物的排放量来测度。FDI 的污染程度越低，说明 FDI 质量越高。

四是 FDI 的技术外溢能力（*EXTER*）。本章采用规模以上工业企业 R&D 经费内部支出中国外资金所占比例来刻画 FDI 的技术溢出能力，国外资金占 R&D 支出比例越高，FDI 的技术外溢能力就越强。FDI 对东道国的技术溢出和技术扩散是外商直接投资促进东道国环境效率改善的重要途径。优质的 FDI 具有较强的技术外溢能力，给东道国提供更多学习先进技术的机会。因此，FDI 的技术外溢能力也是 FDI 质量的重要特征。

本章中另一个被解释变量为产业结构升级指数（*STRUC*）。随着经

①　本章选取医药制造业、计算机通信和其他电子设备制造业、电气机械和器材制造业、仪器仪表制造业这四个行业作为高新技术产业。

济发展，第三产业的地位变得举足轻重，与此同时第一、第二产业的比重下降，因此，本章用第三产业产值与第二产业产值的比值来衡量（干春晖等，2011；李洪亚，2016）。

（2）核心解释变量

环境规制度量的有效性和准确性直接影响实证分析结果的可靠性（王勇等，2015；魏玮等，2017）。环境规制有复杂的政策工具群，不同类型的环境规制工具运行机制也各不相同（王书斌，2015），参照韩超（2014）和王书斌（2015）的做法，本章将环境规制划分为行政型环境规制、监管型环境规制和经济型环境规制。行政型环境规制主要指立法或行政部门通过指令、法律等手段直接规制企业行为；监管型环境规制主要是通过监督企业减少污染排放实行的一种事后的监督机制；经济型环境规制则是以经济性手段（如增加排污费用等）引导企业采取适应社会性规制的生产经营行为。

针对环境规制的度量，学者们提出的方法各不相同。本章旨在考察不同环境规制手段对 FDI 质量特征的影响，因此，本章选择以下数据测度环境规制工具变量。

行政型环境规制（$ER1$），参考李树和翁卫国（2014）的做法，用省级环保主管部门人员数来表示；监管型环境规制（$ER2$），参考王书斌和徐盈之（2015）的做法，用各地区省级环保监测站人员数来表示；经济型环境规制（$ER3$），用工业污染源治理投资占地区生产总值的比重来表示。

（3）控制变量

在已有的研究中，影响 FDI 的因素很多，但是之前的文献对各相关因素如何影响 FDI 的质量特征没有明确说明，考虑到丝绸之路经济带（样本来源）经济发展的基本情况并结合本研究的实际需要，除去本章关注的核心解释变量各类型环境规制强度对 FDI 质量特征产生影响外，本章选取以下几个变量作为控制变量。

市场规模（*MKT*），用地区生产总值来衡量；各地区技术水平（*TECH*），用各个地区的国内专利申请授权数来衡量；工业发展水平（*INDU*），用当地工业增加值与全国第二产业增加值的比值来衡量；交通基础设施（*INFR*），用地区铁路和公路的运营公里数之和来衡量；劳动力成本（*LAB*），用高等教育在校学生数来衡量。

3. 样本选择与数据来源

本章所使用的污染物排放量数据均来自《中国环境统计年鉴》，规模以上工业企业国外资金等数据来自《中国工业经济统计年鉴》，规模以上工业企业 R&D 内部经费支出的数据来自《中国科技统计年鉴》，环境规制指标度量的主要数据来自《中国环境统计年鉴》，其他数据均来自各省区市统计年鉴。本章主要以丝绸之路经济带[①]圈定的 13 个省区市为样本进行数据收集，并将丝绸之路经济带上的省区市划分为东北、西南、西北 3 个地区。本章所涉及的所有变量的描述性统计如表 7 - 1 所示。

表 7 - 1 变量的描述性统计

变量类型	变量	变量意义及其计算方式	观察个数	均值	标准差	最小值	最大值
被解释变量	*SCALE*	外商合同投资额/签订外资合同项目个数	156	1663.849	1904.223	190.419	13660.47
	STRU	外商在高新技术产业的投资/当地实际外资利用额 ×100	156	10.228	12.055	0	88.38

---

① 国家发展改革委、外交部、商务部联合发布了《推动共建丝绸之路经济带和 21 世纪海上丝绸之路的愿景与行动》，圈定"一带一路"18 个重点省区市，包括：新疆、陕西、甘肃、宁夏、青海、内蒙古等西北的 6 省区；黑龙江、吉林、辽宁等东北 3 省；广西、云南、西藏等西南 3 省区；上海、福建、广东、浙江、海南等东部 5 省市；内陆地区则是重庆。其中上海、福建、广东、浙江、海南等 5 省市位于"海上丝绸之路"上；新疆、陕西、甘肃、宁夏、青海、内蒙古、黑龙江、吉林、辽宁、广西、云南、西藏、重庆 13 个省区市位于"丝绸之路经济带"上，本章重点关注丝绸之路经济带，其中西藏地区数据缺失严重，所以本章选取除西藏外的 12 省区市为数据样本。

续表

变量类型	变量	变量意义及其计算方式	观察个数	均值	标准差	最小值	最大值
被解释变量	*POLL*	SO_2、烟粉尘排放量/地区生产总值×外商投资企业销售产值	156	97406.01	116087.1	810.178	576505.4
	EXTER	规模以上工业企业R&D国外资金/R&D经费内部支出×1000	156	2.757	6.839	0	43.061
	STRUC	产业结构升级指数	156	0.8041	0.1562	0.49	1.59
核心解释变量	*ER1*	省级环保行政主管部门人员数	156	66.365	24.054	29	147
	ER2	省级环保监测站人员数	156	92.686	31.028	41	198
	ER3	工业污染源治理投资/地区生产总值	156	2.015	1.566	0.284	9.920
控制变量	*MKT*	地区生产总值	156	7554.362	5983.908	390.2	28669.02
	INFR	铁路运营里程数+公路运营里程数	156	11.073	5.429	1.27	23.89
	INDU	工业增加值/全国第二产业增加值×100	156	1.731	1.096	0.187	4.744
	TECH	国内专利申请授权数	156	5632.667	7001.571	70	38914
	LAB	高等教育在校学生数	156	43.959	27.477	2.61	109.97
	PGDP	人均地区生产总值	156	25708.39	15631.63	5429	71101

资料来源：作者根据 Stata12 软件计算。

五　基于丝绸之路经济带的实证结果

本章以中国丝绸之路经济带上 12 个省区市 2003～2015 年的面板数据为对象，在面板数据回归分析之前，对核心解释变量进行了多重共线性检验，发现 $\max\{vif_1, vif_2, \ldots, vif_k\} = 1.35$ ，显著小于经验法则所要求的最低数值 10，有效控制了回归分析中多重共线性带来的影响。本章对 4 个模型分别进行了 F 检验和 Hausman 检验，选择了各个模型最有效的模型进行回归。估计的结果见表 7 – 2。

1. 基准回归结果

表 7 – 2　面板数据回归结果

解释变量	被解释变量			
	（1）	（2）	（3）	（4）
	SCALE	*STRU*	*POLL*	*EXTER*
ER1	17. 209 * （1. 70）	– 0. 196 *** （ – 3. 47）	– 636. 998 * （ – 1. 86）	– 0. 037 （ – 0. 87）
ER2	6. 403 （1. 12）	– 0. 031 （ – 0. 92）	– 83. 306 （ – 0. 49）	0. 071 *** （2. 87）
ER3	187. 666 ** （2. 28）	0. 333 （0. 62）	1615. 995 （0. 66）	– 0. 004 （ – 0. 01）
MKT	0. 335 *** （7. 73）	– 0. 001 *** （ – 4. 08）	– 7. 735 *** （ – 5. 21）	
INFR			5382. 869 *** （3. 02）	0. 285 * （1. 76）
INDU	355. 747 （1. 17）			
TECH		0. 001 *** （3. 86）	1. 054 （1. 17）	– 0. 000 （ – 0. 54）
LAB	– 61. 799 *** （ – 3. 84）	0. 403 *** （5. 48）	1581. 701 ** （2. 23）	– 0. 008 （ – 0. 19）
模型	RE	RE	FE	RE

说明：括号内数值为 t 值或 z 值，***、**、* 分别表示在 1%、5% 和 10% 的置信水平上显著。

资料来源：作者用 Stata12 软件计算所得。

表 7 – 2 中模型（1）–（4）是基于式（7 – 1）构造的计量模型用 Stata12 软件对样本数据进行估计得到的结果。模型（1）是以 FDI 的单

项规模为被解释变量的回归结果。可以看出，在该模型中，$ER1$ 的回归系数在 10% 的置信水平上显著，表明行政型环境规制强度与 FDI 单项规模正相关。$ER3$ 的回归系数也为正值，且在 5% 的置信水平上显著，表明经济型环境规制强度越大，FDI 的单项规模就越大，这是因为经济型环境规制强度越大，FDI 的流入不仅要进行生产经营性的投资，还要对新型环保技术研发进行投入，使得流入当地的 FDI 的单项规模加大。该结果表明行政型环境规制、经济型环境规制强度都对 FDI 单项规模的加大发挥了积极的作用，有利于东道国的 FDI 质量升级。

模型（2）是以 FDI 的投资结构为被解释变量的回归结果。在该模型中 $ER1$ 的回归系数为 -0.196，显著性水平为 1%，说明在样本期间，行政型环境规制对 FDI 的投资结构是有负向影响的，即越多的政府部门对环境进行管制，FDI 投向高新技术产业的比例就越低。行政型环境规制是阻碍外资进入高新技术产业的主要障碍。地方政府刻意放松管制可能会引来一些高污染企业，但也可能会因此吓退轻污染企业或者那些具有较先进环保技术的企业（张宇、蒋殿春，2014），使得 FDI 在高新技术产业的投入占比下降。该结果表明行政型环境规制强度对 FDI 的投资结构的优化起到了抑制的作用，不利于东道国的 FDI 质量升级。

模型（3）是以 FDI 带来的环境污染程度为被解释变量的回归结果。在该模型中 $ER1$ 的回归系数为 -636.998，置信水平为 10%，结果显示 FDI 的污染程度与行政型环境规制显著负相关，表明行政型环境规制越强，FDI 的污染程度就越低，说明适当加强各地区行政型环境规制，能够有力地抑制外资企业对污染物的排放，对东道国 FDI 质量的提升产生了正向的驱动作用。

模型（4）是以 FDI 的技术外溢能力为被解释变量的回归结果。在该模型中 $ER2$ 的回归系数显著为正，这表明 FDI 的技术外溢能力与监管型环境规制显著正相关，监管型环境规制越强，FDI 的技术外溢能力也就越强，该结果证实监管型环境规制强度对 FDI 的技术外溢能力起到积极的促进作用，有利于促进东道国 FDI 的质量升级。

2. 交互作用下的回归结果

式（7-2）的回归结果见表 7-3 中的模型（5）至模型（8），显示了各个类型的环境规制变量与地区经济发展水平的交互项对 FDI 质量特征的影响。张宇和蒋殿春在以往的研究中已经证明，随着经济发展水平的不断提升，污染性产业会逐渐减轻对地区环境管制的绑架效应。本章将在此基础上验证，随着地区经济发展水平的上升，各类环境规制工具是否可以伴随着绑架效应的逐步消除，强化对 FDI 质量特征的影响作用。

表 7-3　交互作用下面板数据回归结果

解释变量	被解释变量			
	（5）	（6）	（7）	（8）
	SCALE	*STRU*	*POLL*	*EXTER*
$PGDP \times ER1$	0.000	− 0.000	− 0.017 **	− 0.000 **
	(1.28)	(− 1.28)	(− 2.02)	(− 2.50)
$PGDP \times ER2$	0.000	− 0.000 **	0.002	0.000 *
	(0.34)	(− 2.23)	(0.34)	(1.87)
$PGDP \times ER3$	0.009 ***	0.000 **	0.133	− 0.000
	(4.12)	(2.03)	(1.40)	(− 0.68)
MKT	0.227 ***	− 0.0000	− 3.312	
	(3.71)	(− 1.24)	(− 1.41)	
INFR			− 2061.129	0.894 **
			(− 1.16)	(2.50)
INDU	162.412			
	(0.59)			
TECH		0.001 ***	0.587	0.000
		(3.94)	(0.42)	(0.09)
LAB	− 42.364 ***	0.274 ***	2708.289 ***	− 0.043
	(− 3.13)	(3.60)	(4.71)	(− 0.39)
模型	RE	RE	RE	FE

说明：括号内数值为 t 值或 z 值，***、**、* 分别表示在 1%、5% 和 10% 的置信水平上显著。

资料来源：作者用 Stata12 软件计算所得。

模型（5）的估计结果表明，$PGDP×ER3$ 对 FDI 的单项规模的影响为正，并且在加入人均地区生产总值这个变量后，整个交互项对 FDI 单项规模的影响仍然十分显著，保持在 1% 的置信水平上。这说明随着当地经济发展水平的不断提高，经济型环境规制工具对 FDI 单项规模产生显著的促进作用。

模型（6）的估计结果表明，在加入人均地区生产总值这个变量后，3 个核心解释变量的显著性水平变化比较大，$ER1$ 的回归系数在统计上由原来的显著变得不显著，$PGDP×ER2$、$PGDP×ER3$ 这两项的回归系数从原来的不显著变为显著，这说明随着地区经济发展水平的上升，行政型环境规制工具对 FDI 投资结构的影响逐渐消失，监管型环境规制和经济型环境规制开始对 FDI 投资结构优化产生影响，其中 $PGDP×ER2$ 的回归系数为负，即监管型环境规制与 FDI 的投资结构负相关，监管型环境规制越强，FDI 在高新技术产业的占比就越小。$PGDP×ER3$ 的回归系数为正，说明经济型环境规制越强，FDI 在高新技术产业的占比会越来越大，在地区经济水平整体提高的过程中，外资企业更愿意投资高新技术产业。该模型结果表明，监管型环境规制对 FDI 投向高新技术产业起到一定的抑制作用，但经济型环境规制对 FDI 投向高新技术产业起到一定的促进作用。

模型（7）中的估计结果显示，$PGDP×ER1$ 对 FDI 的污染程度的影响为负，并且在加入人均地区生产总值这个变量后，整个交互项对 FDI 带来的环境污染程度的影响更加显著，由原来 10% 的显著性水平上升为 5% 的显著性水平，说明人均地区生产总值与行政型环境规制的交互项强化了 FDI 对环境污染程度的负向影响，即越多的政府部门对环境进行管制，吸收 FDI 的外资企业排放出的污染物就会越少，行政型环境规制对 FDI 带来的环境污染程度的影响起到很好的抑制作用。

模型（8）中的估计结果显示，监管型环境规制与人均地区生产总值的交互项弱化了对 FDI 的技术外溢能力的影响，同时强化了行政型环境规制与人均地区生产总值的交互项对 FDI 的技术外溢能力的影响。$PGDP \times ER3$ 的回归系数依然不显著，这说明随着地区经济水平的提升，经济型环境规制对 FDI 的技术外溢能力的影响并不明显。

3. 进一步分析

表 7-4 报告了上文实证检验第三步的回归结果，即 FDI 的质量特征对产业结构升级的影响。模型（9）中 FDI 的单项规模的回归系数为正，且在 1% 的置信水平上显著，说明 FDI 的单项规模越大，对产业结构升级的促进作用就越大。模型（10）中 FDI 投资结构的估计系数为正，但并不显著，因此认定 FDI 投资结构对产业结构升级的影响并不显著。模型（11）中 FDI 的污染程度与产业结构升级呈现出明显的负向相关，说明 FDI 污染程度越低越有利于产业结构整体素质的提升。模型（12）中 FDI 的技术溢出对产业结构升级的促进作用很显著，估计系数在 1% 水平上显著。在模型（13）中将 FDI 的四项质量特征放在同一框架下，检验发现 FDI 单项规模和 FDI 的技术溢出对产业结构升级的促进作用仍然显著，而 FDI 的污染程度与产业结构升级指数的负向关系变得不再显著。

表 7-4　FDI 对产业结构升级影响的回归结果

模型	（9）	（10）	（11）	（12）	（13）
SCALE	0.000 *** (4.07)				0.000 *** (3.67)
STRU		0.000 (0.01)			0.000 (0.13)
POLL			-0.000 ** (-1.98)		-0.000 (-1.58)
EXTER				0.003 *** (2.73)	0.003 ** (2.45)
MKT	0.212 (1.17)	0.464 ** (2.58)	0.494 *** (2.77)	0.471 *** (2.69)	0.266 (1.49)

续表

模型	(9)	(10)	(11)	(12)	(13)
INFR	0.003 (0.79)	0.008** (2.13)	0.010** (2.59)	0.006 (1.57)	0.003 (0.81)
INDU	−36.435*** (−8.03)	−39.543*** (−8.35)	−41.259*** (−8.69)	−38.977*** (−8.44)	−37.559*** (−8.26)
TECH	0.000*** (3.35)	0.000*** (3.59)	0.000*** (3.12)	0.000*** (4.14)	0.000*** (3.24)
C	1.137*** (11.23)	0.956*** (9.90)	0.991*** (10.26)	0.948*** (10.11)	1.137*** (11.34)
模型	FE	FE	FE	FE	FE

说明：括号内数值为 t 值，***、**、* 分别表示在 1%、5% 和 10% 的置信水平上显著。

资料来源：作者用 Stata12 软件计算所得。

综合上述回归结果可知，一是由于经济型环境规制对 FDI 单项规模的扩大有着显著的促进作用，同时 FDI 单项规模的扩大能促进产业结构升级，那么经济型环境规制有助于产业结构升级。二是随着经济发展水平的提高，行政型环境规制对 FDI 污染程度的负向影响会得到强化，FDI 污染程度与产业结构呈现负向关系，那么随着经济发展水平的提高，行政型环境规制越强，越有利于产业结构升级。三是随着经济水平提升，监管型环境规制对 FDI 技术外溢能力的促进作用会强化，FDI 技术溢出能力能够促进产业结构升级，因此，随着地区经济水平的不断提高监管型环境规制对产业结构升级的正向影响在强化。

4. 稳健性检验

为了验证实证结果的可靠性，避免测度误差导致的内生性问题，本章在测算各类环境规制工具时，不仅使用了上文中提到的 *ER*1、*ER*2、*ER*3 三个变量进行回归估计，而且选用了表 7 - 5 中 *ER*21、*ER*22、*ER*23 三个新的变量替换原来的核心变量，检验模型的稳健性。

表7-5　替换后核心解释变量的描述性统计

替换后核心解释变量	变量意义及其计算方式	观察个数	均值	标准差	最小值	最大值
ER11	环保系统机构总数	156	339.327	163.504	45	1135
ER21	环保行政处罚案件数	156	2965.84	6614.961	8	38434
ER31	环保投资/地区生产总值	156	1.571	0.736	0.63	4.24

资料来源：作者根据Stata12软件计算。

　　稳健性估计结果如表7-6所示。模型（14）至模型（15）是基于式（7-1）至式（7-4）的回归结果。其中模型（14）、（15）的结果显示，核心解释变量的回归系数和作用方向与模型（1）、（2）保持一致。模型（16）中代表监管型环境规制的 ER21 回归系数与模型（3）的作用方向一致，只是由原来的不显著变为显著，表现出监管型环境规制与 FDI 环境污染程度的负相关关系。模型（17）中代表监管型环境规制的回归系数与模型（4）中均为正，但不再显著，而代表行政型环境规制的回归系数与模型（4）中的作用方向相同，但由之前的不显著变为显著。由此可见，在考虑模型的稳健性后，经济型环境规制对 FDI 的单项规模具有促进作用，行政型环境规制抑制 FDI 在高新技术产业投资。这一结论与基本回归所得出的结论是一致的。

表7-6　替换核心解释变量的稳健性检验

解释变量	被解释变量			
	（14）	（15）	（16）	（17）
	SCALE	*STRU*	*POLL*	*EXTER*
ER11	-0.673 (-0.68)	-0.014 * (-1.74)	14.922 (0.47)	-0.011 * (-1.79)
ER21	0.021 (1.11)	-0.000 (-0.77)	-1.154 ** (-2.03)	0.000 (1.39)
ER31	398.357 ** (2.12)	0.688 (0.50)	2509.741 (0.44)	-1.438 (-1.32)

续表

解释变量	被解释变量			
	（14）	（15）	（16）	（17）
	SCALE	*STRU*	*POLL*	*EXTER*
MKT	0.326 ***	− 0.001 ***	− 8.259 ***	
	（7.65）	（− 2.80）	（− 5.27）	
INFR			5469.628 ***	0.824 **
			（3.03）	（2.31）
INDU	62.662			
	（0.24）			
TECH		0.001 ***	1.016	− 0.000
		（3.63）	（0.98）	（− 0.56）
LAB	− 39.948 ***	0.160	930.639	− 0.079
	（− 2.82）	（1.23）	（1.37）	（− 0.70）
模型	RE	FE	FE	FE

说明：括号内数值为 t 值或 z 值，*** 、 ** 、 * 分别表示在 1% 、5% 、10% 的置信水平上显著。

资料来源：作者用 Stata12 软件计算所得。

六 丝绸之路经济带建设背景下环境规制推动 FDI 质量升级的政策建议

本章从行政型环境规制、监管型环境规制、经济型环境规制这 3 类环境规制工具的视角出发，分析了环境规制对 FDI 质量特征的影响。利用 2003 ~2015 年丝绸之路经济带上的各个省区市的面板数据，实证考察了环境规制对 FDI 各项质量特征的影响，得到如下结论：第一，在样本期间，经济型环境规制对 FDI 单项规模的扩大有着显著的促进作用，并且有助于产业结构升级。第二，行政型环境规制对 FDI 投资结构的优化升级有着抑制作用，但随着地区经济水平的提高，这种抑制作用会逐渐消失。第三，行政型环境规制对 FDI 污染程度的负向影响会随着经济发展水平的提高而得到强化，行政型环境规制越强，越有利于产业结构

的升级。第四，随着地区经济水平的不断提高，监管型环境规制对 FDI
技术外溢的促进作用会弱化，同时监管型环境规制对产业结构的正向影
响也在弱化。

由此得出，在实施各类环境规制工具时，应注重各个地区的经济发
展水平选择差异化的规制政策。针对各类环境规制工具的政策启示
如下。

（1）合理使用行政型环境规制，注重规制实施的适用性。本章分
析结果显示，行政型环境规制可以有效地减轻 FDI 带来的环境污染程
度，并且随着地区经济水平的不断提高，这种效应还会得到一定的强
化，但行政型环境规制在一定程度上也阻碍了 FDI 投资结构的优化升
级。所以，可以在污染较为严重的地区首先加强行政型环境规制，在污
染状况得到有效遏制之后，就应当考虑转变环境规制手段，减少对 FDI
投资结构优化升级的阻碍作用。

（2）适当提高监管型环境规制水平，避免"绑架效应"的发生。
实证结果显示，随着地区经济水平的上升，监管型环境规制对 FDI 投资
结构优化的阻碍作用逐渐加强，对 FDI 技术外溢能力的促进作用逐渐弱
化。适当地提高监管型环境规制水平，既可以促进 FDI 技术外溢能力的
加强，又可以削弱对 FDI 投资结构优化的阻碍作用，同时也可以避免政
府以放松环境规制为代价换取地区经济发展水平提高的"绑架效应"
的发生。

（3）积极发挥经济型环境规制的作用，扩大经济型环境规制的作
用范围。实证结果显示，经济型环境规制只对 FDI 的单项规模有显著的
促进作用，对其余的 FDI 质量特征的作用效果不是很显著。经济型环境
规制是能够刺激外资企业采用绿色创新技术、淘汰高污染产能的最直
接、最有效的环境规制工具。但是治理环境成本的增加直接影响外资企
业的生产经营，应当设计合理的经济型环境规制强度，以免因为治理成
本过高而损害实体经济。同时，政府应该尝试运用更多的经济型环境规

制手段，扩大经济型环境规制对 FDI 其他质量特征的影响，在促进 FDI 质量升级的同时，加快产业结构升级的步伐。

参考文献

郭熙保、罗知：《外资特征对中国经济增长的影响》，《经济研究》2009 年第 5 期。

List J. A., Co C. Y., The effects of environmental regulations on foreign direct investment, Journal of Environmental Economics and Management, 2000, 40 (1), pp. 1 - 20.

白俊红、吕晓红：《FDI 质量与中国经济发展方式转变》，《金融研究》2017 年第 5 期。

周长富、杜宇玮、彭安平：《环境规制是否影响了我国 FDI 的区位选择？——基于成本视角的实证研究》，《世界经济研究》2016 年第 1 期。

张鹏杨、李惠茹、胡建辉：《环境管制对中国 FDI 的影响研究——基于直接和间接两个效应视角》，《世界经济研究》2016 年第 3 期。

傅京燕、李丽莎：《FDI、环境规制与污染避难所效应——基于中国省级数据的经验分析》，《公共管理学报》2010 年第 7 期。

廖显春、夏恩龙：《为什么中国会对 FDI 具有吸引力？——基于环境规制与腐败程度视角》，《世界经济研究》2015 年第 1 期。

邓慧慧、桑百川：《财政分权、环境规制与地方政府 FDI 竞争》，《上海财经大学学报》2015 年第 6 期。

许和连、邓玉萍：《外商直接投资导致了中国的环境污染吗？——基于中国省际面板数据的空间计量研究》，《管理世界》2012 年第 2 期。

刘玉博、汪恒：《内生环境规制、FDI 与中国城市环境质量》，《财经研究》2016 年第 12 期。

原毅军、谢荣辉：《FDI、环境规制与中国工业绿色全要素生产率增长——基于 Luenberger 指数的实证研究》，《国际贸易问题》2015 年第 8 期。

Levinson A., Taylor M S., Unmasking the Pollution Haven Effect, International Economic Review, 2008, 49 (1), pp. 223 - 254.

Fortanier F., Foreign Direct Investment and Host Country Economic Growth: Does the Investor's Country of Origin Play A Role, Transnational Corporations, 2007, 16 (2), pp. 41 – 76.

张中元、赵国庆：《FDI、环境规制与技术进步——基于中国省级数据的实证分析》，《数量经济技术经济研究》2012 年第 4 期。

王雷、黄聪：《我国环境规制对不同来源国 FDI 的影响》，《南京审计学院学报》2012 年第 11 期。

邹建华、韩永辉：《引资转型、FDI 质量与区域经济增长——基于珠三角面板数据的实证分析》，《国际贸易问题》2013 年第 7 期。

魏玮、周晓博、薛智恒：《环境规制对不同进入动机 FDI 的影响——基于省际面板数据的实证研究》，《国际商务——对外经济贸易大学学报》2017 年第 1 期。

李小平、卢现祥、陶小琴：《环境规制强度是否影响了中国工业行业的贸易比较优势》，《世界经济》2012 年第 4 期。

王书斌、徐盈之：《环境规制与雾霾脱钩效应——基于企业投资偏好的视角》，《中国工业经济》2015 年第 4 期。

韩超：《制度影响、规制竞争与中国启示》，《经济学动态》2014 年第 4 期。

王奇、蔡昕妤：《环境规制对不同来源地 FDI 区位选择的影响——基于省级面板数据的研究》，《财经论丛》2017 年第 2 期。

Copeland B. R., Taylor M. S. Trade, Growth, and the Environment, *Journal of Economic Literature*, 2004, 42（1），pp. 7 – 71.

张宇、蒋殿春：《FDI、政府监管与中国水污染——基于产业结构与技术进步分解指标的实证检验》，《经济学》（季刊）2014 年第 2 期。

第八章
丝绸之路经济带沿线西部地区大数据产业兴起条件研究——决策树算法与应用

【摘　要】　丝绸之路经济带建设改变了西部地区的产业发展条件。本章利用数据挖掘领域中的决策树 C4.5 算法对大数据产业兴起条件构建决策树模型，然后以丝绸之路经济带沿线西部地区为测试样本，预测未来西部地区的大数据产业兴起。决策树模型显示，铁路里程、GDP、日照时长是决定西部地区大数据产业兴起的决策节点。预测结果表明，广西具备大数据产业发展的良好的前提条件。

【关键词】　丝绸之路经济带　西部地区　大数据产业　决策树模型

一　引言

目前中国经济由高速增长阶段转向高质量发展阶段，对"一带一路"建设也提出了新的发展要求，"推动共建'一带一路'向高质量发展转变，这是下一阶段推进共建'一带一路'工作的基本要求"，2018年8月习近平总书记在推进"一带一路"建设工作5周年座谈会上发表重要讲话，对推进"一带一路"建设工作做出重大部署，指明前进方向。丝绸之路经济带是"一带一路"建设的重点，丝绸之路经济带的发展使得诸如劳动力、资源、市场需求等要素流动性加强，改变了区域要素结构，进而使得沿线西部地区的要素禀赋、比较优势等有所变化，为以大数据为代表的新兴产业发展带来新的机遇。另外，新兴产业的发展也助推丝绸之路经济带建设向高质量发展转变。

党的十九大报告指出，我国要"加快建设创新型国家，建设数字中国、智慧社会。推动互联网、大数据、人工智能和实体经济深度融合。促进我国产业迈向全球价值链中高端，培育若干世界级先进制造业集群"。2017 年 12 月 8 日，习近平总书记在中共中央政治局就实施国家大数据战略进行第二次集体学习时指出，"大数据发展日新月异，我们应该审时度势、精心谋划、超前布局、力争主动，深入了解大数据发展现状和趋势及其对经济社会发展的影响，分析我国大数据发展取得的成绩和存在的问题，推动实施国家大数据战略，加快完善数字基础设施，推进数据资源整合和开放共享，保障数据安全，加快建设数字中国，更好服务我国经济社会发展和人民生活改善"。国家大数据战略就此明确提出。

我国在大数据产业方面布局较早，2010 年国务院印发《关于加快培育和发展战略性新兴产业的决定》，提出包括新一代信息技术产业在内的七大战略性新兴产业。[①] 该《决定》指出，新一代信息技术产业要"加快建设宽带、泛在、融合、安全的信息网络基础设施，推动新一代移动通信、下一代互联网核心设备和智能终端的研发及产业化，加快推进三网融合，促进物联网、云计算的研发和示范应用。"2012 年 7 月，《"十二五"国家战略性新兴产业发展规划》就提出"高端软件和新兴信息服务产业发展路线图"，指出加强海量数据处理软件的研发与产业化。近几年，国家在新兴产业发展的顶层设计上日臻完善，在"十二

---

① 七大新兴产业包括节能环保、新一代信息技术、生物制药、高端装备制造、新能源、新材料和新能源汽车产业。

五"和"十三五"期间，国家两次发布战略性新兴产业发展规划。①
2016 年，国务院发布《"十三五"国家战略性新兴产业发展规划》，进
一步细化了战略性新兴产业的发展步骤。大数据产业方面，2015 年，
国家出台《促进大数据发展行动纲要》；2017 年底国家正式提出"实施
国家大数据战略"。[1]

　　激发本次研究的一个事实是，贵州在大数据产业发展上异军突起。
作为欠发达的西部地区的一个省，贵州在短短几年时间形成大数据产
业，这既不符合人们以往对新兴产业发展的认知，也违背了主流产业发
展理论对新兴产业发展规律的总结，是产业发展中的新现象。丝绸之路
经济带建设对我国西部地区产业发展来说是一个极大的外部激励，它改
变了西部地区某些产业发展的条件，比如设施联通建设加快了地区货
物、资源等的流通速度；资金融通建设改善了地区融资水平，加快了资
金流动；贸易畅通建设提高了地区贸易水平。推动共建"一带一路"
向高质量发展转变是下一阶段丝绸之路经济带建设工作的基本要求，而
以大数据产业为代表的新兴产业发展是西部地区推动"一带一路"向
高质量发展转变的必然需求。贵州经验表明，新兴产业的兴起条件有别
于传统产业，传统要素禀赋、比较优势等并非发展新兴产业的充分必要
条件。新兴产业带来的是不同于传统产业的要素需求，它们的发展不完
全依赖于自然资源、地理位置、气候条件、劳动力、市场需求集中等传
统产业发展的关键要素或条件。这些是以往产业发展理论未覆盖到的，
主流产业发展理论（如新结构经济学、新经济地理学）是对传统产业
发展的总结，面对新兴产业的崛起，需要在理论上提供新的解释。

二　文献综述

　　主流产业理论认为，产业的发展需要考虑要素的初始禀赋（劳动

---

① 《"十二五"国家战略性新兴产业发展规划》（2012 年 7 月 9 日）；《"十三五"国家战略
　性新兴产业发展规划》（2016 年 11 月 29 日）。

力、空间、自然资源、资本、产业集聚、企业聚集等），且产业的选择需要比较优势。主流产业理论的分析离不开要素禀赋和比较优势概念，相关分析多以此为基础。综合分析相关研究文献，笔者发现现有文献的研究重点多在新兴产业与传统产业融合、协调发展上，对新兴产业与传统产业发展条件、路径异同等问题探讨的不多。

主流产业发展理论都强调要素禀赋、比较优势等在产业发展中的决定性作用。要素禀赋决定比较优势，依据比较优势选择合适的产业，这是主流产业发展理论的逻辑。一个地区在选择产业时，首先要识别自身的要素禀赋结构，在此基础上才能选择与之相对应的产业。比如林毅夫的新结构经济学认为，经济结构内生于要素禀赋结构（定义为自然资源、劳动力、人力资本和物质资本的相对丰裕程度），并随发展水平不同而不同。[2] 新结构经济学还在传统的要素禀赋理论基础上引入基础设置概念，认为基础设置包括硬性（有形的）基础设置和软性（无形的）基础设置。① 一国或地区的要素禀赋结构和基础设置、发展水平，以及相应的产业社会经济结构等均为产业或经济发展的决定性因素。针对发展中国家而言，产业的升级过程必须与反映物质人力资本积累和要素禀赋结构变化的比较优势变化相一致。依照此逻辑，刘铁、王九云指出，地方产业合理布局的前提是产业禀赋和要素特征的正确识别。尤其在战略性新兴产业的培育方面，更应匹配于地方产业禀赋和要素特征[3]。

在战略性新兴产业发展上，国内学者多持有相似观点，即战略性新兴产业需要在传统产业发展基础上生根发芽，战略性新兴产业的发展需要遵循一定的发展路径并符合一定的发展规律。陆立军、于斌斌认为战略性新兴产业的发展是由传统产业分化而来的，目前我国的产业发展面临传统产业的改造提升与新兴产业的培育发展双重任务[4]。郭晓丹、

---

① 硬性基础设置包括能源、交通和通信系统等；软性基础设置包括金融体系、管制、教育体系、司法体系、社会网络、价值体系及经济体中其他无形的结构。

何文韬针对我国目前一些传统产业发展还不完善的情况下培育战略性新兴产业的问题指出，首先应当对传统产业技术改造，并积累一定的产业发展经验后，才能为战略性新兴产业发展奠定基础。新兴产业的发展需要基础技术的支撑，需要传统产业的融合，也需要符合社会的需求。[5]霍影、霍金刚也持有类似观点，认为地方在布局战略性新兴产业时应与传统产业协同发展。在战略性新兴产业发展上强调地方应正视要素禀赋与技术储备，对于科技基础好、资源流动效率高和具备相关区位禀赋（优势）的地区，理应首先布局战略性新兴产业。他们还将战略性新兴产业的发展划分为"渐进式"和"突变式"两种创新路径。高端装备制造与新能源汽车这样的新兴产业具有"渐进式"的特征，也就是说，这些产业的发展需要传统产业作支撑，而以大数据为代表的新兴信息产业具有"突变式"的特征。[6]

　　一些学者从地理位置、历史优势与经济政策的角度解读产业发展问题。比如金煜、陈钊、陆铭等认为，在产业发展条件方面，强调市场容量、城市化、基础设施的改善和政府作用的弱化。[7]他们的研究为新经济地理学（认为地理位置和历史优势是集聚的起始条件）的理论提供了来自中国的证据，同时基于中国现实，他们用实证的手段分析，发现经济政策对工业集聚有着显著的正向影响。张亚斌、黄吉林、曾铮通过对城市群结构的研究，提出"圈层"概念，认为一国产业结构升级首先应在区域"圈层"经济内部实现产业企业的合理转移、分工和技术扩散来提升"圈层"经济内部产业结构，再通过产业在全国不同区域的合理布局实现不同"圈层"经济间的产业结构协同升级，并最终达到提升整个国家产业结构的目标。[8]杜传忠等从产业组织演进角度论述现代产业发展问题，认为市场集中与空间集聚是现代产业组织演进的两条基本路径，我国应采取积极有效的途径，实现二者的融合发展。[9]

　　还有一些学者通过实证手段研究产业发展问题。李超、覃成林运用空间计量经济模型研究，认为我国现代产业的空间分布主要取决于一个城市居民的高端要素丰裕程度，城市居民的储蓄水平、城市等级和环境状况等也对现代产业的空间分布产生显著影响。[10]刘修岩、何玉梅的实证研究验证了新经济地理学和比较优势理论对产业空间分布的解释力。[11]他们发现，地区产业专业化水平和市场潜能等集聚经济因素对产业的动态集聚有着显著的正向影响，而地区行业多样化水平和地区制造业相对工资增长率的系数则为负且不显著；同时，地区的要素禀赋对中国产业的动态集聚也有重要影响。基于中国地方现实，宋凌云等构造了中国省级官员与四位数制造业产业结构变动相匹配的面板数据，实证发现 1998~2007 年，省委书记、省长在短期内能引领辖区产业结构变动，其引领效应随任期增加而下降。[12]

三　决策树模型与 $C4.5$ 算法

1. 决策树模型概述

决策树（decision tree）是数据挖掘中的一种预测模型，包括决策节点、分支和叶节点三部分。决策节点代表一种测试，通常表示待分类样本的某个属性，在该属性上的不同测试结果代表一个分支，分支表示某个决策节点的不同取值。每个叶节点存放某个类别标签，表示一种分类结果，括号内的数字表示到达该叶节点的实例数。决策树模型见图 8-1。

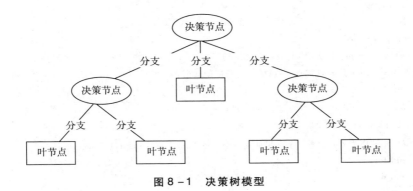

图 8-1　决策树模型

　　使用训练集对决策树模型进行训练，经过训练后，学习方案只需要保存类似于图 8 - 1 的树形结构。决策树对未知样本的分类过程是这样的：自决策树根节点开始，自上而下沿某个分支向下搜索，直到到达叶节点，叶节点的类别标签显示了该未知样本的预测类别。

　　决策树算法通过将训练集划分为较纯的子集，以递归的方式建立决策树模型。目前有多种决策树算法，本章使用的是 C4.5 算法。该算法是悉尼大学 Ross Quinlan 教授于 1993 年对早先的 ID3 算法改进而来。C4.5 算法的优势如下：①能够处理连续属性与离散属性的数据；②能够处理具有缺失值的数据；③使用信息增益率作为决策树属性选择标准；④对生成的决策树模型进行修剪，纠正过拟合。C4.5 算法可以使用通用的被称为 Tree Growth 的决策树归纳算法作为生长树算法。该算法函数的输入是训练集 E 和属性集 F。算法递归地选择最佳属性以划分数据，并扩展树的叶节点，直到满足结束条件。

　　2. TreeGrowth 决策树归纳算法伪代码

算法 8 - 1 　Tree Growth（E，F）的决策树归纳算法

1： TreeGrowth（E，F）

2： **If** stopping_ cond（E，F）= true **then**

3： leaf = createNode（）

4： leaf. label = Classify（E）

5： **return** leaf

6： **else**

7： root = createNode（）

8： root. test_ cond = find_ best_ split（E，F）

9： 令 V = {$v \mid v$ 是 root. test_ cond 的一个可能的输出}

10： **for** each $v \in V$ **do**

11： E_v = {$e \mid$ root. test_ cond（e）= v and $e \in E$}

12： child = TreeGrowth（E_v，F）

13： 将 child 作为 root 的派生节点添加到树中，并将边（root → child）标记为 v

14： **end for**

15： **end if**

16： **return** root

C 4.5 算法所使用的函数如下。

（1）createNode（）函数：为决策树创建新节点，以扩展决策树。决策树的节点要么有一个测试条件，记为 node. test_ cond；要么有一个类别标签，记为 node. label。

（2）find_ best_ split（）函数：确定应当选择哪个属性作为划分训练集的测试条件。可以使用多种不纯性度量指标来评估划分，以选择测试条件。常用度量指标有信息熵和 Gini 指标等。C4.5 算法使用的度量指标称为信息增益率（GainRatio），是信息熵的变形。原来的算法直接使用信息熵的增益，会因某属性有较多类别取值而有偏大的信息熵，从而更容易被选择为划分节点。信息增益率考虑了分裂信息的代价，能够部分抵消属性取值数量带来的影响。

（3）Classify（）函数：确定叶节点的类别标签。对于每个叶节点 t，令 $p(i \mid t)$ 表示该节点上属于类别 i 的训练集所占的比例，在大多数情况下，将叶节点指派为具有多数记录的类别，即

$$leaf. label = argmax\, p(i \mid t)$$

其中，操作 argmax 返回最大化 $p(i \mid t)$ 的参数 i。

（4）stopping_ cond（）函数：通过检查是否所有的记录属于同一个类别，或者具有相同的属性值，决定是否终止决策树的增长。终止递归函数的另一种方式是，检查记录数是否小于某个最小阈值。

3. 有关 C 4.5 算法的几个概念

（1）信息熵

$$Entropy(S) = - \sum_{i=1}^{m} p_i\, log_2\, p_i \qquad 式（8-1）$$

式（8-1）中，S 为训练集，$p_i (i = 1,2,3,\cdots,m)$ 为具有 m 个类标签的类别属性 C 在所有样本中出现的频率。

（2）划分信息熵

假设用属性 A 来划分 S 中的数据，计算属性 A 对集合 S 的划分熵值 $Entropy_A(S)$。如果 A 为离散型，有 k 个不同取值，则属性 A 依据这 k 个不同取值将 S 划分为 k 个子集 $\{S_1, S_2, \cdots, S_k\}$，属性 A 划分 S 的信息熵为：

$$Entropy_A(S) = \sum_{i=1}^{k} \frac{|S_i|}{|S|} Entropy(S_i) \qquad \text{式（8-2）}$$

其中，$|S_i|$ 和 $|S|$ 分别为 S_i 和 S 中包含的样本数。

如果属性 A 为连续型数据，则按属性 A 的取值递增排序，将每对相邻值的中点看作可能的分裂点，对每个可能的分裂点，计算 $Entropy_A(s)$：

$$Entropy_A(S) = \frac{|S_L|}{|S|} Entropy(S_L) + \frac{|S_R|}{|S|} Entropy(S_R) \qquad \text{式（8-3）}$$

其中，S_L 和 S_R 分别对应于该分裂点划分的左右两部分子集。选择 $Entropy_A(S)$ 值最小的分裂点作为属性 A 的最佳分裂点，并以该最佳分裂点按属性 A 对集合 S 的划分熵值作为属性 A 划分 S 的熵值。

（3）信息增益

按属性 A 划分数据集 S 的信息增益率 $Gain(S, A)$ 等于样本集 S 的熵减去按属性 A 划分 S 后的样本子集的熵：

$$Gain(S, A) = Entropy(S) - Entropy_A(S) \qquad \text{式（8-4）}$$

（4）分裂信息

$C4.5$ 引入属性的分裂信息来调节信息增益：

$$SplitE(A) = -\sum_{i=1}^{k} \frac{|S_i|}{|S|} log_2 \frac{|S_i|}{|S|} \qquad \text{式（8-5）}$$

（5）信息增益率

$$GainRatio(A) = \frac{Gain(A)}{SplitE(A)} \qquad \text{式（8-6）}$$

信息增益率将分裂信息作为分母，属性取值数目越大，分裂信息值越大，从而部分抵消了属性取值数目所带来的影响。

4. C 4.5 算法构建决策树模型的步骤

第一步，计算所有属性划分数据集 S 所得的信息增益。

第二步，计算各个属性的分裂信息和信息增益率。

第三步，将信息增益率取值最大的那个属性作为分裂节点。

第四步，对根决策节点的不同取值分支，递归调用以上方法，求子树。

四 丝绸之路经济带大数据产业兴起的决策树算法分析

1. 模型构建说明

本章利用省级截面数据构建大数据产业兴起条件决策树模型，模型属于二分类问题，即该区域是否有兴起大数据产业的可能。决策树模型构建数据来自《中国统计年鉴 2015》，之所以选取 2015 年统计数据是由于各地大数据产业兴起于 2014 年左右。训练集属性包括：人口、GDP、财政支出、财政收入、居民消费水平、大专学历以上人数、专利授权数、铁路里程、铁路货运量、进出口货物量、内河长度、高速公路里程、降雨量、气温、湿度、日照、网民数、规模以上企业个数、电力消费量、光缆长度、互联网普及率。分类以国家级大数据综合试验区为标准，将首个大数据综合试验区贵州，河北跨区域类综合试验区，河南、重庆、沈阳三个区域示范类综合试验区，内蒙古大数据基础设施统筹发展类综合试验区划分为正类，其余地区为负类。样本选择上，由于模型关注的是丝绸之路经济带沿线西部地区的大数据产业兴起，因而在训练集中剔除了北京、天津、广东、上海四个发达地区的国家级大数据综合试验区。

2. 模型构建过程及结果

本章利用数据挖掘软件 Weka 3.8 构建大数据产业兴起条件决策树模型，具体操作步骤如下：步骤 1，将源数据格式强制转换为 csv；步骤 2，在 Weka GUI Chooser 对话框的 Applications 选项中点击 Explorer，进入探索者平台；步骤 3，导入 csv 格式的训练集；步骤 4，进入 Classify 标签，选择 J48 算法，保持默认参数，点击 Start 按钮开始构建模型。

以下是决策树结构与相关信息：

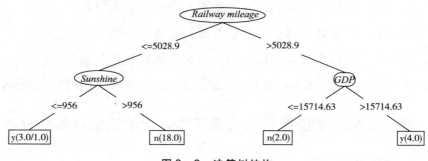

图 8 - 2　决策树结构

如图 8 - 2 所示，决策树模型为三级树形结构，有三个决策节点、四个叶节点、六个分支。根节点为铁路营运里程（*Railway mileage*），左孩子节点是日照时长（*Sunshine*），右孩子节点是 *GDP*。根节点铁路营运里程分支值是 5028.9 公里，左孩子节点日照时长分支值是 956 小时，右孩子节点 *GDP* 分支值是 15714.63 亿元。第一个叶节点表示有四个实例到达该节点，有三个正类一个负类；第二个叶节点表示有十八个实例到达该节点，有十八个负类零个正类；第三个叶节点表示有两个实例到达该节点，有两个负类零个正类；第四个叶节点表示有四个实例到达该节点，有四个正类零个负类。具体见表 8 - 1。

表 8 - 1　决策树结构

= = = Classifier model（full training set）= = =

J48 pruned tree

Railway mileage < = 5028.9

|　　*Sunshine* < = 956：y（3.0/1.0）

|　　*Sunshine* > 956：n（18.0）

Railway mileage > 5028.9

|　　*GDP* < = 15714.63：n（2.0）

|　　*GDP* > 15714.63：y（4.0）

Number of Leaves：4

Size of the tree：7

决策树模型算法及参数是 weka. classifiers. trees. J48 – C 0. 25 – M 2；模型实例值：27；模型属性值：23；验证方式：十折交叉验证。详细运行信息见表 8 – 2。

表 8 – 2　运行信息

= = = Run information = = =

Scheme：weka. classifiers. trees. J48 – C 0. 25 – M 2

Instances：27

Attributes：23

Region, Population, GDP, College and Above, Invention, Tax Revenue, Expenditure, Railway Mileage, Precipitation, Air Temperature, Humidity, Household Consumption Level, River Channel, Number of Internet Users, Rail Freight Volume, Imports and Exports of Goods, Number of Enterprises Above Designated Size, Expressway, Electricity Consumption, Cable Length, Internet Penetration, Sunshine, Classification

Test mode：10 – fold cross – validation

Time taken to build model：0. 01 seconds

模型正确分类实例 19 个，占比 70%；错误分类实例 8 个，占比 30%。Kappa 统计量、绝对平均误差等度量以及混淆矩阵详见表 8 – 3、表 8 – 4。

表 8 – 3　模型度量

= = = Summary = = =

Correctly Classified Instances	19	70. 3704 %
Incorrectly Classified Instances	8	29. 6296 %
Kappa statistic	– 0. 125	
Mean absolute error	0. 3085	
Root mean squared error	0. 4768	
Relative absolute error	85. 4396 %	
Root relative squared error	112. 9724 %	
Total Number of Instances	27	

表 8 – 4　混淆矩阵

= = = Confusion Matrix = = =

```
 a   b   < – – classified as
 0   6 |   a = y
 2  19 |   b = n
```

3. 决策树模型分析

从决策树模型图 8－2 可知，决策属性最强的是铁路营运里程，其次是日照时长与 GDP。当某一地区铁路营运里程小于或等于 5028.9 公里，日照时长小于或等于 956 小时，那么该地区有 2/3 的概率兴起大数据产业，如果日照时长大于 956 小时，那么该地区不会兴起大数据产业；当某一地区铁路营运里程大于 5028.9 公里，GDP 小于或等于 15714.63 亿元，那么该地区不会兴起大数据产业，如果 GDP 大于 15714.63 亿元，那么该地区有兴起大数据产业的可能。

4. 丝绸之路经济带沿线西部地区大数据产业兴起预测

在测试集样本选择上，以丝绸之路经济带沿线西部地区为测试样本，因而包括广西、四川、云南、陕西、甘肃、青海、宁夏、新疆八个省区。在数据选择上，依据训练集属性，从《中国统计年鉴 2017》中挑选相关数据，然后将测试集代入模型，可得如下结果（见表 8－5）。

表 8－5　预测结果

| = = = Predictions on test set = = = | | | | |
inst#	actual	predicted	error	prediction
1	2：n	1：y	+	1
2	2：n	2：n		1
3	2：n	2：n		1
4	2：n	2：n		1
5	2：n	2：n		1
6	2：n	2：n		1
7	2：n	2：n		1
8	2：n	2：n		1

由表 8－5 可知，样本 1（广西）的预测结果与初始值不符，说明广西壮族自治区有兴起大数据产业的可能。

五　结语

由于本研究的样本数量有限，所以挑选的训练集属性不宜过多，如果属性太多就会产生训练集拟合效果好，而预测效果并不理想的现象。[13]笔者依据主流产业发展理论与相关认知经验挑选了 20 个左右的属性构建出决策树模型。需要说明的是，在实证研究过程中，笔者挑选的属性远远大于 20 个，但增加属性的多次试验结果并没有影响决策树结构的变化。此外，从《中国统计年鉴》中挑选属性与数据，一方面是基于数据可得原则，另一方面是由决策树预测算法的特征决定的，因为决策树算法的测试集需要和训练集属性完全重合。笔者不希望决策树模型构建的属性受到以往产业发展理论的束缚，因而在属性集中加入诸如天气数据等似乎和产业发展关系不大的属性，但实证结果表明，日照时长成为本次实证模型的二级决策节点。

当然本次研究还存在不少问题。一是模型的正确率并不是很高。这可能是由于数据量太小的缘故，或者是因为属性集不够全面，遗漏了关键变量。二是数据来源渠道太窄。数据集仅从传统的统计数据得来是不够的，尤其没有发挥出数据挖掘技术的特点，万物皆数据，数据皆可处理。三是预测结果和以往认知有出入。比如信息相关产业基础较好和具有科研能力的陕西没有出现在预测结果中，一方面可能是由于数据量或属性集太小的缘故，另一方面可能是算法本身的局限。根据此次实证经验，今后的相关研究可能的改进之处在于：一是扩展属性集。属性集的选择应当尽可能广泛，做数据挖掘实证的本意是形成新的领域知识，因而在实证过程中不应当被相关理论左右，在属性集的构造上要尽可能扩展集的边界，即便属性与以往的理论或认知不符。二是扩大数据量。数据挖掘相关算法均具有良好的伸缩性，在海量数据处理上能力突出。因而实证中应尽可能扩大数据量，提高模型的可信度与可解释性。三是数据挖掘算法的选择。数据挖掘有大量相关算法，针对不同的研究问题，可有针对性地选择算法。较好的做法是依据多个算法构造不同模型，结合分析结果和领域知识选择最佳模型。

参考本次研究经验，在数据挖掘与理论经济学结合研究中可能会遇到两个难题。一是构建模型相关数据的采集。模型构建需要训练集，训练集的建立需要广泛收集相关数据，传统的统计数据也许无法满足模型构建要求，因而非结构或非数值数据的补充必不可少，这就需要利用网络爬虫等技术收集网络中的非传统数据，当然，新的数据需求也提出了新的技术难题。二是采用相关算法构建的模型与经济学理论不相融的问题。数据挖掘算法属于数据分析的通用技术，并非经济学研究专用，因而构建出的模型也许与以往的经济学认知或理论不相符，这或许是完善相关理论的契机，也可能是模型构建的失误，如何甄别这一情况是利用数据挖掘技术进行经济研究的难点。

参考文献

［1］《习近平：实施国家大数据战略加快建设数字中国》，新华网，http：//www. xin-huanet. com//2017－12/09/c_ 1122084706. html。

［2］林毅夫：《新结构经济学——重构发展经济学的框架》，《经济学（季刊）》2011年第1期。

［3］刘铁、王九云：《区域战略性新兴产业选择过度趋同问题分析》，《中国软科学》2012年第2期。

［4］陆立军、于斌斌：《传统产业与战略性新兴产业的融合演化及政府行为：理论与实证》，《中国软科学》2012年第5期。

［5］郭晓丹、何文韬：《融合与跨越：新旧产业间技术升级路径研究》，《东北财经大学学报》2012年第1期。

［6］霍影、霍金刚：《地方产业经济发展策略选择：传统产业是否应让位于战略性新兴产业——协同发展视阈下战略性新兴产业布局与传统产业升级路径》，《科技进步与对策》2015年第10期。

［7］金煜、陈钊、陆铭：《中国的地区工业集聚：经济地理、新经济地理与经济政策》，《经济研究》2006年第4期。

［8］张亚斌、黄吉林、曾铮：《城市群、"圈层"经济与产业结构升级——基于经济地理学理论视角的分析》，《中国工业经济》2006年第12期。

［9］ 杜传忠:《市场集中与空间集聚:现代产业组织演进的两条基本路径》,《中国工业经济》2009 年第 7 期。

［10］ 李超、覃成林:《要素禀赋、资源环境约束与中国现代产业空间分布》,《南开经济研究》2011 年第 4 期。

［11］ 刘修岩、何玉梅:《集聚经济、要素禀赋与产业的空间分布:来自中国制造业的证据》,《产业经济研究》2011 年第 3 期。

［12］ 宋凌云、王贤彬、徐现祥:《地方官员引领产业结构变动》,《经济学(季刊)》2013 年第 1 期。

［13］ 刘涛雄、徐晓飞:《互联网搜索行为能帮助我们预测宏观经济吗?》,《经济研究》2015 年第 12 期。

第九章

区域产业转移、基础设施建设与西部创新投入：丝绸之路经济带建设下西部产业创新发展的方向

【摘　要】　本章从基础设施建设的视角，系统考察了区域产业转移与西部地区创新投入之间的关系。研究发现：区域产业转移显著促进了西部地区的创新投入，在考虑潜在内生性问题之后，该结论依然成立。在此基础上，构建以基础设施建设为门槛变量的门槛模型，进一步检验了区域产业转移影响西部地区创新投入的门槛特征。门槛回归结果表明，经济基础设施建设、社会基础设施建设和环保基础设施建设对区域产业转移创新溢出皆存在单一的门槛效应，即当基础设施建设水平低于门槛值时，区域产业转移对西部地区创新投入具有抑制作用；当基础设施建设水平超过门槛值时，区域产业转移对西部地区创新投入产生正向促进作用。最后，结合理论与实证分析，提出丝绸之路经济带建设背景下，推动西部地区创新发展的政策建议。

【关键词】　区域产业转移　创新投入　基础设施　门槛模型　丝绸之路经济带

一 引言

产业转移是指某一产业、产品或产品生产的某个特定工序在空间布局上的调整。对于欠发达地区而言，承接发达地区产业转移是获取先进技术的重要途径。产业转移带来的先进技术既可能提升产业承接地的生产能力，也可能提升其技术创新能力，而后者更是工业迈向中高端和经济持续发展的关键。国际产业转移经验证实了这一点。例如，第二次世界大战后德国和日本在承接欧美等发达国家产业转移的同时不断加强技术学习和研发投入，从而迅速提升了国家技术创新能力和经济发展水平；然而，拉美一些国家由于长期忽视自身技术创新能力的培养，产业转移并未给其带来长期的经济繁荣，反而使其掉入"技术依赖的陷阱"，错失经济发展的良机。

目前学术界有关产业转移对承接地创新影响的研究主要集中在国际产业转移（以 FDI 的形式）方面，且观点尚未达成一致。王红领和李稻葵（2006）、Kose（2009）、李政（2017）等学者认为，国际产业转移能够提升承接地技术创新能力。但蒋殿春和夏良科（2005）、Fan（2007）、黄传荣（2017）等研究表明，FDI 的引进并不利于东道国企业自主创新能力的提升。已有国际产业转移的研究成果为我国高质量地承接国际产业转移提供了坚实的理论依据。然而，中国是一个发展中大国，区域发展不平衡是其面临的突出问题，这种不平衡性同时满足了区域产业转移发生的两方面因素：一是由资源禀赋决定的比较优势差别；二是由市场规模决定的需求分布不均衡（靳卫东等，2016）。国内学者的研究成果也证实了区域产业转移在中国内部发生的事实。比如蔡昉等（2009）论证了中国区域间产业转移的"飞雁模式"；胡安俊和孙久文（2014）利用中国制造业数据实证检验了区域产业转移的机制、次序与空间模式，结果表明，中国制造业已出现由发达地区向欠发达地区的大规模转移，且低技术产业先于高技术产业发生转移，高、低技术产业转移的空间模式明显不同。随着丝绸之路经济带建设的提出，发达地区产业向西部地区转移的进程逐渐加快。因此，国内区域间的产业转移也应该纳入产业转移影响创新能力的研究范畴。

相比国际产业转移已有的丰硕成果，区域产业转移与创新关系的研究略显不足。冯南平和杨善林（2012）采用1998~2008年省级工业增加值总额实证检验了区域产业转移对创新能力的影响。研究表明，产业转移对不同区域作用效果不同。关爱萍和李娜（2015）以2000~2011年西部各省区市分析了区际产业转移与承接地技术进步的关系。研究发现，金融发展水平的提升是促进区际产业转移技术溢出的重要保证。上述研究得出了富有启发性的结论，但也存在进一步改进的地方：其一，已有研究多从产出角度衡量产业转移的溢出效应，很少关注区域产业转移对创新投入的影响，而张海洋（2008）认为创新投入比产出更能反映自主创新努力的程度，因此应采用创新投入指标来分析产业转移的创新效应。同时，新经济增长理论认为，推动科技创新最直接的驱动力来源于研发投入（Romer，1990），而且通过研发活动可以使自身的技术吸收和利用能力得到提升（Cohen和Levinthal，1989）。其二，现有研究多默认二者为线性关系，忽视了基础设施建设等吸收能力因素的门槛效应。Lall（1990）、张宇（2008）等学者曾认为，基础设施建设是影响承接地对转移产业技术溢出吸收能力的重要环境因素。尤其是，《推动共建丝绸之路经济带和21世纪海上丝绸之路的愿景与行动》明确提出，基础设施互联互通是"一带一路"建设的优先领域和关键节点，基础设施建设的重要性就显得更为突出。

基于此，本章在丝绸之路经济带建设背景下，从基础设施建设视角，深入考察了区域产业转移对西部地区创新投入的影响机制及效应。为此，本章在前人工作的基础上，试图从以下几个方面对现有研究进行拓展：第一，从一个统一的累积创新框架出发，分析区域产业转移影响承接地创新投入的作用机理。第二，从时间、空间和行业三个维度选取

1999～2015 年中国 30 个省区市的 20 个二位数制造业行业数据测算西部 11 省区市区域产业转移量，实证检验区域产业转移对西部地区创新投入的影响。第三，构建经济基础设施、社会基础设施和环保基础设施等三种不同类型基础设施资本存量指标，运用面板门槛模型分析区域产业转移影响西部地区创新投入的非线性特征。最后，结合本章理论与实证分析，提出丝绸之路经济带建设背景下推动西部地区创新发展的政策建议。

二　理论分析与研究假说

假设一个经济体中存在欠发达地区 B（backward regions）和发达地区 D（developed regions）。两地区的垄断厂商分别记为厂商 B 和厂商 D，厂商 B、D 生产同质产品，且厂商 D 拥有生产此类商品的核心技术，而厂商 B 只具有非核心技术。这里，我们假设技术研发创新具有累积性，B 厂商只有具备核心技术才能开展下一阶段产品的研发创新。对于博弈模型，本章设定以下两个阶段。

第一个阶段：D 厂商通过区域产业转移进入 B 地区，并且将核心技术转移至 B 地区。B、D 两厂商对各自现有产品进行生产流程的创新，相关产品在 B 地区进行古诺竞争。

第二个阶段：B 厂商通过模仿 D 厂商的技术，获得研发创新能力的提高，且与 D 厂商就新产品研发进行竞赛，获胜一方凭借新技术获取专利并独占 B 地区新产品市场。

具体地，假定第一阶段厂商 k 生产产品 q_k 的总成本为：$C_k（q_k）= c_k q_k$，c_k 为边际成本，k 表示 B、D 两厂商，且 $c_D < c_B$。设 q_D 和 q_B 为厂商 D、B 的产量，地区 B 的市场反需求函数 $p = a -（q_D + q_B）$ 且有 $a > 4c_B - 3c_D$。在进行古诺竞争之前，B、D 两厂商分别对现有生产流程进行研发改进，假定 m 量的研发投入可使厂商的边际生产成本降低 $\sqrt{m}$。

假定第二阶段竞赛服从完全信息第一价格全支付拍卖，n_D、n_B 分别表示两厂商参与竞赛的有效研发投入，获胜方将垄断新市场，并由此

可获取 W 的市场总价值。另外，假定厂商 D 的有效研发投入为其研发投入成本，给定 τ（$0 < \tau < 1$）表示第一阶段产业转移条件下，厂商 B 通过核心技术模仿在第二阶段拥有相当于厂商 D 的创新能力，因此厂商 B 的研发投入成本为有效研发投入的 $1/\tau$ 倍。此处 $\tau < 1$ 可理解为厂商 B 对核心技术吸收能力的不足。

依据逆向归纳法，本章首先对第二阶段的研发竞赛进行均衡分析。厂商 D 的利润函数假设为：

$$U_D = \begin{cases} W - n_D, & \text{if} \quad n_D > n_B \\ \dfrac{1}{2}(W - n_D), & \text{if} \quad n_D = n_B \; ① \\ -n_D, & \text{if} \quad n_D < n_B \end{cases} \qquad \text{式（9-1）}$$

因此，厂商 D 的利润期望值为：

$$EU_D = Pr(n_D > n_B)(W - n_D) + [\, 1 - Pr(n_D > n_B)](-n_D) = Pr(n_D > n_B)W - n_D$$

$$\text{式（9-2）}$$

同理，可得：

$$EU_B = Pr(n_B > n_D)W - (1/\tau)n_B \qquad \text{式（9-3）}$$

进一步对式（9-3）进行变形：

$$EU_B = (1/\tau)EU'_B，其中 \; EU'_B = Pr(n_B > n_D)\tau W - n_B \qquad \text{式（9-4）}$$

比较 EU_B 与 EU'_B 不难发现，二者的战略选择是相同的，即最优时的投入 n_B 一样，不同之处是二者的利润值有所差异。

结合式（9-2）、式（9-4），依据 Baye 等（1993，1996）的研究结论②，则得到 B 厂商的有效研发投入：

---

① 这里假定 $n_D = n_B$ 时，市场收益在两厂商之间随机分配。因为连续分布下相同投入的概率为 0，所以该假设并不重要。

② Baye 等（1996）定理 1 与引理 1 的结论表明，当 $W_1 \geqslant W_2$ 时，W_1 对应的期望研发投入 $En_1 = W_2/2$，期望研发投入之和 $En\,(W_1, W_2) = (1 + W_2/W_1)\,W_2/2$。

$$En_B = \frac{\tau W}{2W}\tau W = \frac{\tau^2}{2}W \qquad\qquad 式（9-5）$$

因此，厂商 B 对应的研发投入可表示为：

$$\frac{1}{\tau}En_B = \frac{1}{\tau}\cdot\frac{\tau^2}{2}W = \frac{\tau}{2}W \qquad\qquad 式（9-6）$$

式（9-6）说明，区域产业转移所带来的技术溢出（或外部性），促使厂商 B 在第二阶段开展研发创新，即区域产业转移的技术效应，能够有效提升承接地的研发投入，且投入大小与 B 地区市场总价值以及对转移企业核心技术的吸收能力直接相关。

接下来，考察第一阶段竞争对两厂商流程创新的影响，这里给定厂商 B、D 的研发投入分别为 m_D、m_B，则两厂商的利润函数可表示为：

$$W_k = q_k[(a-q_k-q_g)-(c_k-\sqrt{m_k})]-m_k, \quad k, \ g\in\{D,B\}\text{且}k\neq g \qquad 式（9-7）$$

由一阶条件可得：

$$q_k = \frac{a-2c_k+c_g+2\sqrt{m_k}-\sqrt{m_g}}{3} \qquad\qquad 式（9-8）$$

综合式（9-7）、式（9-8），可得双方的最大利润：

$$W_k = (\frac{a-2c_k+c_g+2\sqrt{m_k}-\sqrt{m_g}}{3})^2-m_k \qquad\qquad 式（9-9）$$

再对式（9-9）进行一阶求导，可得厂商 B 在均衡时的研发投入：

$$m_B^* = \frac{(2a-8c_B+6c_D)^2}{49} \qquad\qquad 式（9-10）$$

当未发生区域产业转移时，垄断厂商 B 的利润函数为：

$$W_B = q_B[(a-q_B)-(c_B-\sqrt{m_B})]-m_B \qquad\qquad 式（9-11）$$

与式（9-10）同理，可得厂商 B 在无产业转移时的最优研发投入：

$$m_B^{**} = \frac{(a-c_B)^2}{9} \qquad\qquad 式（9-12）$$

比较式（9-10）和式（9-12），可得：

$$m_B^* - m_B^{**} = (\frac{18c_D - 17c_B - a}{21})(\frac{2a - 8c_B + 6c_D}{7} + \frac{a - c_B}{3}) \qquad 式（9-13）$$

因为 $c_D < c_B$ 且 $a > 4c_B - 3c_D$，所以

$$m_B^* - m_B^{**} < 0 \qquad\qquad 式（9-14）$$

式（9-14）表明，在第一阶段的创新过程中，区域产业转移所产生的竞争效应抑制了承接地厂商的研发投入。

基于上述两阶段的博弈模型分析，本章提出假说1：区域产业转移对承接地创新投入作用的总效应具有不确定性。如果区域产业转移的技术效应超过竞争效应，那么区域产业转移将会促进承接地创新投入的提升；反之，则会抑制承接地的创新投入。

此外，博弈分析的结果也表明，创新投入与承接地技术吸收能力直接相关，因此有必要对产业转移溢出效应的消化吸收环节做进一步的探讨。近年来，国内外学者着眼于国际产业转移（以FDI的形式）创新溢出的消化吸收环节，从东道国金融发展水平、人力资本水平、外贸依存度和基础设施建设等角度分析了FDI促进创新溢出效应的影响因素。其中，承接地基础设施建设被视为不可忽视的重要吸收能力因素。Lall（1990）曾认为，基础设施建设是影响东道国对产业转移技术溢出吸收能力的重要环境因素。Balasubra-manyam（1998）也认为，完善的基础设施、稳定的经济环境是FDI推动经济发展的前提，因此，FDI只是"富国的午餐"。何兴强等（2014）对中国省级面板数据的研究表明，基础设施建设水平是影响FDI溢出效应的重要因素，只有基础设施水平较高时，FDI才能显著促进承接地的技术进步。基础设施是为社会生产提供公共服务的物质工程设施，完善的基础设施能够使生产过程中的各

个阶段联成一体，有利于减少交通运输成本和交易成本，增强产业转移技术溢出的学习效应，同时使得纵向产业间的关联更加紧密，更有利于产业转移溢出效应的发挥（何兴强等，2014）。

基于此，本章提出有待检验的假说2：在基础设施建设较完善的地区，区域产业转移对承接地创新投入的促进效应会更强，或者说，区域产业转移对承接地创新投入的促进效应会随着基础设施建设环境的改善而升高。

三　模型设定、变量与数据说明

1. 基准回归模型

在已有文献研究的基础上，本章构建如下计量模型用以考察区域产业转移对西部地区创新投入的影响：

$$Y_{jt} = \alpha_0 + \alpha_1 X_{jt} + \beta Z_{jt} = \lambda_j + \varepsilon_{jt} \qquad 式（9-15）$$

其中，下标 j、t 分别表示地区、时间，Y 为西部地区创新投入，X 为区域产业转移，λ_j 为地区效应，ε_{jt} 表示误差项。Z_{jt} 为控制变量集合，这里可表示为：

$$Z_{jt} = \beta_1 IPP_{jt} + \beta_2 IND_{jt} + \beta_3 HUM_{jt} + \beta_4 MAR_{jt} \qquad 式（9-16）$$

式（9-16）为控制变量，包括产业结构（IND）、知识产权保护强度（IPP）、市场化强度（MAR）以及人力资本水平（HUM）。

2. 面板门槛模型

本章采用 Hansen（1999）提出的门槛面板回归模型，依据数据自身特征内生地将样本划分为多个区间，进而研究不同区间内区域产业转移对西部地区创新投入的影响。为了更好地理解门槛面板模型的基本原理，我们首先介绍单一门槛面板回归模型的设定，如式（9-17）所示。

$$Y_{jt} = \xi_0 + \xi_1 X_{jt} \cdot I(q_{jt} \leq \gamma) + \xi_2 X_{jt} \cdot I(q_{jt} > \gamma) + \beta Z_{jt} + \lambda_j + \varepsilon_{jt} \qquad 式 (9-17)$$

式（9-17）中，q_{jt} 为门槛变量，它既可以是独立于解释变量向量 X_{jt} 的一个变量，也可以是 X_{jt} 中的一个回归元；γ 为门槛值，将观测样本分为两组，$I(\cdot)$ 为指标函数，当 $q_{jt} < \gamma$ 时，$I(\cdot) = 1$，否则为 0，其余符号与式（9-15）相同。

对面板门槛回归模型有两方面的检验需要处理：一是检验是否存在显著的门槛效应，该检验的原假设是 $H_0 : \xi_1 = \xi_2$，借鉴 HanSen（1999）的"自抽样法"（Bootstrap）可得到 F 统计量的临界值以确定门槛效应是否存在；二是检验门槛变量的估计值是否等于其真实值，该检验的原假设为：$H_0 : \hat{\gamma} = \gamma_0$，通过构造相应的似然比检验统计量以确定门槛值的真实性。

3. 变量选取

（1）被解释变量，创新投入（RD）。对于地区创新投入的测度，现有文献一般采用地区 R&D 研发人员数或 R&D 经费支出来衡量，本章借鉴朱沆等（2016）的做法，选取 R&D 经费支出来反映地区科技投入强度和科技发展水平。

（2）解释变量，区域产业转移（TR）。区域产业转移的测度需从行业、时间和空间三个维度进行衡量（Rosenthal 和 Strange 2004；Beaudry 和 Schiffauerova，2009）。由于《国民经济行业分类和代码》（GB4754-84）自 1985 年开始实施，先后经历了 1994 年、2002 年和 2011 年三次修订，不同时期的工业细分行业分类标准略有差异。考虑到一些工业细分行业规模很小，行业时间序列较短或者行业归并处理较为困难，为了保证统计数据的连续性与可比性，本章最终选取 30 个省区市（西藏、香港、台湾、澳门由于数据缺失严重故不在考察范围之内）1999～2015 年[1]

---

[1] 计算产业技术转移变化会损失 1999 年的数据，因此，实际在计量回归模型中的时间为 2000～2015 年。本章所指的西部地区包括重庆、贵州、云南、陕西、甘肃、青海、宁夏、新疆、广西、四川和内蒙古等 11 个省区市，西藏由于数据缺失严重故不在考察范围之内。

20 个二位数编码的细分行业作为测算区域产业转移的样本，具体研究对象见表 9 - 1。

对于产业转移的测度国内外现有研究具有较大分歧，由于欧美发达国家具有完善的企业区位变迁数据，因此，国外学者将产业转移定义为企业的区位变迁（Dijk 和 Pellenbarg，2000；Brouwer 等，2004；Arauzo 等，2010），研究产业转移的绝对量。中国由于缺乏完善的企业区位变动信息，因此，国内学者一般将产业转移用工业总产值、增加值或者从业人员数、产业集中度的变化来衡量（范剑勇，2004；Xiaoli Zhao，2011），研究的是产业转移的相对量。考虑到制造业细分行业数据的可得性，本章选择工业总产值份额的变化来测度产业转移，将区域产业转移量定义为：

$$TR_{jt}^i = \left(\frac{A_{jt}^i}{\sum_j A_{jt}^i} - \frac{A_{jt-1}^i}{\sum_j A_{jt-1}^i} \right) \sum_j A_{jt}^i \qquad \text{式 (9 - 18)}$$

$$TR_{jt} = \sum_i TR_{jt}^i \qquad \text{式 (9 - 19)}$$

表 9 - 1　二位数细分行业统计

编号	名　称	编号	名　称
I1	纺织业	I11	交通运输设备制造业
I2	家具制造业	I12	电气机械及器材制造业
I3	橡胶制品业	I13	印刷和记录媒介的复制业
I4	医药制造业	I14	纺织服装、鞋、帽制造业
I5	金属制品业	I15	有色金属冶炼及压延加工业
I6	塑料制品业	I16	黑色金属冶炼及压延加工业
I7	造纸及纸制品业	I17	石油加工、炼焦及核燃料加工业
I8	化学纤维制造业	I18	木材加工及木、竹、藤、棕、草制品业
I9	通用设备制造业	I19	通信、计算机及其他电子设备制造业
I10	专用设备制造业	I20	仪器仪表及文化、办公用机械制造业

资料来源：根据《2002 年国民经济行业分类注释》分类整理。

其中，TR_{jt}^i 表示产业 i 的产业转移量，正号表示转入，负号表示转出；TR_{jt} 为 j 地区制造业细分行业产业转移量之和；A_{jt}^i 表示 j 地区 i 产业的工业总产值，$\sum_j A_{jt}^i$ 为 i 产业的全国工业总产值。

（3）控制变量。参照现有文献做法，本章控制变量包括：①知识产权保护强度，以知识产权侵权结案率来反映各地对知识产权的保护强度。②产业结构，采用各地区服务业生产总值占地区 GDP 的比重来衡量。③人力资本水平，采用各地区劳动力平均受教育年限来表示。④市场化强度，本章以非国有经济固定资产投资比重刻画西部省区市市场化发展程度。

（4）门槛变量，基础设施建设。为了分析基础设施建设在经济发展中的作用，首先需要选定一套有关基础设施建设的基础数据。比如Aschauer（1989）对美国基础设施对经济增长效应的研究中利用了美国商务部经济分析署（BEA）所提供的一套完整的 1949～1985 年基础设施存量数据。然而，由于缺乏一套完整的中国基础设施资本存量数据，现有关于中国基础设施的研究往往采用一些代理指标，如"公路（铁路）里程、电话普及率"等实物指标，这或多或少存在一些不足。

金戈（2012）首次对中国及各地区的经济基础设施物质资本存量进行了仔细估算，在此基础上，金戈（2016）又测算了中国及各地区的社会基础设施物质资本存量，这些工作对基础设施的后续研究起到了重要的推动作用。但是，其在测算过程中也存在一些有待进一步完善的问题。①金戈将"地质勘察业"固定资产投资数据于 2002 年归入经济基础设施投资，而 2002 年之后又将其归入社会基础设施投资，这导致2002 年前后测算的数据不可比。②金戈假定不同年份、不同省区市基础设施具有相同的折旧率，这种假定可能过于牵强。胡李鹏（2016）在其研究中指出不同省区市在不同年份的折旧率可能会有差异，经济发展较快时基础设施使用更加频繁，折旧率可能会更高一些。③金戈依据世界银行发展报告《为发展提供基础设施》（世界银行，1994）的分类，将基础设施划分为经济基础设施和社会基础设施两大类，未包含环保基础设施。Thom（2013）研究表明，环保投资是反映国家或地区对环境保护重视程度的一项重要指标，环保投资也是提高区域环境质量的有效手段，而较好的环境质量又是吸引高端产业转移的重要前提。为了精确考察不同类型基础设施建设对产业转移技术溢出效应的影响差异，本章对金戈（2016）估算过程中出现的问题进行修正，重新测算了2000～2015年西部省区市经济基础设施资本存量和社会基础设施资本存量，同时估算了环保基础设施资本存量。最终，本章将全部基础设施划分为经济基础设施（EINF）、社会基础设施（SINF）和环保基础设施（GINF）三大类。

基于世界银行报告给出的分类，经济基础设施包括公共设施、公共工程以及其他交通部门；社会基础设施则主要含有教育和卫生保健设施。UN - HABITAT 曾强调社会基础设施通常包括文化娱乐、教育科技、社会福利和医疗卫生设施等。对于经济基础设施与社会基础设施的统计范围本研究借鉴金戈（2016）的做法进行划分，而对环保基础设施目前尚未形成统一的认识，且没有明确的规定来界定环保基础设施统计范围和口径。一般来说，环保投资主要包括工业污染源治理投资、建设项目"三同时"环保投资以及城市环境基础设施建设投资，但由于2004年以前的城市环境基础设施建设投资数据不可得，因此，本章用林业投资来替代。基于已有研究成果，结合现有统计数据的可得性，本章最终将经济基础设施投资、社会基础设施投资和环保基础设施投资的统计范围界定如表9-2所示。

表 9 - 2　基础设施分类

经济基础设施	社会基础设施	环保基础设施
电力、燃气及水的生产和供应	卫生、社会保障和福利	工业污染源治理投资
交通运输、仓储和邮政	教育	建设项目"三同时"环保投资
信息传输、计算机服务与软件	文化、体育和娱乐	林业投资
水利、地质勘查	科学研究和技术服务	
	公共管理和社会组织	

资料来源：笔者基于样本整理。

对于经济、社会和环保三类基础设施资本存量的测算，本章采用永续盘存法，计算公式：$K_{jt}^{m} = K_{jt-1}^{m}(1-\delta_{jt})+I_{jt}^{m}$，$m$ 代表三类基础设施，K 表示资本存量，I 为当年投资流量，δ 为折旧率，借鉴张健华（2016）的研究思路，设定西部各省区市不同时期的资本折旧率，如表 9-3 所示。同时，本章选择以 1998 年为基期，利用各省区市历年固定资产投资价格指数将当年投资价格转化为 1998 年价格，各省区市初始资本存量 K_{j1998}^{m} 使用 Reinsdorf（2005）的处理方法进行测算。

表 9-3　西部各省（区、市）分时期资本折旧率

单位：%

省区市	1998~2002 年	2003~2015 年	省区市	1998~2002 年	2003~2015 年
内蒙古	8.2	5.0	陕　西	5.7	4.9
广　西	5.4	5.7	甘　肃	4.3	6.3
重　庆	6.3	4.0	青　海	4.6	4.4
四　川	9.7	6.9	宁　夏	4.7	4.6
贵　州	4.7	5.3	新　疆	5.6	4.1
云　南	5.4	4.7			

4. 数据说明

考虑到数据的可比性和可得性，本章的样本期为 1999~2015 年，鉴于西藏地区数据缺失较为严重，研究时未纳入样本，西部地区共包括重庆、贵州、云南、陕西、甘肃、青海、宁夏、新疆、广西、四川和内蒙古等 11 个省区市。如无特殊说明，本章所使用的原始数据均来源于 CSMAR 数据库、中经网统计数据库、《中国工业统计年鉴》、《中国经济贸易年鉴》、《中国统计年鉴》、《中国科技统计年鉴》、《中国专利统计年报》、《中国人口统计年鉴》以及各省（区、市）历年统计年鉴。同时，对于经济基础设施、社会基础设施分行业投资，2000 年数据来源于《2001 年度中国固定资产投资报告》，2001 年和 2013 年数据来源于各省（区、市）统计年鉴以及中经网统计数据库，其余年份数据均

来源于《中国固定资产投资统计年鉴》；环保基础设施数据来源于历年《中国环境年鉴》和《中国林业统计年鉴》。由于统计标准的变更，"地质勘察业"在2003年前后归属并不一致，为此需将"科学研究、技术服务和地质勘察业"（2003～2015年）中的"地质勘察业"分离出来，同时从"水利、环境和公共设施管理业"中分离出"水利管理业"，二者数据相加得到"水利、管理业"的数据。调整的方法是，根据 CEIC 数据库和《中国固定资产投资统计年鉴》提供的"国民经济行业小类按构成分的城镇投资"（2003～2015年），可以计算得到城镇"地质勘察业"和城镇"水利管理业"投资占对应行业的投资比例，再用城镇投资率代表总投资率。

四　丝绸之路经济带建设下西部产业创新发展的实证结果分析

1. 基本回归分析

前文理论分析结果表明，区域产业转移的创新效应具有不确定性，如果区域产业转移的技术效应超过竞争效应，那么区域产业转移的创新效应为正；反之，为负。同时，基础设施建设会强化区域产业转移创新效应的促进作用。但是，这些研究观点是否成立，还需要进一步的实证检验。基于此，本小节将利用1999～2015年中国省级面板数据，对理论分析进行经验研究，以期为丝绸之路经济带建设下西部地区更好地实现产业创新发展提供事实依据。

在回归分析之前，本章首先对变量间的多重共线性问题进行检验。检验结果显示，变量间的相关系数的绝对值均小于0.5，方差膨胀因子中的最大值 $vif_{max} = \max\{vif_1, \ldots, vif_k\}$ 明显小于10。经验法则表明，本章所选变量不存在严重的多重共线性问题，所使用的估计方法不会产生严重的偏差。同时，考虑到计量分析中仅以样本自身效应为条件进行研究，因此，本章采用固定效应模型进行实证检验，表9-4模型1和模型 2 汇报了基于基准模型的实证回归结果。其中，模型 1 仅考察了区域产业转移的影响，模型 2 在模型 1 的基础上进一步加入各个控制变量。从模型 1 和模型 2 不难发现，虽然区域产业转移（TR）的系数估计值有所变化，但估计值的符号和显著性水平并未发生明显的变化。接下来，我们以模型 2 的结果为依据进行具体分析。模型 2 的结果显示，区域产业转移显著促进了西部地区的创新投入，表明区域产业转移的技术效应超过了竞争效应，同时也意味着丝绸之路经济带建设下，加快承接发达地区产业转移有助于西部地区创新发展。随着丝绸之路经济带建设的不断推进，科技创新提高社会生产力的战略支撑作用逐步增强，西部地区要通过承接产业转移，不断促进自身创新能力的提升，本章结论为此提供了事实依据。

表 9-4　区域产业转移对西部地区创新投入的基本回归结果

类别	模型 1	模型 2	模型 3
L. RD			0.721 ***
			(10.56)
L2. RD			0.228 ***
			(3.56)
TR	0.0257 **	0.0781 **	0.0110 *
	(2.15)	(2.29)	(1.66)
IPP		-0.0156	0.0005
		(-0.53)	(0.05)
HUM		0.942 ***	0.0384 **
		(3.75)	(2.27)
MAR		0.323 *	0.0009
		(1.85)	(0.01)
IND		1.317 ***	0.435 *
		(3.38)	(1.95)
C		-0.246	-0.115
		(-1.03)	(-1.52)
AR（1）			-2.78

类别	模型 1	模型 2	模型 3
[p 值]ᵃ			[0.005]
AR（2）			−0.95
[p 值]ᵇ			[0.344]
Hansen			4.73
[p 值]ᶜ			[1.000]
R²	0.168	0.299	
N	176	176	154

说明：*、**、***分别表示在 10%、5%、1%的水平下显著。圆括号内数据为 t 统计量，方括号内数值为概率值。a. 原假设为差分后的残差项不存在一阶序列相关；若存在一阶序列相关，系统 GMM 方法仍有效。b. 原假设为差分后的残差项不存在二阶序列相关；若存在二阶序列相关，则系统 GMM 方法无效。c. Hansen 检验原假设为过度识别约束是有效的。

资料来源：笔者利用 Stata14 软件估计而得。

对上述回归模型包含的控制变量，本章做以下简单解释。（1）关于知识产权保护强度：在样本期间，知识产权保护强度对西部地区创新投入的作用效果为负，但统计上不显著，这可能源于技术创新与知识产权保护的非线性关系。（2）关于人力资本水平：回归结果显示，人力资本的影响系数在 1%的水平上显著为正，说明地区人力资本水平的提升显著促进了西部地区的创新投入。（3）关于市场化发展：对区域创新投入的影响为正，这意味着市场化是推动西部地区创新能力提升的重要影响因素。（4）关于产业结构：回归结果表明，地区产业结构变迁对西部地区创新投入具有积极的正向促进作用。

通常情况下，静态面板分析会因遗漏变量或互为因果等而存在内生性的问题，同时，地区研发创新通常具有"前期依赖"的特征。为此，我们进一步采用动态面板模型来克服内生性问题和反映研发投入的"前期依赖"特征，相应的动态模型可表示为：

$$Y_{jt} = \alpha_0 + \alpha_1 Y_{jt-1} + \alpha_2 Y_{jt-2} + \alpha_3 X_{jt} + \beta Z_{jt} + \lambda_j + \varepsilon_{jt} \qquad 式（9-20）$$

接下来本章采用广义矩估计方法（GMM）对式（9-20）模型进行

回归分析。GMM方法包括两种类型：一阶差分GMM和系统GMM。相对于一阶差分GMM估计方法仅对差分方程进行估计，系统GMM方法同时对差分方程和水平方程进行估计，利用了更多的样本信息。而且，大部分情况下变量的滞后值并不是一阶差分方程的理想工具变量，因此本章选择系统GMM估计方法。系统GMM方法又可分为"一步法"和"两步法"，相对而言，"一步法"系统GMM更为有效（Bond，2002）。基于此，本章采用"一步法"系统GMM进行动态面板估计。表9-4模型3报告了系统GMM估计的结果，最后几行列出了动态模型系统GMM估计方法有效性的检验结果，不难看出：一是AR（1）统计量显著，而AR（2）统计量不显著，这表明回归模型的残差项并不存在序列相关的问题。二是Hansen工具变量过度识别检验表明，模型中工具变量的设定是有效的。

从表9-4模型3的估计结果来看，滞后一期和滞后两期的创新研发投入，均对当期创新投入存在正向影响，且至少在1%的统计水平上显著，这充分表明地区创新投入的确具有时间上的"前期依赖"特征，且"前期依赖"特征存在明显的"持续性"。进一步观察滞后一期和滞后两期的创新研发投入的估计系数，不难发现，滞后两期（$L2.RD$）的系数估计值明显小于滞后一期（$L.RD$）的系数估计值，这意味着地区创新投入的"滞后效应"呈现出了逐年衰退的态势。同时，将模型3中核心解释变量（TR）的回归结果与模型2的回归结果对比，我们发现，区域产业转移对创新投入的影响并没有发生实质性变化，即区域产业转移对西部地区创新投入产生了显著的促进作用。这表明，本章实证结果在考虑内生性问题之后，依然具有较好的稳健性，从而进一步支持并加强了本章的研究结论。

2. 门槛效应分析

《推动共建丝绸之路经济带与21世纪海上丝绸之路的愿景与行动》明确提出，基础设施互联互通是"一带一路"建设的优先领域和关键节点，因此，基础设施建设的重要性就显得更为突出。基于此，本部分选取基础设施作为消化吸收能力因素，通过构建门槛模型分析区域产业转移影响西部地区创新投入的非线性特征。具体地，我们分别以经济、社会和环保三类基础设施为门槛变量来考察区域产业转移对创新投入的门槛效应，表9-5列示了三类基础设施的门槛效应检验结果，由F统计量以及"自抽样法"（bootstrap）300次反复抽样的 P 值可以看出，三类基础设施门槛变量均存在单一门槛值且分别通过了1%、5%和1%的显著性水平检验，而双重门槛效应均未通过10%的统计检验。因此，三类基础设施对区域产业转移的创新溢出效应均存在单一门槛特征。

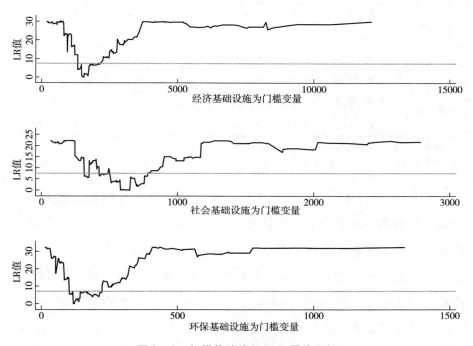

图9-1 门槛估计值和95%置信区间

资料来源：笔者利用 Stata14 软件估计数据绘制。

确定存在单一门槛效应之后，需要进一步估计门槛变量的门槛值，并对门槛估计值的真实性进行检验，表9-5报告了三类基础设施门槛变量的估计值，其对应的门槛估计值检验如图9-1所示，从图9-1中

可以看出：当经济、社会与环保基础设施的门槛估计值分别为
1528.18、650.39 和 117.20 时，对应的 LR 值均为 0，这比 5% 显著性水
平下的临界值 7.35 明显要小，因此我们可以认为门槛估计值与真实值
相等。在门槛值确定之后便可进行面板门槛模型的回归分析，表 9 - 6
模型 4、模型 5 与模型 6 分别列示了以经济、社会和环保三类基础设施
为门槛变量的参数估计结果。

表 9 - 5 三类基础设施门槛效应检验结果

门槛变量	模型	F 值	P 值	估计值	临界值		
					1%	5%	10%
经济基础设施	单一门槛	31.23 ***	0.0033	1528.18	25.2934	19.4855	15.6144
	双重门槛	5.26	0.5367		20.0607	16.9426	13.2230
社会基础设施	单一门槛	23.10 **	0.0433	650.39	26.3493	21.4019	18.2774
	双重门槛	6.27	0.4800		23.3808	16.5480	14.1564
环保基础设施	单一门槛	33.66 ***	0.0000	117.20	21.2818	15.4912	13.3255
	双重门槛	5.47	0.4200		20.8144	14.4567	12.4537

说明： * 、 ** 、 *** 分别表示在 10%、5%、1% 的水平下显著。

资料来源：笔者利用 Stata14 软件估计而得。

表 9 - 6 模型 4 门槛特征的回归结果显示，经济基础设施建设与产
业转移的创新溢出效应表现出显著的非线性关系。当一个地区经济基础
设施建设估计值低于或等于门槛值 1528.18 时，承接产业转移对该地区
创新投入的影响系数在 1% 水平上显著为负，跨越门槛值后，影响系数
由负数变为正数（0.299）且通过了 1% 水平的显著性检验。这表明随
着经济基础设施建设跨过门槛值 1528.18，区域产业转移对西部地区创
新投入的抑制效应转变为促进效应。从模型 5 的估计结果可以看出，社
会基础设施建设估计值未跨过门槛值 650.39 时，区域产业转移的系数
为 - 2.637，跨过门槛值后，区域产业转移对创新投入的影响系数增加
为 0.327，且在 1% 置信水平上显著，这意味着社会基础设施建设水平
较高时，区域产业转移的正向促进效应才能显现出来。同时，模型 6 显

示，随着环保基础设施建设估计值跨越 117.20 的门槛值，区域产业转移的系数显著为正（0.294），这表明环保基础设施建设水平的提高能够有效降低区域产业转移对西部地区创新投入的抑制效应。

综上所述，不管是从经济基础设施、社会基础设施的视角，还是从环保基础设施的视角，实证分析结果均说明区域产业转移只有在基础设施建设水平高的地区才能对创新投入表现出正向的促进作用，表明区域产业转移对西部地区创新投入的作用效果会受到产业承接地基础设施发展水平的限制；同时也意味着，在丝绸之路经济带建设下，推进基础设施建设有助于西部地区承接发达地区产业转移，进而促进地区产业与经济的创新发展。对此可能的解释是，首先，完善的基础设施为企业发展提供了良好的外部环境，有助于充分吸收、利用转移企业的技术溢出，从而增强区域产业转移技术溢出的模仿和学习效应，促进产业承接地技术创新投入的提升；其次，基础设施资本存量的增多，有助于扩展产品销售渠道、增加产品市场规模，吸引更多企业加入本土市场竞争。激烈的市场竞争会激励转移企业和本土企业通过技术创新获得成本优势和高额利润，进而增加企业研发资金的投入；最后，加强基础设施建设也为吸引高新技术产业转移创造了优越条件，承接高新技术产业有利于丝绸之路经济带建设下西部地区技术创新水平的整体提升。

表 9 - 6 面板门槛模型的参数估计结果

类别	模型 4	模型 5	模型 6
	经济基础设施	社会基础设施	环保基础设施
$TR(q \leqslant \gamma)$	-4.040***	-2.637***	-4.074***
	(-5.16)	(-4.26)	(-4.66)
$TR(q > \gamma)$	0.299***	0.327***	0.294***
	(4.40)	(4.70)	(4.26)
IPP	-0.0206	-0.0193	-0.0193
	(-0.79)	(-0.72)	(-0.73)
HUM	0.737***	0.837***	0.737***
	(2.89)	(3.20)	(2.85)

类别	模型 4	模型 5	模型 6
	经济基础设施	社会基础设施	环保基础设施
MAR	0.442 ***	0.415 ***	0.469 ***
	(2.79)	(2.57)	(2.90)
IND	1.249 ***	1.304 ***	1.218 ***
	(3.61)	(3.69)	(3.47)
C	− 0.205	− 0.258 *	− 0.208
	(− 1.39)	(− 1.70)	(− 1.39)
R^2	0.454	0.429	0.437
N	176	176	176

说明：* 、** 、*** 分别表示在 10%、5%、1% 的水平下显著，括号内数值为 t 统计量。
资料来源：笔者利用 Stata 14 软件估计而得。

进一步地，我们在表 9 - 7 中报告了 2000 年、2015 年西部 11 个省区市三类基础设施门槛值变化情况。从中可以看出，2000 年，西部 11 个省区市仅有四川省跨过了经济基础设施的门槛；到 2015 年，西部地区经济基础设施建设水平明显提高，只有新疆、青海 2 个省区未跨过门槛，这应该引起高度重视。社会基础设施建设方面，2000 年西部 11 个省区市社会基础设施建设水平全部低于门槛值，到 2015 年已有内蒙古、四川等 8 个省区市顺利越过门槛。对于环保基础设施建设，2000 年除广西、云南外其余省区市均未跨越门槛值，到 2015 年仅有 3 个省区市尚未跨越门槛值。截至 2015 年，超过 70% 的西部省区市的经济基础设施、社会基础设施和环保基础设施建设水平达到了可以促进产业转移、发挥正向效应的程度，基础设施建设取得了"跨越式"的发展。这表明，从产业转移创新溢出效应的视角来看，地方政府和官员对基础设施建设的热衷具有一定的合理性，同时也从实证的角度为丝绸之路经济带建设下，西部地区推进基础设施建设提供了经验证据。

表 9 - 7 2000 年、2015 年西部各省区市门槛通过情况

门槛变量	门槛区间	地区（2000 年）	地区（2015 年）
经济基础设施	$q > 1528.18$	四川	内蒙古、四川、陕西、重庆、广西、贵州、云南、宁夏、甘肃
社会基础设施	$q > 650.39$	—	内蒙古、四川、陕西、重庆、广西、云南、甘肃、新疆
环保基础设施	$q > 117.20$	广西、云南	内蒙古、四川、重庆、广西、贵州、云南、宁夏、青海

资料来源：笔者基于样本划分而得。

五 丝绸之路经济带建设下西部产业创新发展的路径阐释

本章在理论阐述区域产业转移对承接地创新投入影响的基础上，利用 1999～2015 年中国省际面板数据，通过构建多种实证计量模型，从基础设施建设视角，深入考察了区域产业转移对西部创新投入的影响及其门槛效应，进而为丝绸之路经济带建设背景下，如何实现西部地区创新发展提供政策建议。本章研究结论表明，区域产业转移显著促进了西部地区的创新投入，在考虑潜在内生性问题之后，该结论依然成立。进一步的门槛检验结果表明，经济、社会和环保等三类基础设施建设对区域产业转移促进创新溢出皆存在单一门槛效应。在三类基础设施资本存量的不同门槛值区间，区域产业转移对西部地区创新投入的影响程度与方向均有明显的差异，且只有跨越基础设施门槛值之后，区域产业转移对创新投入的正向促进效果才能显现出来。这说明基础设施的完善有助于充分吸收、利用转移企业的技术溢出，从而提升区域产业转移对产业承接地创新投入的促进作用。此外，西部各省区市基础设施建设水平存在一定的差异，截至 2015 年，西部尚有部分省区市基础设施资本存量仍未冲破门槛值的限制。

基于上述研究结论，本章对丝绸之路经济带建设下，西部地区实现

产业及经济的创新发展具有以下政策启示。

首先，西部地区要抓住丝绸之路经济带建设赋予的发展机遇，充分重视区域产业转移对地区研发创新的正向影响。为此，西部省区市应根据地区经济发展水平和产业发展需求，有针对性地积极承接发达地区的产业转移，积极引进智能装备制造、信息技术等资本密集型和技术密集型的产业，从而充分发挥产业转移的要素配置结构优化效应，并通过发达地区的转移产业来弥补自身生产技术的不足，为推动地区技术创新活动的开展提供支持，从而促进创新能力的不断提升。此外，在提高西部地区创新资源增量的同时，还要注意缓解西部地区内部对创新资源恶意竞争的现象，倡导西部地区依靠丝绸之路经济带建设，加强与共建国家或地区的企业开展多种形式的合作，进一步改善本地区知识型和技术型人才的工资、福利待遇，完善金融服务体系，拓宽创新活动中研发经费的融资渠道，扩大创新资源增量，以此化解地区内部创新活动相制约的现象。

其次，西部地区在承接区域产业转移的过程中，还应注重加强对技术学习、吸收能力的培养，发挥区域产业转移创新溢出效应。从基础设施建设的视角看，丝绸之路经济带沿线省区市要充分利用丝绸之路经济带建设所带来的重要契机，努力提高区域基础设施的数量和质量，适度降低其使用成本，加快东部发达地区产业向西部地区转移，推动西部地区创新发展。为此，一方面要加大经济基础设施建设的投资力度，改善道路交通设施、保障能源供给，构筑不同层级的交通运输网络，提升西部地区的"硬件"设施水平；另一方面，也要不断加强社会基础设施的建设，关注科教文卫等公共服务设施对转移产业创新溢出的影响，加大地区光纤和光缆铺设的力度、提高信息现代化水平，改善西部地区的"软件"环境。此外，西部地区还要不断增加环保投资，牢固树立"绿色发展"的新理念，环保基础设施建设是提高区域环境质量的有效手段，较好的环境质量又是吸引高新技术产业转移及促进本地区技术创新发展的重要前提。

最后，基础设施建设的发展也有助于落实中国政府提出的丝绸之路经济带的构想。随着丝绸之路经济带建设的不断深入，沿线省区市开始与共建丝绸之路经济带的众多国家和地区开展全方位的交流与合作。而大规模推进丝绸之路经济带上的基础设施建设，同样可以在国内省际层面起到促进要素流动、加速区域产业转移的作用，为西部地区的创新发展和经济繁荣做出巨大贡献。

参考文献

王红领、李稻葵、冯俊新：《FDI 与自主研发：基于行业数据的经验研究》，《经济研究》2006 年第 2 期。

Kose M. A. ，Does Openness to International Financial Flows Raise Productivity Growth？*Journal of International Money and Finance*，2009，28（4），pp. 554 – 580.

李政、杨思莹、何彬：《FDI 抑制还是提升了中国区域创新效率？——基于省际空间面板模型的分析》，《经济管理》2017 年第 4 期。

蒋殿春、夏良科：《外商直接投资对中国高技术产业技术创新作用的经验分析》，《世界经济》2005 年第 8 期。

Fan C. ，HuY. F. ，Foreign Direct Investment and Indigenous Technological Efforts：Evidence from China，Economics Letters，2007（96）.

黄传荣、邵雨韵：《FDI 的国际 R&D 溢出对长三角地区自主创新能力的影响》，《中国科技论坛》2017 年第 4 期。

靳卫东、王林杉、徐银良：《区域产业转移的定量测度与政策适用性研究》，《中国软科学》2016 年第 10 期。

蔡昉、王德文、曲玥：《中国产业升级的大国雁阵模型分析》，《经济研究》2009 年第 9 期。

胡安俊、孙久文：《中国制造业转移的机制、次序与空间模式》，《经济学》（季刊）2014 年第 4 期。

冯南平、杨善林：《产业转移对区域自主创新能力的影响分析——来自中国的经验证据》，《经济学动态》2012 年第 8 期。

关爱萍、李娜：《金融发展、区际产业转移与承接地技术进步——基于西部地区省际面板数据的经验证据》，《经济学家》2013 年第 9 期。

张海洋：《外国直接投资对我国工业自主创新能力的影响——兼论自主创新的决定因素》，《国际贸易问题》2008 年第 1 期。

Romer P. M. , Endogenous Technological Change, *Journal of Political Economy*, 1990.

Cohen W. M. , LevinthalD. A. , Innovation and Learning: The Two Faces of R&D, *Economic Journal*, 1989, 99 (3), pp. 569 – 596.

Lall S. , Building Industrial Competitiveness in Developing Countries. OCED Development Centre Studies, 1990.

张宇：《FDI 技术外溢的地区差异与吸收能力的门限特征——基于中国省际面板数据的门限回归分析》，《数量经济技术经济研究》2008 年第 1 期。

Baye M. R. , KovenockD. , VriesC. G. , Rigging the Lobbying Process: An Application of the All Pay Auction, *American Economic Review*, 1993, 83 (1), pp. 289 – 294.

Baye M. R. , Kovenock D. , Vries C. G. , The Al – l Pay Auction With Complete Information, *Economic Theory*, 1996 (8), pp. 291 – 305.

邢斐、张建华：《外商技术转移对我国自主研发的影响》，《经济研究》2009 年第 6 期。

CohenW. M. , Levin R. C. , Mowery D. C. , Firm Size and R&D Intensity: A Re – Examination, *The Journal of Industrial Economics*, 1987, 35 (4), pp. 543 – 563.

安同良、施浩、Alcorta：《中国制造业企业 R&D 行为模式的观测与实证——基于江苏省制造业企业问卷调查的实证分析》，《经济研究》2006 年第 2 期。

Balasubramanyam V. N. , TheMAI and Foreign Direct Investment in Developing Countries, Discussion Paper of Lancaster University, 1998, EC10/98.

何兴强、欧燕、史卫等：《FDI 技术溢出与中国吸收能力门槛研究》，《世界经济》2014 年第 10 期。

HansenB. E. , Threshold Effects in Non—dynamic Panels: Estimation, Testing, and Inference, Journal of Econometrics, 1999, 93 (2), pp. 345 – 386.

朱沆、Kushins、周影辉：《社会情感财富抑制了中国家族企业的创新投入吗?》，《管理世界》2016 年第 3 期。

Rosenthal R. , Strange W. , "Evidence on the Nature and Sources of Agglomeration Economics", in Henderson, J. V. and Thisse, J – F. (eds.), Handbook of Regional and Urban Economics. Amsterdam: North Holland, 2004.

Beaudry C., Schiffauerova A. Who's Right, Marshall or Jacobs? The Localization versus Urbanization Debate, Research Policy, 2009, 38 (2), pp. 318 – 337.

DijkJ., Pellenbarg P., Firm Relocation Decision in the Netherlands : An Ordered Logit Approach, Papers in Regional Science, 2000, 79 (2), pp. 191 – 219.

BrouwerA. E., Mariotti H., Ommeren J., The Firm Relocation Decision : An Empirical Investigation, Annals of Regional Science, 2004, 38 (2), pp. 335 – 347.

Arauzo M., Liviano D., Manjon M. Empirical Studies in Industrial Location : An Assessment of Their Methods and Results, *Journal of Regional Science*, 2010, 50 (3), pp. 685 – 711.

范剑勇：《长三角一体化、地区专业化与制造业空间转移》，《管理世界》2004 年第 11 期。

Xiaoli Zhao & Haitao Yin. Industrial Relocation and Energy Consumption : Evidence from China, Eenergy Policy, 2011, 39 (5), pp. 2944 – 2956.

Aschauer, David A., Is Public Expenditure Productive? *Journal of Monetary Economics*, 1989, 23 (2), pp. 177 – 200.

金戈：《中国基础设施资本存量估算》，《经济研究》2012 年第 4 期。

金戈：《中国基础设施与非基础设施资本存量及其产出弹性估算》，《经济研究》2016 年第 5 期。

胡李鹏、樊纲、徐建国：《中国基础设施存量的再测算》，《经济研究》2016 年第 8 期。

Thomas Broberg. Testing the Porter Hypothesis: the Effects of Environmental Investments on Efficiency in Swedish Industry, National Institute of Economic Research, 2013 (1), pp. 43 – 56.

张健华、王鹏、冯根福：《银行业结构与中国全要素生产率——基于商业银行分省数据和双向距离函数的再检验》，《经济研究》2016 年第 11 期。

Reinsdorf M., Cover M., Measurement of Capital Stocks, Consumption of Fixed Capital, and Capital Services: Report on a Presentation to the Central American and Group on National Accounts, 2005.

第十章
产业结构升级影响城市 TFP 的空间溢出
效应——丝绸之路经济带建设推动
西部产业转型升级的方向

【摘　要】　本章基于迪维西亚（Divisia）指数构建产业结构优化升级影响全要素生产率（TFP）的理论框架。运用中国 285 个地级及以上城市的面板数据，构造动态空间杜宾模型，检验产业结构优化升级对城市全要素生产率（TFP）的影响效应。研究表明，产业结构高度化对城市 TFP 存在显著的促进效应及空间外溢效应，而产业结构合理化对城市 TFP 具有明显的抑制效应。进一步异质性检验发现，产业结构高度化主要促进了东部和西部城市 TFP 的增长，对中部城市的作用效果并不显著；产业结构合理化抑制了中西部城市 TFP 的增长，但对东部城市 TFP 却产生促进作用。上述分析结果为丝绸之路经济带建设背景下，西部产业结构转型升级指明了方向。

【关键词】　产业结构　全要素生产率　空间杜宾模型

一　引言

党的十九大报告指出："必须坚持质量第一、效益优先，以供给侧结构性改革为主线，推动经济发展质量变革、效率变革、动力变革，提高全要素生产率。"由此可见，提高全要素生产率（TFP），开创质量型经济是中国经济持续健康发展的关键所在。在新古典模型 $Y = A \cdot K^{\alpha} \cdot L^{\beta}$ 中，产出（Y）由资本（K）、劳动（L）和 TFP（A）等因素决定，现阶段随着物质资源和低成本劳动力的减少（洪银兴，2017），单纯通过投资和劳动的投入已很难保证供给的有效增加，因此借助要素优化配置提高 TFP，以较少的资源、能源投入获得较高的产出，应当成为转变经济发展方式的核心要义。综上所述，从影响 TFP 的视角客观评估产业结构优化升级的经济增长效应，并从中探寻促进或抑制区域经济发展的具体方向，不仅有利于丰富国民经济产业间协调发展的研究，而且对丝绸之路经济带建设背景下，西部地区如何实现产业转型升级，以推动经济高质量发展具有重要启示意义。

然而，现有产业结构优化升级与经济增长关系的文献中，更多关注的是产业结构优化升级对经济增长数量（GDP）的影响（西蒙·库兹涅茨，1985；Peneder，2003；李子伦，2014；于斌斌，2015），鲜有直接反映产业结构优化升级与经济增长质量关系的研究。也就是说，目前研究多忽视了产业结构优化升级对 TFP 影响效应的系统探讨，而 TFP 的提升是实现中国经济持续增长的重要源泉（蔡昉，2013；杨汝岱，2015）。此外，鉴于 20 世纪"两个大局"发展战略①的统筹安排，中国经济发展道路采取东部与中西部非均衡发展的模式，张学良（2012）、Ying（2003）认为，在研究中国经济增长问题时应当考虑空间关联性的影响。Groenewold 等（2008）、李敬等（2014）的研究结论均表明中国经济增长具有明显的空间溢出效应。因此，利用空间计量分析方法引入空间地理因素，从空间相关性的角度来研究产业结构优化升级对城市 TFP 的影响效应将更加贴近中国经济发展的现实状况。

---

① "两个大局"发展战略：一个"大局"是中西部地区支持东部沿海地区优先发展；另一个"大局"是东部沿海地区发展起来以后帮助中西部地区发展。

　　基于此，本研究试图从以下几个方面研究：①基于迪维西亚（Divisia）指数推导出产业结构优化升级影响 TFP 的理论框架；②构建动态空间杜宾模型（SDM）以克服静态面板模型可能存在的内生性问题，选取 2005～2015 年全国 285 个地级及以上城市数据进行实证分析，相对于省级数据，较小的空间尺度扩大了样本容量，得到的研究结论更为可靠和稳健；③分三个地区（东部、中部和西部）考察产业结构优化升级对 TFP 的影响区域差异，为丝绸之路经济带建设背景下西部地区产业结构转型升级指明方向。

二　理论模型分析

　　从动态演化的角度来看，产业结构优化升级会通过合理化和高度化对经济增长产生直接影响（Chenery 等，1986；周振华，1992；干春晖等，2011）。基于已有研究成果，本章对产业结构优化升级影响 TFP 的分析也将从合理化（TL）和高度化（TS）两个维度展开。受产业结构优化升级影响的生产函数可表示为：

$$Y_t = F\ (X_t,\ H_t,\ t) \qquad\qquad 式（10 - 1）$$

　　式（10 - 1）中，Y_t 是 t 时刻的实际产出；要素投入向量 $X_t = (X_{kt}, X_{lt})$，X_{kt} 与 X_{lt} 为资本和劳动力要素的投入量；$H_t = (TL_t, TS_t)$ 为产业结构优化升级向量。

　　TFP 通常被解释为总产出中不能由要素投入解释的"剩余"，根据迪维西亚指数定义可得：

$$\frac{\dot{TFP_t}}{TFP_t} = \frac{\dot{Y_t}}{Y_t} - \sum_{r=k,\ 1} S_{rt} \cdot \frac{\dot{X_{rt}}}{X_{rt}} \qquad\qquad 式（10 - 2）$$

　　式（10 - 2）中，TFP 的变化 $\dot{TFP_t} = \dfrac{\partial TFP}{\partial t}$，符号 · 的定义为关于 t 求导，下同。S_{rt}（$r = k, l$）表示 t 时刻要素 j 在要素总成本中的份额。

根据成本方程恒等式，生产成本 C_t 与投入量 X_{rt}（$r = k$，l）之间的关系，可表示为：

$$C_t = W_{kt} X_{kt} + W_{lt} X_{lt} \qquad \text{式（10-3）}$$

其中，$W_t = (W_{kt}, W_{lt})$ 为要素价格向量，W_{kt}, W_{lt} 分别表示资本和劳动力的要素价格。

对式（10-3）左右两端关于时间 t 进行全微分，则得：

$$\dot{C}_t = \dot{W}_{kt} X_{kt} + \dot{W}_{lt} X_{lt} + W_{kt} \dot{X}_{kt} + W_{lt} \dot{X}_{lt} \qquad \text{式（10-4）}$$

式（10-4）左右两端同除以生产成本 C_t，则有：

$$\sum_{r=k, l} S_{rt} \cdot \frac{\dot{X}_{rt}}{X_{rt}} = \frac{\dot{C}_t}{C_t} - \sum_{r=k, l} S_{rt} \cdot \frac{\dot{W}_{rt}}{W_{rt}} \qquad \text{式（10-5）}$$

在式（10-1）的基础之上，成本函数可定义为以下形式：

$$C_t = C(W_t, Y_t, t) \qquad \text{式（10-6）}$$

在一定生产目标约束下，追求要素投入成本最小化的问题可表示为：

$$\begin{cases} \min C = \min C(W_t, Y_t, t) \\ s.t. \quad F(X_t, H_t, t) \geqslant Y_t \end{cases} \qquad \text{式（10-7）}$$

对式（10-6）按照式（10-3）处理方法，在满足式（10-7）成本最小化的基础上，利用包络定理和谢波德引理（杰弗里·A. 杰里等，2012），可得：

$$\frac{\dot{C}_t}{C_t} = \frac{X_{kt} W_{kt}}{C_t} \cdot \frac{\dot{W}_{kt}}{W_{kt}} + \frac{X_{lt} W_{lt}}{C_t} \cdot \frac{\dot{W}_{lt}}{W_{lt}} + \frac{\partial C}{\partial X_{kt}} \cdot \frac{X_{kt}}{C_t} \cdot \frac{\dot{X}_{kt}}{X_{kt}} + \frac{\partial C}{\partial X_{lt}} \cdot \frac{X_{lt}}{C_t} \cdot \frac{\dot{X}_{lt}}{X_{lt}} +$$

$$\frac{\partial C}{\partial Y_t} \cdot \frac{Y_t}{C_t} \cdot \frac{\dot{Y}_t}{Y_t} + \frac{\partial C}{\partial TL_t} \cdot \frac{TL_t}{C_t} \cdot \frac{\dot{TL}_t}{TL_t} + \frac{\partial C}{\partial TS_t} \cdot \frac{TS_t}{C_t} \cdot \frac{\dot{TS}_t}{TS_t} + \frac{1}{C} \cdot \frac{\partial C}{\partial t}$$

$$= \sum_{r=k, l} S_{rt} \cdot \frac{\dot{W}_{rt}}{W_{rt}} - E_{kt} \cdot \frac{\dot{X}_{kt}}{X} - E_{lt} \cdot \frac{\dot{X}_{lt}}{X_{lt}} - E_{yt} \frac{\dot{Y}}{Y} - E_{tlt} \cdot \frac{\dot{TL}_t}{TL_t} - E_{tst} \cdot \frac{\dot{TS}_t}{TS_t} - \frac{\dot{TC}}{TC} \qquad \text{式（10-8）}$$

其中，$E_{kt} = -\dfrac{\partial C}{\partial X_{kt}} \cdot \dfrac{X_{kt}}{C_t}$（$E_{lt} = -\dfrac{\partial C}{\partial X_{lt}} \cdot \dfrac{X_{lt}}{C_t}$）表示成本对于资本（劳动力）的弹性，反映成本相对变化对资本（劳动力）投入相对变化的比率；$E_{yt} = -\dfrac{\partial C}{\partial Y_t} \cdot \dfrac{Y_t}{C_t}$ 表示成本对于产出的弹性；$E_{tlt} = -\dfrac{\partial C}{\partial TL_t} \cdot \dfrac{TL_t}{C_t}$ 与 $E_{tst} = -\dfrac{\partial C}{\partial TS_t} \cdot \dfrac{TS_t}{C_t}$ 分别表示成本对于产业结构合理化和高度化的弹性；$\dfrac{\dot{TC}}{TC} = -\dfrac{1}{C} \cdot \dfrac{\partial C}{\partial t}$ 表示成本随时间 t 的变化率，反映了技术进步对成本函数的影响。

综合式（10 - 2）、式（10 - 5）、式（10 - 8），可得：

$$\frac{\dot{TFP_t}}{TFP_t} = (1 + E_{yt}) \frac{\dot{Y}}{Y} + E_{kt} \cdot \frac{\dot{X_{kt}}}{X_{kt}} + E_{lt} \cdot \frac{\dot{X_{lt}}}{X_{lt}} + E_{tlt} \cdot \frac{\dot{TL_t}}{TL_t} + E_{tst} \cdot \frac{\dot{TS_t}}{TS_t} + \frac{\dot{TC}}{TC} \qquad 式（10 - 9）$$

式（10 - 9）表明了产业结构合理化和高度化对 TFP 的影响，也即说明产业结构优化升级与 TFP 之间存在较为紧密的联系。

三 空间计量模型设定、空间权重矩阵选取、变量说明和数据来源

1. 空间计量模型的设定

由于传统计量经济学忽视了空间地理因素的存在，因而较少关注区域之间的空间相关性。Rey 和 Montouri 认为区域经济问题的分析中，忽略空间地理因素的模型设定可能导致难以获得精准的研究结果（Rey，1999）。空间计量方法改变了传统计量数据均质性与无关联的假定（李婧，2010），通过增加截面单元的位置信息（或相互距离），充分考虑经济数据的空间相关性特征，从而一定程度上避免了实证分析中非一致性参数估计结果的产生（韩峰和谢锐，2017）。目前，一般的静态空间面板计量模型可设定为：

$$y_{it} = \alpha + \rho \sum_{j=1}^{N} W_{ij} y_{jt} + x_{it}\beta + \delta \sum_{j=1}^{N} W_{ij} x_{jt} + \mu_i + \upsilon_t + \varepsilon_{it}, \quad \varepsilon_{it} = \lambda \sum_{j=1}^{N} W_{ij}\varepsilon_{jt} + \pi_{it}$$

式（10-10）

其中，y_{it} 为被解释变量，x_{it} 为解释变量；W_{ij} 表示空间权重矩阵 W 中的元素，$\sum_{j=1}^{N} W_{ij} y_{jt}$、$\sum_{j=1}^{N} W_{ij} x_{jt}$ 分别表示 y_{it} 与 x_{it} 的空间滞后因子，它们用来反映样本数据中已有的空间依赖性；υ_t 与 μ_i 分别表示时间效应和地区效应；ε_{it} 为随机扰动项，λ 为空间误差系数。对式（10-10）设定不同的交互效应模式，可对应三种不同类型的空间计量模型（侯新烁等，2013；Elhors，2003）：①如果 $\lambda = 0$，则为空间杜宾模型（SDM），又称面板空间交互模型；②如果 $\lambda = 0$ 且 $\delta = 0$，则为空间自回归模型（SAR）；③如果 $\rho = 0$ 且 $\delta = 0$，则为空间误差模型（SEM）。

上述三类模型之间存在着紧密的联系，当 $\delta = 0$ 时，SDM 模型可转化为 SAR 模型，而当 $\delta + \rho\beta = 0$ 时，SDM 模型又可转化为 SEM 模型。LeSage and Pace（2009）认为 SDM 模型很好地整合了 SAR 模型和 SEM 模型的特点；Elhorst（2010）的研究结论同样证实了 SDM 模型相比于其他模型更能得到无偏的参数估计结果。此外，本章实证部分通过 Wald 和似然比（LR）两种检验方法，来判断 SDM 模型是否可以转化为另外两类空间计量模型，结果表明两种检验均拒绝了 $\delta = 0$ 和 $\delta + \rho\beta = 0$ 的原假设。基于此，本章采用空间杜宾模型（SDM）实证检验产业结构优化升级对城市 TFP 的影响，计量模型设定如下：

$$\ln TFP_{it} = \alpha + \rho \sum_{j=1}^{N} W_{ij}\ln TFP_{jt} + \beta_1 \ln TL_{it} + \beta_2 \ln TS_{it} + \delta_1 \sum_{j=1}^{N} W_{ij} \ln TL_{jt}$$

$$+ \delta_2 \sum_{j=1}^{N} W_{ij} \ln TS_{jt} + \eta Q_{it} + \mu_i + \upsilon_t + \varepsilon_{it} \qquad \text{式（10-11）}$$

式（10-11）中 Q 为控制变量所组成的集合，其余变量同上文分析。

另外，鉴于静态空间面板模型分析过程中，通常会面临因遗漏变量或互为因果等导致的内生性问题。动态空间面板模型将被解释变量的滞后项作为解释变量加入回归方程，不仅较好地解决了内生性问题，而且有效地刻画了 TFP 增长的动态效应和空间溢出效应。因此，笔者最终构造动态 SDM 模型：

$$\ln TFP_{it} = \alpha + \gamma \ln TFP_{it-1} + \rho \sum_{j=1}^{N} W_{ij} \ln TFP_{jt} + \beta_1 \ln TL_{it} + \beta_2 \ln TS_{it}$$

$$+ \delta_1 \sum_{j=1}^{N} W_{ij} \ln TL_{jt} + \delta_2 \sum_{j=1}^{N} W_{ij} \ln TS_{jt} + \eta Q_{it} + \mu_i + \upsilon_t + \varepsilon_{it} \qquad 式（10-12）$$

2. 空间权重矩阵 W 的选取

依据空间依赖关系的不同，主要有两类空间权重矩阵的设定方式：一类是"邻近性"空间依赖关系定义下的空间权重矩阵 W；另一类是"距离性"空间依赖关系定义下的空间权重矩阵 W。从"距离"变量属性来看，又可分为几何距离空间权重矩阵和经济距离空间权重矩阵。由于邻近式空间权重矩阵的选取过于简单，而区域间的溢出效应又不仅仅是空间距离的近似函数，某地区市场的供给或需求变动常会波及另一个具有相似经济结构的地区，对于空间权重矩阵的选取还需要考虑区域间单位经济发展规模的交互影响，因此，本章选取经济距离的空间权重矩阵，研究产业结构优化升级对城市 TFP 的影响，矩阵的权重由各城市人均 GDP 和城市之间相互距离共同确定，参照 Fingleton and Gallo（2008）的做法，对权重矩阵的元素值 W_{ij} 设定如下：

$$W_{ij} = \begin{cases} \dfrac{W_{ij}^*}{\sum_j W_{ij}^*} \; ; \; W_{ij}^* = \dfrac{\bar{g}_i \bar{g}_j}{\exp(d_{ij})} \quad , \; i \neq j \\ 0, \; i = j \end{cases} \qquad 式（10-13）$$

其中，d_{ij} 表示观察期内 i、j 两城市间的地理距离，根据国家地理基础信息中心网站提供的各城市经纬度数据可求得 d_{ij}。$\bar{g}_i$、$\bar{g}_j$ 分别表示两城市的人均 GDP。

3. 变量说明

（1）被解释变量：全要素生产率（TFP）。目前，对于 TFP 的测度和分解方法使用较为广泛的是生产前沿面法，依据生产前沿面构造的不同，该方法又可分为确定性生产前沿模型法（DEA）和随机前沿生产函数法（SFA）。相对于 SFA 方法，DEA 方法具有允许无效率行为存在、仅通过使用线性规划的方法而无须通过具体函数形式的假定即能得到生产前沿面、不需要投入要素的价格信息、能对 TFP 变动的因素进行分解等诸多优点（Fare 等，1994；Estache，2004）。鉴于此，本章采用 DEA 的 Malmquist 生产率指数来对中国城市 TFP 进行测算，Malmquist 生产率指数可定义为如下形式：

$$M\left(X^t,\ Y^t,\ X^{t+1},\ Y^{t+1}\right) = \left[\frac{D_C^t(X^{t+1},Y^{t+1})}{D_C^t(X^t,Y^t)} \cdot \frac{D_C^{t+1}(X^{t+1},Y^{t+1})}{D_C^{t+1}(X^t,Y^t)}\right]^{1/2}$$

式（10 - 14）

式中 $D_C^t(X^t,Y^t) = inf\left\{\theta \big| (X^t,Y^t/\theta) \in S^t\right\} = \left(sup\left\{z \big| (X^t,zY^t) \in S^t\right\}\right)^{-1}$，表示 t 期生产可能集 S^t 的产出距离函数。在 TFP 的测算中，输出变量为城市实际 GDP，以 2005 年为基期。投入变量包括劳动投入和资本存量，其中劳动投入表示各城市的从业人员数，资本存量具体处理方式依据单豪杰（2008）等人的做法。

（2）核心解释变量：①产业结构合理化（TL）。产业结构合理化是指经济运行中各产业之间的聚合质量及资源配置效率，反映了产业之间协调发展的程度。现有研究通常以要素投入产出结构耦合程度来说明产业结构合理化程度。本章借鉴干春晖等人（2011）的做法，将产业结构合理化的度量指标定义如下：

$$TL = \sum_{i=1}^{n}\left(\frac{Y_i}{Y}\right)\ln\left(\frac{Y_i}{L_i}\bigg/\frac{Y}{L}\right) \qquad 式（10 - 15）$$

其中，Y、L、i、n 分别表示产出、从业人员、产业部门类型、产业部门总数。$TL=0$ 时，经济体系保持均衡状态，TL 数值越大经济运行偏离均衡状态的程度越严重，产业结构也就越不合理。

②产业结构高度化（TS）。产业结构高度化是产业结构由低端向高端逐渐升级的动态过程，以往研究常基于克拉克定律，使用非农产业比重来测算产业结构高度化水平，然而，随着全球"经济服务化"趋势的发展，这种度量方式已不能很好地反映经济结构高度化的演化过程。鉴于信息化下服务业的快速发展是产业结构高度化的一种重要表现形式，因此本章将产业结构高度化指标定义为：$TS=$第三产业产值/第二产业产值。若 TS 值逐渐变大，则表示"经济服务化"的趋势在加剧，这种变化推动了产业结构的高度化。

（3）控制变量。①外商直接投资水平（FDI）。FDI 不仅可以直接提高城市的资本存量，而且可以通过示范效应和学习效应等途径促使国际技术的外溢，进而影响城市 TFP（魏下海，2010）。本章采用各城市当年实际利用外资总额除以固定资产投资总额来刻画 FDI。

②人力资本水平（HUM）。内生增长理论认为，人力资本水平的不同是导致地区 TFP 变化趋势差异的关键因素（Romer，1990）。本章以各城市在校学生总人数与总人口数之比来度量人力资本水平，其中在校学生统计范围为小学、中学以及普通高等学校在校学生。

③基础设施水平（INF）。城市基础设施的建设和发展能够很大程度地降低运输成本和交易费用，促进各种要素的交换和流动，提高社会的经济效率（刘秉镰等，2010）。本章选取各城市道路面积与行政区域总面积之比来反映城市基础设施的规模。

4. 数据来源和基本统计量信息

鉴于近年来中国城市行政区域划分发生多次变化，考虑到数据的可得性和可比性，本章样本统计范围为 2005~2015 年中国 285 个城市的面板数据。数据来源于历年各省区市统计年鉴、《中国统计年鉴》、《中国城市统计年鉴》以及中国经济与社会发展统计数据库。对个别城市的缺失数据采用插值法进行补充。表 10 – 1 给出了各主要变量的基本统计量信息。

表 10 – 1　主要变量的统计性描述

变量名称	平均值	中位数	标准差	最小值	最大值	观察值
TFP	0.9874	0.9890	0.0561	0.5920	1.2860	2850
TL	0.2736	0.2319	0.2138	0.0001	1.7205	2850
TS	0.7901	0.7178	0.3956	0.0943	3.7575	2850
FDI	0.0347	0.0216	0.0380	0.0001	0.2698	2850
HUM	0.1473	0.1398	0.0456	0.0551	0.5443	2850
INF	0.2037	0.0745	0.4640	0.0009	6.4501	2850

四　丝绸之路经济带建设下西部产业转型升级的经验分析

前文理论分析表明,产业结构优化升级对全要素生产率（TFP）增长具有重要影响。那么,产业结构优化升级对中国城市全要素生产率（TFP）的增长到底起到了何种作用? 尤其是在丝绸之路经济带建设的重要战略机遇期,西部地区应该如何调整地区产业结构,以更好地促进区域经济高质量发展? 这些问题需要我们进一步地回答。基于此,本小节运用中国地级及以上城市的面板数据,实证检验产业结构优化升级对TFP 的实际效应,以期为丝绸之路经济带建设背景下,西部产业结构转型升级指明方向。

1. 空间自相关的检验分析

存在空间相关性（空间依赖性）是使用空间计量方法分析问题的前提条件,实际研究中,一般使用 Moran's I 指数来检验区域经济数据的空间相关性。本章首先运用全域 Moran's I 指数检验中国城市 TFP 的空间自相关性,计算公式如下:

$$I = \frac{\sum_{i=1}^{N}\sum_{j=1}^{N}W_{ij}(y_i - \bar{y})(y_j - \bar{y})}{S^2\sum_{i=1}^{N}\sum_{j=1}^{N}W_{ij}} \qquad \text{式（10 - 16）}$$

式（10 - 16）中，W_{ij} 为空间权重矩阵的元素，y_i 为城市 i 的 TFP，$\bar{y}$ 为城市 TFP 的均值，S^2 为城市 TFP 的方差。莫兰指数 $I \in (-1,1)$，如果 $I > 0$，则说明中国城市 TFP 具有正自相关性，即城市 TFP 的低值与低值聚集、高值与高值聚集；如果 $I < 0$，则意味着负自相关性的存在，即城市 TFP 的低值与高值聚集。

表 10 - 2　2006 ~ 2015 年中国城市 TFP 的全域 Moran's I 检验结果

年份	2006	2007	2008	2009	2010
Moran's I	0. 140 ***	0. 153 ***	0. 118 ***	0. 196 ***	0. 208 ***
Z 统计量	5. 744	6. 245	4. 865	7. 938	8. 429
年份	2011	2012	2013	2014	2015
Moran's I	0. 114 ***	0. 062 ***	0. 111 ***	0. 115 ***	0. 161 ***
Z 统计量	4. 682	2. 663	4. 551	4. 704	6. 537

说明：*、** 、*** 分别表示显著性概率为 $P \leqslant 0.1$、$P \leqslant 0.05$、$P \leqslant 0.01$。

表 10 - 2 列示了 2006 ~ 2015 年中国城市 TFP 的全域 Moran's I，结果显示 2006 ~ 2015 年中国城市 TFP 的全域 Moran's I 数值均大于 0，且在 1% 的水平上显著，这表明，中国城市 TFP 具有非常显著的空间正自相关性。由于全域 Moran's I 指数只能体现观测变量的全局空间相关性，并不能反映局部范围内相邻城市的空间特征，为了进一步分析地理位置的局部空间关联性，本章引入局部 Moran's I 指数，它可以反映局部地区高（低）值的空间集聚情况，其定义如下：

$$I_i = \frac{(y_i - \bar{y})}{S^2}\sum_{j=1}^{N}W_{ij}(y_j - \bar{y}) \qquad \text{式（10 - 17）}$$

式（10 - 17）中，I_i 表示城市 i 附近的空间集聚情况。若 I_i 大于 0，则表示城市 i 的高（低）值被高（低）值包围，即具有相似空间自相关性；若 I_i 小于 0，则表示城市 i 的高（低）值被低（高）值包围，即具有不同空间自相关性。

图 10 - 1 反映 2006 ~ 2015 年中国城市 TFP 的局部 Moran's I 大于 0 和小于 0 的城市个数随时间变化的情况。2006 ~ 2015 年中国城市 TFP 具有相似空间自相关性的城市比例保持在 60% 左右，具有不同空间自相关性的城市比例在 40% 左右。这表明，我国城市 TFP 地理空间上的依赖性特征还是相当显著的。综上所述，在分析产业结构优化升级对城市 TFP 的影响时，有必要采用空间计量方法引入空间地理因素进行实证分析。

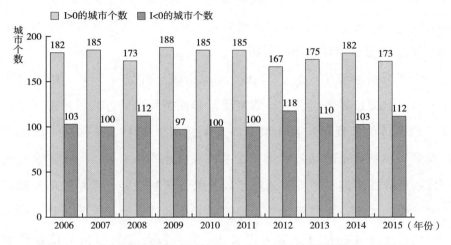

图 10 - 1　中国城市 TFP 的局部 Moran's I 指数统计（2006 ~ 2015 年）

2. 全国层面的实证结果分析

对于空间面板模型估计方法的选取问题，Anselin（1988）建议运用极大似然估计法（ML）进行参数估计，该方法不仅可以有效克服传统 OLS 方法中存在的内生性问题，而且可以很好地反映城市间 TFP 的空间溢出效应，鉴于此，本章采用 ML 方法对模型进行估计。此外，对于空间计量模型的选择问题，本章通过 Wald 和似然比（LR）两种检验方法，来判断 SDM 模型是否可以转化为 SEM 模型或 SAR 模型，检验结果见表 10 - 3。

表 10 - 3　　Wald 检验和似然比（LR）检验结果

检验统计量	Wald 检验	LR 检验
原假设 $H_0: \delta = 0$	73.17 （0.000）	72.91 （0.000）
原假设 $H_0: \delta + \rho\beta = 0$	35.47 （0.000）	35.62 （0.000）

说明：括号内的数值表示检验统计量的 P 值。

表 10 - 3 的检验结果显示，两种检验均拒绝了 $\delta = 0$ 和 $\delta + \rho\beta = 0$ 的原假设，这说明本章空间面板模型适宜采用 SDM 模型。同时，Hausman 检验也拒绝了随机效应的原假设。因此，本章选择具有固定效应的 SDM 模型进行空间计量回归分析。

实证分析过程中，为了验证产业结构优化升级对 TFP 影响的稳定性，本章将通过逐步引入核心解释变量和控制变量的方式，来考察动态 SDM 模型待估系数和显著性水平的变动情况。表 10 - 4 列示了核心解释变量和控制变量的回归结果，除基础设施水平（INF）外，其余变量的待估系数在不同模型下均通过了较强的显著性检验，且系数值和显著性水平变动较小，这表明动态面板模型的空间计量回归结果是稳定的。

从表 10 - 4 的估计结果可以看出，$L. \ln TFP$ 的系数估计值在所有模型中均显著为正，这表明前期 TFP 的增长能够促进当期 TFP 的提升，TFP 的变动具有连续性和动态性的特征。模型 1 ~ 7 中空间滞后项系数 ρ 均在 1% 水平上显著为正，这表明其他城市 TFP 的提升对本地区 TFP 的增长具有正向推动作用，城市 TFP 的变动具有空间外溢效应。此外，对比动态空间面板模型 6 与静态空间面板模型 7 的空间滞后项系数 ρ，我们发现模型 7 的系数估计值较大，这表明未考虑连续性与动态性特征的静态模型高估了城市 TFP 的空间外溢效应。由此可见，利用动态空间计量模型同时考虑城市 TFP 的动态效应和空间溢出效应非常必要。

表 10 - 4　全国层面的经济距离空间权重矩阵 SDM 模型估计结果

类别	模型 1	模型 2	模型 3	模型 4	模型 5	模型 6	模型 7
$L.\ln TFP$	0.194 *** (14.09)	0.184 *** (13.45)	0.183 *** (13.23)	0.173 *** (12.46)	0.162 *** (11.64)	0.162 *** (11.59)	
$\ln TL$	0.00321 * (1.77)		0.00463 ** (2.55)	0.0049 *** (2.68)	0.00458 ** (2.54)	0.0048 *** (2.63)	0.0046 *** (2.60)
$\ln TS$		0.0274 *** (4.72)	0.0295 *** (5.03)	0.0303 *** (5.19)	0.0246 *** (4.17)	0.0248 *** (4.20)	0.0291 *** (5.38)
FDI				0.272 *** (6.07)	0.275 *** (6.14)	0.268 *** (5.89)	0.287 *** (7.43)
HUM					0.351 *** (5.99)	0.357 *** (6.03)	0.439 *** (8.92)
INF						- 0.00640 (- 0.72)	- 0.0101 (- 1.37)
$W\ln TL$	- 0.00201 (- 0.62)		- 0.00380 (- 1.18)	- 0.000606 (- 0.19)	0.00488 (1.45)	0.00521 (1.54)	0.000568 (0.17)
$W\ln TS$		- 0.058 *** (- 6.31)	- 0.060 *** (- 6.53)	- 0.057 *** (- 6.19)	- 0.054 *** (- 5.85)	- 0.053 *** (- 5.79)	- 0.059 *** (- 6.89)
ρ	0.756 *** (41.37)	0.731 *** (39.42)	0.730 *** (38.80)	0.702 *** (36.39)	0.655 *** (31.47)	0.653 *** (31.05)	0.697 *** (38.73)
Sigma²	0.0012 *** (39.56)	0.0012 *** (39.55)	0.0012 *** (39.53)	0.0012 *** (39.53)	0.0012 *** (39.52)	0.0012 *** (39.52)	0.0012 *** (37.31)
R²	0.206	0.244	0.245	0.295	0.342	0.343	0.388
LogL	5028.0103	5049.4552	5052.9402	5073.1187	5092.6350	5092.9509	5092.9509
N	2565	2565	2565	2565	2565	2565	2850

说明：＊、＊＊、＊＊＊ 分别表示显著性概率为 $P \leqslant 0.1$、$P \leqslant 0.05$、$P \leqslant 0.01$；括号数值为 T 统计量。下表同。

资料来源：基于 stata14 软件估计。

　　观察模型 6 的回归结果可以发现，产业结构合理化指标、产业结构高度化指标均与城市 TFP 正相关，并且都通过了 1% 的显著性水平检验；然而，二者对 TFP 的作用机制截然相反。这是因为合理化（TL）是逆指标，TL 数值越大合理化水平越低，而高度化（TS）是正指标，其值越大高度化水平越高。回归结果表明，现阶段产业结构合理化水平对城市 TFP 产生了抑制作用，产业结构高度化水平对城市 TFP 具有促进效果。对此，可能的原因在于：一方面，产业结构合理化反映了经济运行中产业之间的聚合质量和资源利用效率，现阶段我国传统产业比重偏大，新兴产业比重偏小，产业结构存在失衡的问题，这些现象阻碍了技术的创新和资源的有效利用；另一方面，产业结构高度化强调的则是"经济服务化"的发展趋势。近年来，我国产业结构已经出现较为明显的高度化态势，国家统计局的数据显示，2016 年服务业增加值占 GDP 的比重为 51.6%，明显高于第二产业，第二产业向第三产业调整过程中带来的"结构性红利"以及生产性服务业的快速发展，都将促进资源的有效配置、知识和技术溢出效应。产业结构合理化的空间滞后项的影响为负，但统计上并不显著，这表明产业结构合理化的外溢效应具有空间局限性。产业结构高度化的空间滞后项的影响为负且在 1% 水平上显著，一种可能的解释是，区域间竞争关系的存在使得一地区产业结构高度化对其他城市 TFP 的增长产生了挤占效应。

控制变量的回归结果显示，外商直接投资（*FDI*）和人力资本（*HUM*）对城市 TFP 的影响均在 1% 的水平上显著为正，这表明深化供给侧结构性改革过程中进一步提升二者空间范围内的发展水平有利于 TFP 的持续增长。基础设施水平（*INF*）对城市 TFP 的影响表现出了负向的作用，且未通过显著性水平检验，这可能与当前城市间的道路收费问题有关，一定程度上抑制了道路建设对 TFP 增长的外溢效应。

3. 分区域的实证结果分析

由于中国区域经济非均衡发展战略的长期存在，中西部地区与东部地区经济发展状况存在较大的差异，三大区域已形成明显的产业发展梯度（柯善咨和赵曜，2014）。付宏等（2013）研究表明，中国各地区的产业结构层次系数存在明显落差，产业发展处于严重的非均衡状态。基于此，本章试图对东、中、西部地区①的城市样本分别进行空间计量回

---

① 东、中、西部城市依据中国统计局网站标准划分。

归分析，以期取得更有针对性的研究结论，从而为丝绸之路经济带下西部地区更好实现产业转型升级指明方向。表 10 - 5 显示了东、中、西部地区空间 SDM 模型的实证结果。

表 10 - 5　东、中、西部地区的经济距离空间权重矩阵 SDM 模型估计结果

地区	东部地区		中部地区		西部地区	
类别	模型 8	模型 9	模型 10	模型 11	模型 12	模型 13
L. lnTFP		0.137 ***		0.113 ***		0.215 ***
		(5.94)		(5.12)		(7.80)
lnTL	- 0.00141	- 0.00311	0.0067 ***	0.00681 ***	0.00455	0.00520
	(- 0.46)	(- 0.96)	(2.88)	(2.78)	(1.04)	(1.22)
lnTS	0.0216 **	0.0325 ***	0.0122	0.0142	0.0363 ***	0.0244 **
	(2.37)	(3.17)	(1.23)	(1.30)	(3.46)	(2.21)
FDI	- 0.00868	- 0.00765	- 0.0149	- 0.0102	- 0.156 ***	- 0.0782
	(- 1.27)	(- 0.88)	(- 0.51)	(- 0.33)	(- 3.10)	(- 1.45)
HUM	0.148 ***	0.137 ***	0.357 ***	0.426 ***	0.666 ***	0.613 ***
	(3.39)	(2.74)	(4.69)	(4.60)	(4.95)	(3.56)
INF	0.666 ***	0.607 ***	0.563 ***	0.392 ***	0.381 ***	0.375 ***
	(7.90)	(6.53)	(6.06)	(3.83)	(4.57)	(3.31)
WlnTL	0.00889	0.00564	0.00981 **	0.00875 *	- 0.0127 *	- 0.00365
	(1.47)	(0.87)	(1.97)	(1.68)	(- 1.90)	(- 0.56)
WlnTS	- 0.0722 ***	- 0.0496 ***	- 0.0158	- 0.0301 **	- 0.0681 ***	- 0.0732 ***
	(- 4.38)	(- 2.71)	(- 1.14)	(- 1.98)	(- 4.28)	(- 4.38)
ρ	0.677 ***	0.672 ***	0.735 ***	0.734 ***	0.525 ***	0.442 ***
	(19.50)	(16.88)	(27.14)	(24.67)	(15.86)	(11.38)
Sigma^2	0.00082 ***	0.00085 ***	0.0010 ***	0.0011 ***	0.0016 ***	0.0016 ***
	(22.14)	(23.44)	(22.06)	(23.36)	(20.18)	(21.42)
R^2	0.502	0.452	0.458	0.359	0.331	0.335
LogL	2128.4032	1950.1287	2000.0917	1822.0599	1486.0352	1394.8402
N	1010	909	1000	900	840	756

说明：*、**、*** 分别表示显著性概率为 $P \leqslant 0.1$、$P \leqslant 0.05$、$P \leqslant 0.01$；括号内数值为 T 统计量。

　　从模型 8 ~ 13 的回归结果可以看出，东、中、西部地区的参数估计

结果具有较好的稳健性，且 $L.\ln TFP$、TFP 空间滞后项、TS 空间滞后
项及 TL 空间滞后项的影响系数均与表 10 - 4 估计结果基本一致。产业
结构合理化和高度化对城市 TFP 的影响存在明显的地区差异：产业结
构合理化抑制了中西部城市 TFP 的增长且对西部城市的负向效应未通
过显著性检验，对东部城市 TFP 的影响效应虽未通过统计上的检验，
但已开始呈现正向的促进作用；产业结构高度化对东、中、西部城市的
TFP 增长具有正向影响，但仅有东、西部地区的增长效应通过 1% 或
5% 显著性检验。区域差异性的存在与东、中、西部三次产业发展特征
不无关联：东部城市多处于服务业占比较高的城市化阶段，在不断放缓
大规模工业化扩张和加快迈向城市化成熟阶段的进程中，产业间的要素
配置协调程度以及现代服务业的发展水平获得提升，有利于促进本地区
TFP 的增长；而中部城市大多数还处于制造业主导的工业化初期，产业
结构层次较低，服务业尤其是具有技术优势的现代生产性服务业占比较
小，产业结构升级尚未真正实现，从而影响了产业结构优化升级对 TFP
促进作用的发挥。另外，随着丝绸之路经济带建设等国家政策的出台实
施，西部城市通过承接发达地区产业转移，不断优化自身产业结构。于
斌斌等（2017）研究表明，2004 ~ 2013 年西部地区产业结构调整幅度
最大，但由于西部城市原有产业基础过于薄弱，产业结构优化升级质量
又较低，这是其产业结构合理化水平仍处于抑制 TFP 增长阶段的重要
原因，对此，丝绸之路经济带沿线省区市应有足够的重视，要借助丝绸
之路经济带发展契机，加快地区产业结构合理化发展。

4. 空间计量模型稳健性的进一步检验

前文实证分析发现，产业结构合理化和高度化对城市 TFP 的影响
效应并不一致，且具有明显的地区差异。为了进一步验证实证结果的稳
健性，本部分以逆经济距离为空间权重矩阵，分别构造静态 SDM 模型
和动态 SDM 模型，对产业结构优化升级影响中国城市 TFP 增长的作用
效果进行检验，模型估计结果如表 10 - 6 所示。

表 10 - 6　逆经济距离空间权重矩阵 SDM 模型估计结果

地区	全国层面		东部地区		中部地区		西部地区	
类别	模型 14	模型 15	模型 16	模型 17	模型 18	模型 19	模型 20	模型 21
L. lnTFP		0. 179 ***		0. 168 ***		0. 104 ***		0. 234 ***
		(12. 68)		(7. 16)		(4. 76)		(8. 48)
lnTL	0. 00466 **	0. 00544 ***	− 0. 000338	− 0. 00209	0. 00784 ***	0. 00842 ***	0. 00281	0. 00398
	(2. 56)	(2. 94)	(− 0. 10)	(− 0. 62)	(3. 41)	(3. 52)	(0. 63)	(0. 92)
lnTS	0. 023 ***	0. 020 ***	0. 00016	0. 014	0. 0032	0. 00550	0. 036 ***	0. 022 *
	(4. 17)	(3. 37)	(0. 02)	(1. 31)	(0. 33)	(0. 51)	(3. 25)	(1. 90)
FDI	− 0. 0183 **	− 0. 0144	− 0. 015 **	− 0. 0132	− 0. 00691	− 0. 00354	− 0. 18 ***	− 0. 0911 *
	(− 2. 44)	(− 1. 59)	(− 2. 06)	(− 1. 49)	(− 0. 24)	(− 0. 12)	(− 3. 50)	(− 1. 66)
HUM	0. 314 ***	0. 274 ***	0. 177 ***	0. 157 ***	0. 308 ***	0. 368 ***	0. 718 ***	0. 641 ***
	(8. 02)	(5. 94)	(3. 97)	(3. 08)	(4. 11)	(4. 05)	(5. 26)	(3. 69)
INF	0. 581 ***	0. 503 ***	0. 822 ***	0. 699 ***	0. 546 ***	0. 413 ***	0. 485 ***	0. 515 ***
	(11. 85)	(8. 66)	(9. 39)	(7. 25)	(6. 42)	(4. 46)	(5. 68)	(4. 51)
W lnTL	− 0. 00535 *	− 0. 00255	− 0. 00620	− 0. 00790	0. 000446	− 0. 0005	− 0. 0104 *	− 0. 00510
	(− 1. 72)	(− 0. 82)	(− 1. 01)	(− 1. 23)	(0. 10)	(− 0. 11)	(− 1. 84)	(− 0. 95)
W lnTS	− 0. 047 ***	− 0. 05 ***	− 0. 05 ***	− 0. 035 **	0. 0007	− 0. 0118	− 0. 06 ***	− 0. 06 ***
	(− 6. 05)	(− 5. 93)	(− 3. 14)	(− 2. 21)	(0. 05)	(− 0. 82)	(− 3. 92)	(− 4. 08)
ρ	0. 576 ***	0. 514 ***	0. 516 ***	0. 458 ***	0. 688 ***	0. 675 ***	0. 442 ***	0. 363 ***
	(34. 76)	(27. 51)	(17. 92)	(14. 02)	(27. 20)	(24. 48)	(14. 18)	(10. 44)
Sigma²	0. 00120 ***	0. 00121 ***	0. 000897 ***	0. 000906 ***	0. 000964 ***	0. 00103 ***	0. 00167 ***	0. 00160 ***
	(37. 00)	(39. 26)	(22. 01)	(23. 35)	(21. 83)	(23. 10)	(20. 10)	(21. 37)
R²	0. 349	0. 337	0. 450	0. 443	0. 400	0. 340	0. 304	0. 325
LogL	5430. 998	5030. 30	2073. 81	1916. 737	2000. 178	1820. 379	1468. 668	1384. 326
N	2850	2565	1010	909	1000	900	840	756

　　说明：* 、** 、*** 分别表示显著性概率为 $P \leqslant 0.1$、$P \leqslant 0.05$、$P \leqslant 0.01$；括号内数值为 T 统计量。

　　其中，静态 SDM 模型与动态 SDM 模型的设定分别与本章式（10 - 11）、式（10 - 12）一致，逆经济距离空间权重矩阵的定义如下：

$$W_{ij} = \begin{cases} \dfrac{W_{ij}^{*}}{\sum_j W_{ij}^{*}}; \quad W_{ij} = \dfrac{\exp（-d_{ij}）}{\left| \overline{g}_i - \overline{g}_j + 1 \right|} \quad , \ i \neq j \\[2ex] 0, \quad i = j \end{cases} \qquad 式（10 - 18）$$

式（10－18）中，变量 d_{ij}、$\bar{g}_i$、$\bar{g}_j$、W_{ij}、W_{ij}^* 的含义与本章式（10－13）中相关变量一致。

观察表 10－6 的实证结果可以看出，各解释变量的系数估计值及其显著性水平与前文采用经济距离空间权重矩阵的动态 SDM 模型估计结果基本一致，这很好地验证了前文实证结果的稳健性。

五 丝绸之路经济带建设下西部产业转型升级方向的政策建议

本章在构建产业结构优化升级影响全要素生产率（TFP）的理论框架的基础上，运用 2006 ~2015 年中国城市面板数据，选取经济距离为空间权重矩阵，构造动态 SDM 模型，实证检验产业结构优化升级对城市 TFP 的影响效应，研究结果表明：在分析产业结构调整影响城市 TFP 的作用效果中空间溢出效应是不容忽视的重要因素。从全国层面来看，在控制人力资本水平、外商直接投资水平、基础设施水平等因素后，TFP 的一阶滞后项和空间滞后项均促进了城市 TFP 的提升。同时，产业结构高度化促进了城市 TFP 的增长，但对其他城市 TFP 的提升则表现出了负的外部效应；而产业结构合理化对城市 TFP 产生了抑制性的作用。从区域异质性看，产业结构合理化抑制了中西部城市 TFP 的增长，但对东部城市 TFP 的增长已表现出正向的促进作用；产业结构高度化对东、中、西部城市 TFP 增长均具有正向的促进作用，但对中部地区的作用效果并不显著。

理论分析和实证检验对丝绸之路经济带建设下，西部地区加快产业结构优化升级，进而实现经济高质量发展具有重要的政策启示意义。

第一，西部地区要充分把握丝绸之路经济带建设的重要政策机遇，加快推进产业结构优化升级，促进全要素生产率（TFP）增长。产业结构作为经济结构的重要组成部分，其内部的转型升级会为全要素生产率增长带来"结构红利"。尤其是对西部地区而言，工业化水平整体较低，服务业发展水平相对滞后，通过产业结构转型升级，不仅能促进其TFP的增长，而且能推动地区经济从高速增长向高质量增长转型，最终实现区域经济的持续健康发展。同时，对于TFP增长的空间外溢效应也要有充分的重视。

第二，在深化推进丝绸之路经济带建设的过程中，西部地区要明确产业结构优化升级的具体方向，以充分发挥产业结构升级对全要素生产率的促进作用。从本章研究结论来看，产业结构合理化抑制了西部城市TFP的增长，而产业结构高度化对西部城市TFP的增长具有显著的促进作用。因此，一方面，西部地区城市要更加重视要素投入结构与产出结构的协调发展，重视产业结构的聚合质量，以提升资源的配置效率，推动产业结构合理化对城市TFP作用效果的正向转变，为地区TFP的提升注入新的发展动力；另一方面也要注重产业结构高度化，进一步提升地区产业结构高度化水平，强化"经济服务化"趋势，推进研发、金融等具有技术优势的现代生产性服务业发展，提升本地区产业发展的核心竞争力，推动产业结构高度化释放更多活力，从而更大幅度地促进城市TFP的增长。

第三，西部地区各城市在利用丝绸之路经济带建设契机、推进地区产业结构优化升级的进程中，要针对各自不同的要素禀赋特征制定有针对性的产业结构调整策略。对于经济基础较强、要素禀赋较好、适宜发展高端化现代服务业的大城市而言，政府在加快产业结构服务化的同时更应该注意促进服务业结构的高级化。而对于经济基础较弱、要素禀赋较差、工业化水平较低的中小城市而言，并不具备发展高端服务业的优越条件，推进"工业化"仍是提高其城市TFP的有效手段。因此，各地政府应以自身经济水平和产业发展的现实状况为基础，因地制宜、有所侧重地制定具有针对性的产业调整政策，从而形成符合自身区域特点的TFP增长路径。

参考文献

洪银兴：《进入新阶段后中国经济发展理论的重大创新》，《中国工业经济》2017年第5期。

西蒙·库兹涅茨：《各国的经济增长：总产值和生产结构》，常勋、潘天顺、黄有土等译，商务印书馆，1985。

Peneder M., Structural Change and Aggregate Growth, Structural Change & Economic Dynamics, 2003, p. 14.

李子伦：《产业结构升级含义及指数构建研究——基于因子分析法的国际比较》，《当代经济科学》2014年第1期。

于斌斌：《产业结构调整与生产率提升的经济增长效应——基于中国城市动态空间面板模型的分析》，《中国工业经济》2015年第12期。

蔡昉：《中国经济增长如何转向全要素生产率驱动型》，《中国社会科学》2013年第1期。

杨汝岱：《中国制造业企业全要素生产率研究》，《经济研究》2015年第2期。

张学良：《中国交通基础设施促进了区域经济增长吗——兼论交通基础设施的空间溢出效应》，《中国社会科学》2012年第3期。

Ying L. G., Understanding China's Recent Growth Experience: A Spatial Econometric Perspective, Annals of Regional Science, 2003, 37 (4), pp. 613 – 628.

Groenewold N., Lee G., Chen A., Inter – regional Spillovers in China: The Importance of Common Shocks and the Definition of the Regions, China Economic Review, 2008, 19 (1), pp. 32 – 52.

李敬、陈澍、万广华、付陈梅：《中国区域经济增长的空间关联及其解释》，《经济研究》2014年第11期。

Chenery H., Robinson S., Syrquin M., Industrialization and Growth: A Comparative Study, Oxford University Press, 1986.

周振华：《产业结构调整论》，上海人民出版社，1992。

干春晖、郑若谷、余典范：《中国产业结构变迁对经济增长和波动的影响》，《经济研究》2011年第5期。

杰弗里·A. 杰里（Geoffrey A. Jehle）、菲利普·J. 瑞尼（Philip J. Reny）：《高级微观经济理论》（第 3 版），中国人民大学出版社，2012。

Rey S. J., Montouri B. D., US Regional Income Convergence: A Spatial Econometric Perspective, *Regional Studies*, 1999, 33 (2), pp. 143 – 156.

李婧、谭清美、白俊红：《中国区域创新生产的空间计量分析——基于静态与动态空间面板模型的实证研究》，《管理世界》2010 年第 7 期。

韩峰、谢锐：《生产性服务业集聚降低碳排放了吗？——对我国地级及以上城市面板数据的空间计量分析》，《数量经济技术经济研究》2017 年第 3 期。

侯新烁、张宗益、周靖祥：《中国经济结构的增长效应及作用路径研究》，《世界经济》2013 年第 5 期。

Elhorst J. P., Specification and Estimation of Spatial Panel Data Models, *International Regional Science Review*, 2003, 26 (3), pp. 244 – 268.

LeSage J. P., Pace R K. Introduction to Spatial Econometrics, Boca Raton: CRC Press Taylor & Francis Group, 2009.

Elhorst J. P., Applied Spatial Econometrics: Raising the Bar, Spatial Economic Analysis, 2010, 5 (1), pp. 9 – 28.

Fingleton B., Gallo J. L., Estimating Spatial Models with Endogenous Variables, A Spatial Lag and Spatially Dependent Disturbances: Finite Sample Properties, *Regional Science Review*, 2008, 87 (3), pp. 319 – 339.

Estache A., Beatriz Tovar de laFe, Trujillo L. Sources of Efficiency Gains in Port Reform: A DEA Decomposition of A Malmquist TFP Index for Mexico, Utilities Policy, 2004, 12 (4), pp. 221 – 230.

Fare R., Grosskopf S., Norris M. and Zhang Z, Y., Productivity Growth, Technical Progress, and Efficiency Change in Industrialized Countries, *American Economic Review*, 1994 (84), pp. 66 – 831.

单豪杰：《中国资本存量 K 的再估算：1952 – 2006 年》，《数量经济技术经济研究》2008 年第 10 期。

魏下海：《人力资本、空间溢出与省际全要素生产率增长——基于三种空间权重测度的实证检验》，《财经研究》2010 年第 5 期。

P. M. Romer, Endogenous Technological Change, *Journal of Political Economy*, 1990 (5).

刘秉镰、武鹏、刘玉海：《交通基础设施与中国全要素生产率增长——基于省域数据的空间面板计量分析》，《中国工业经济》2010 年第 3 期。

Anselin L. Spatial Econometrics: Methods and Models, Kluwer Academic Publishers, Dordrecht, 1988.

柯善咨、赵曜：《产业结构、城市规模与中国城市生产率》，《经济研究》2014 年第 4 期。

付宏、毛蕴诗、宋来胜：《创新对产业结构高级化影响的实证研究——基于2000—2011 年的省际面板数据》，《中国工业经济》2013 年第 9 期。

于斌斌：《产业结构调整如何提高地区能源效率？——基于幅度与质量双维度的实证考察》，《财经研究》2017 年第 1 期。

第十一章
现代金融支持西部地区产业结构升级的实施逻辑与路径阐释：丝绸之路经济带深化建设的方向

【摘　要】　现代金融是我国金融领域改革的新命题，其提出源于经济发展阶段与核心特征的趋势性变化。丝绸之路经济带建设以"政策沟通、设施联通、贸易畅通、资金融通、民心相通"为核心内容，不仅为作为内陆腹地的西部地区对外开放提供了新的机遇，更凭借向西全新的对外开放，为西部地区发展现代金融，进而推动产业结构转型与升级创造了重要的条件；现代金融的建设与发展，又能够通过加强"一带一路"资金融通，进一步深化推动其他"四通"，巩固丝绸之路经济带的共建与合作。新时代背景下可从质量维度、结构维度与协同维度剖析现代金融在新时代的内涵转换：当改革的着力点与着重点从刺激总量增长转化到结构性调整层面时，现代金融需要实现从规模到效率的转换、从动员型金融向资源配置型金融的转换、从金融创新向深化改革与主动防范风险的转换。创新、协调、绿色、开放、共享的新发展理念为新时代现代金融支持西部地区产业结构升级的实施逻辑提供了可供借鉴的分析视角：一是利用数据挖掘、金融科技与金融结构优化，推进自主创新战略的实施，并以普惠金融提升金融资源的可及性，实现共同富裕与人的全面发展，为产业结构升级构建动力源泉；二是以绿色金融实现杠杆调节，抑制金融资本流向高污染与高能耗行业，形成产业结构优化的支撑；三是以金融协调与金融开放解决社会主要矛盾的不平衡，从内外两方面主动防御并降低系统性风险，奠定产业结构转型的基础与保障。可行的发展路径为：在战略层面，深化政府与市场互补性关系；在科技层面，降低获取知识与知识间联系成本以抓住第二种机会窗口；在监管层面，从时间与空间维度推动现代金融体系建设；在制度层面，从制度互补性与制度阶层性入手，多管齐下综合配套，以有序推进西部产业结构升级与价值链攀升，深化丝绸之路经济带建设。

【关键词】 新时代　现代金融　Ω知识　产业结构升级　丝绸之路经济带

中国改革开放进入新时代，从经济高速增长逐步转向高质量发展，人民日益增长的美好生活需要与不平衡不充分发展之间的矛盾成为社会的主要矛盾。在新时代背景下，认识、适应并引领新常态需要将现代金融放在关键位置。其原因在于：一是新时代具有新发展任务、阶段性特征与发展规律，需要在扬弃经济发展初期低收入阶段的发展政策的基础上，以现代金融推动生产力的解放、发展与保护；二是供给侧结构性改革的持续深入，不仅需要现代金融服务于实体经济，而且需要其利用风险投资等直接融资机制实现对科技创新的重大支撑作用[①]；三是金融是国家核心竞争力，主动防御并避免金融系统性风险，是现代金融服务实体经济的基本前提。党的十九大报告与《"十三五"现代金融体系规划》为现代金融发展提供了基本的行动路线图。

一方面，丝绸之路经济带建设以"政策沟通、设施联通、贸易畅通、资金融通、民心相通"为核心内容，不仅为作为内陆腹地的西部

---

① 《习近平主席在亚太经合组织工商领导人峰会上的主旨演讲》，新华网，2017 年 11 月 10 日。

地区对外开放提供了新的机遇，更凭借向西全新的对外开放，为西部地区发展现代金融，进而推动产业结构转型与升级创造了重要的条件；另一方面，现代金融的建设与发展，又能够通过加强"一带一路"资金融通，进一步深化推动其他"四通"，巩固丝绸之路经济带的共建与合作。金融是不确定环境下对金融资源实现跨时间、跨区域与跨产业的优化配置的行为。现代化产业经济体系的建设需要现代金融的支持。党的十九大报告指出，"深化投融资体制改革，发挥投资对优化供给结构的关键性作用"和"深化金融体制改革，增强金融服务实体经济能力"。金融服务于实体经济的重要切入点，是推动产业结构转型与升级，特别是西部地区（落后）产业结构升级。本章试图立足于新时代的特定背景，通过分析现代金融内涵的转变，研究金融如何支持西部地区产业结构升级，进而阐述"一带一路"深化建设的新方向与措施，探索可行的发展路径，以实现对已有相关研究的边际改进。

一　现代金融命题的提出

金融是国家基本制度，是一国重要的核心竞争力来源。党的十九大提出，新时代中国特色社会主义思想，在习近平总书记新常态理论的基础上进一步深化，并指出中国特色社会主义进入新时代。新时代有两个重要变化，一是经济发展以质量替代增长；二是建立了"现代化经济体系"的战略目标。高质量经济增长不会自动实现，需要系统性的支持，其中现代金融的建设便是改革关键的切入点。

现代金融是我国金融领域改革的新命题，其提出源于经济发展阶段与核心特征的趋势性变化。党的十九大报告明确了我国发展的新的历史定位与基本方略，其中涉及金融的表述有，"着力加快建设实体经济、科技创新、现代金融、人力资源协同发展的产业体系，着力构建市场机制有效、微观主体有活力、宏观调控有度的经济体制，不断增强我国经济创新力和竞争力"。"现代金融"的表述不仅与社会主义现代化国家与现代化经济体系的战略目标相互呼应，而且被赋予新时代的新内涵与新使命。

首先，新时代主要矛盾的转化，为现代金融的发展开拓了空间。中国特色社会主义政治经济学包括资源配置—经济制度—社会制度[①]等多个维度，作为现代化经济体系重要组成部分的金融，是适应社会主义现代化强国要求、解决经济发展不平衡不充分的关键性基础制度。"金融是现代经济的血脉，血脉通，增长才有力"。"现代金融"这一命题应从社会主义发展阶段与现代化经济体系两方面去认识，具有中国特色：一是以问题为导向，我国仍处于社会主义经济发展的初级阶段，需要以金融配置资源、治理风险、发现价格等功能解决不平衡不充分的问题；二是"以人民为中心"，使得经济效率与分配正义共同构成金融改革经济实践的基准。

其次，质量变革、效率变革、动力变革需要现代金融的密切配合。中国的经济体制改革具有其独有的特征，一是经济体制转型与经济结构转化的同时性；二是人口大国的内在发展与全球化的平衡性；三是经济增长速度与社会持续发展的交织性；四是传统文化积淀与现代市场运行的匹配性（高帆，2016）。现代金融作为现代产业体系重要组成部分，与区域发展、产业升级、开放体系、绿色发展等均有直接的联系。因而为实现质量变革、效率变革与动力变革，需要从生产、流通、分配等维度，从系统的、综合的和整体的视角入手，把握现代金融这一命题。

再次，生产力与生产关系相互作用的逻辑主线是现代金融主动适应、引领新常态的核心支撑点。政治经济学注重生产关系与制度对生产力发展的影响。"现代金融"作为一个新的业态，其发展不仅应当以推动供给侧结构性改革为重点，而且应抓住新工业革命的发展新机遇并服

---

① 高帆：《中国特色社会主义政治经济学的理论和实践逻辑》，《探索与争鸣》2016 年第 3 期，第 60～65 页。

务于共建"一带一路"国家，以推动生产力的发展。此外，在金融与实体经济相互支撑的同时，还应通过防范与化解风险，规避"明斯基时刻"（Minsky Moment）对生产力的破坏。

二 现代金融的内涵转换

"现代金融"是现代化经济体系重要组成部分，是现代化强国的核心要素。在经济发展进入新时代，从经济发展的阶段性特征出发，党的十九大报告对"现代金融"的界定包括两层基本含义：一是按照现代企业制度组织起来、具有货币创造职能与信用扩张功能的金融体系；二是信息化程度高，利用大数据、人工智能与区块链等技术的科技金融。百年来中国金融业经历了三次大的转型，包括传统金融向现代金融的转型、外来金融向本土金融的转型、动员型金融向配置型金融的转型（丁骋骋，2014）。近年来，全球经济从2008年国际金融危机前的快速发展期转向深度转型调整期，而中国经济也从低收入发展阶段进入中等收入发展阶段。相较于传统金融，现代金融的内涵转换，反映了国内外发展条件的重大变化以及改革着力点从总量刺激到结构性层面的调整。从"战略调整、实现手段、协同发展"角度，可以通过质量、结构、协同三个维度来认识现代金融内涵转换的具体表现。

1. 质量维度现代金融：战略转换

在党的十九大报告中，现代金融是与实体经济、科技创新、人力资源并列提出的，是一个产业体系，现代金融应以推动供给侧结构性改革、实现经济增长质量提升为改革方向。从质量维度看，现代金融的内涵转换需要实现以下三方面转换。

（1）从规模到效率的转换

一方面，中国早期以政府为主导的经济增长模式，形成了以国有银行体系为核心的外源融资模式，并由此导致了以居民储蓄支持长期经济增长的局面（张杰，2011）。从参与方博弈角度看，无论是银行、企业甚至是政府本身都缺乏改变这种金融发展模式的动机（于春海，2014）。中国的渐进式改革背景下，金融发展水平虽然在逐年改善，利率市场化改革也在不断深入，使得中国金融发展水平在 2012 年全球 67 个经济体中排名第 23，但金融体系仍然显著受到政府干预与行政控制，呈现出金融抑制的特性。金融抑制与民间金融虽然通过推动影子银行的快速发展，部分缓解了二元经济结构所引致的问题，却也为金融系统性风险埋下了隐患。另一方面，中国金融体系在总量与规模层面虽然取得了长足的发展，但在效率层面仍有待改进。伴随着改革的深入，在经济发展初级阶段承担重要历史使命的以银行为主的间接融资体系，日益显现出资源配置效率方面的缺陷，在为城镇化转型而融资、为产业转型而融资等多种层面呈现出不协调与错配，表现为产融行业错配、规模错配、领域错配、结构错配（巴曙松、杨现领，2013；徐义国，2018）。建设现代金融需要从上一轮金融改革中以构建金融体系框架、金融发展规模扩张为主，逐步转向推动中国经济转型升级、提高金融服务实体经济的功能进而提升金融配置效率方向转变。

（2）从动员型金融向资源配置型金融转换

在经济发展初期，金融抑制政策催生了以银行中介为主的"动员型"金融体系，并有效实现了经济赶超与技术创新：其一，快速集中金融资源，有效实现了资本积累，从而为引进、吸收再创新等构建了基础。其二，创造了稳定的宏观经济环境。创新知识内嵌于人力资本，金融抑制政策所形成的相对稳定的宏观经济环境有利于稳定预期，平滑创新项目研发经费。

在大数据时代，金融科技的发展使得传统金融的支付工具、范式与业态产生了颠覆式的变化。主动适应供给侧结构性改革，并将金融资源更高效率地配置到重点领域与薄弱环节，不仅能够直接推动以高不确定性为特征的自主创新，还有助于经济结构战略性调整。在当前与随后相当长一段时期内，金融为实体经济服务的基本任务使得资源配置型的金融功能被提到相对更为重要与关键的地位，这是现代金融在新时代被赋予的新的使命。

（3）从金融创新向深化改革与主动防范风险转换

现代金融作为新时代的新业态，凸显了从短期风险化解向长期整体战略层面风险防范的转换。金融风险的源头是高杠杆，虽然我国实体经济整体的杠杆率相对世界其他国家尚处于中等水平，但非金融企业的杠杆率高（特别是国有企业杠杆率），金融部门的杠杆率也在快速上升，证券公司资管规模从 2014 年底的 8 万亿增加至 2017 年 11 月底的 16.96 万亿[①]；此外，杠杆率与实体经济的增速之间还存在较为严重的偏离，以 2016 年统计数据为例，资产规模的增速、广义货币 M2 增速均分别高于名义 GDP 与工业增加值的增速。一方面，金融的高杠杆表现为金融创新过度或金融体系的膨胀式发展，但其背后本质上仍是金融抑制带来的投资渠道少、融资效率低以及投资成本高。金融机构无法有效地在储蓄者与企业家之间构建低成本的融通渠道。另一方面，前两年在实体经济内生增长没有实质性提升的背景下，频繁的货币宽松与紧缩政策的调整，使得货币并未有效地进入实体经济，相应的金融风险得以累积。国家从 2017 年开始出台防控风险政策以抑制资金空转；2017 年宏观审慎管理将表外理财纳入广义信贷，2018 年一季度将同业存单纳入同业负债等。这些措施的出台表明，现代金融不再追求发展规模与速度，转而突出主动防范并控制可能发生的系统性金融风险，以金融监管的全覆盖展开监管调控。现代金融要以自身质量提升，适应、引领并推动社会主义现代化的实现。

2. 结构维度现代金融：手段转换

我国在从低收入国家转向中等收入国家，经济发展呈现新常态的背

---

① 数据来自中国证券投资基金业协会，http://finance.sina.com.cn/stock/quanshang/qsyj/
2017 – 12 – 21/doc – ifypxmsq9097035.shtml，网站访问时间：2018 年 7 月。

景下，从结构维度考察现代金融，其内涵存在两方面的转换。

一是在金融体系结构方面，从间接融资为主的单一体系转向多层次资本市场的构建（殷剑峰，2018）。现代金融需要满足不同类型实体经济对金融资源的需求，多元化融资体系是供给侧结构性改革的必要基础。实体经济本身即呈现多层次，从产权结构看，既有大型国有企业，也有中小民营企业；从企业发展生命周期看，既有孕育期、初生期企业，也有发展期、成熟期企业，不同时期、不同类型的企业的金融需求具有结构性差异，包括信贷获取、债券融资与股权发行等。中小企业资信状况与融资能力特征，使之长期存在资金缺乏的"麦克米伦缺口"（Macmillan Gap）。多层次的直接融资、间接融资体系不仅能够更有针对性地服务实体经济，缓解企业融资所面临的模式与期限的错配，而且多层次的普惠金融体系也能够更好地实现精准扶贫，满足不同收入者的异质性金融需求。

二是在金融服务目标方面，从总量增长为主转向结构性改革为主。以人民为中心强调从站起来、富起来到强起来三阶段人民的需求转变。现代金融也从原先推动总量增长为主，转向协调发展并调整产业结构、区域结构、城乡结构、分配结构等为着力点，更好地服务供给侧结构性改革。在此过程中，现代金融也从单一的融资功能逐步过渡到融资与财富管理并重功能。从传统金融过度强调商业性金融，逐步转向商业性金融、政策性金融、开发性金融与合作性金融的分工与协调发展（李扬，2017）。

3. 协同维度现代金融：互动转换

从要素投入与实体经济互动角度看，现代金融要突出协同作用。党的十九大报告，首次把实体经济、科技创新、现代金融、人力资源并提，并要求它们"协同发展"，形成"产业体系"。"产业体系"是新时代中国特色社会主义建设语境下的独特概念（付保宗、周劲，2018），现代金融不再是传统金融，而是协同发展的产业体系中重要的投入要素之一；更是以金融业"安全性、流动性、效益性"的有机统一为前提，推动中国经济从"量变"到"质变"的重要动力之一。

（1）协同的理论基础，源自内生增长理论。面对逐渐消退的人口红利，高级生产要素只有通过协同作用才能够更好地推动生产率提升。在新一轮的产业革命与第四次工业革命的背景下，推动现代金融与知识、技术及人力资源等生产要素的协同，不仅具备了理论层面的必要，也具备现实的可行性。其中，以现代金融支持与服务实体经济，并实现虚拟经济与实体经济间均衡关系，被认为是协同发展产业体系的基本内核与关键（刘志彪，2018）。

（2）协同的目的，是通过现代金融更好地支撑科技与知识创新。面对第四次工业革命带来的机遇，信息技术逐渐向产业部门渗透融合，互联网、物联网、云计算、大数据、智能制造与智能物流等引发新技术、新服务与新业态。"数字化"带来了新型商业模式与消费模式，为生产、贸易与自主创新均提供了新的途径。以现代金融、现代物流、信息、科技等为代表的高端服务业，主要提供知识性、技术性和公共性服务，有助于加快网络经济与实体经济的融合发展速度，在智能物流、生产服务化、开放设计服务等领域，及服务产权交易、成果转化等环节为知识创新提供支撑。

三　丝绸之路经济带深化建设背景下现代金融与产业结构升级：实践诉求

党的十九大报告首次提出"产业体系"的概念，拟构建以现代金融、科技创新、人力资源与实体经济为主体协同发展的现代产业体系。丝绸之路经济带的建设为西部地区构建了新的开放格局与发展空间，也为西部地区发展现代金融创造了重要的条件。在新工业革命加速拓展、5G技术与人工智能快速发展的背景下，如何以现代金融推动产业结构升级，特别是如何以现代金融推动西部相对落后地区产业结构升级，是新时代现代产业体系发展关键的实践诉求。

1. 金融发展与西部地区产业结构升级：现状问题与作用机制

作为市场经济资源配置核心手段之一的金融，是产业结构升级的关键推动力。

（1）西部地区产业结构现状

统计数据显示，2016 年西部地区 GDP 为 156461.13 亿元，占全国 GDP 总量的 20.32%[①]，环境污染治理投资占 GDP 比重为 1.45%[②]；2017 年西部地区 GDP 为 170955.3 亿元[③]，污染治理投资占 GDP 比重为 1.42%[④]。西部地区产业结构相较于东部地区仍相对不合理。以陕西省为例，2018 年陕西省三次产业结构比为 7.5：49.7：42.8，其中第一产业、第二产业占比高于全国平均水平 0.3 个百分点与 9 个百分点，第三产业低于全国 9.4 个百分点，"仍处于工业化中期的较低层次上"。[⑤]

西部地区产业结构主要问题表现为：一是能源产业占比较大，在新疆、青海、宁夏与甘肃等地占比超过 70%，传统产业相对饱和且同构化问题显著（见表 11-1），其结果不仅易导致生态环境恶化与资源的过度消耗，而且促使西部落后地区间产业恶性竞争，竞相逐低。

表 11-1　2016 年西部地区重工业销售值情况

单位：亿元

重工业行业	销售值	重工业行业	销售值
采掘业	29292.69	非金属矿物制品业	11233.03
煤炭开采业	9623.82	黑色金属冶炼和压延加工业	10199.72

---

① 转引自陈智莲、高辉、张志勇《绿色金融发展与区域产业结构优化升级——以西部地区为例》，《西南金融》2018 年第 11 期，第 70~76 页。

② 《中国环境统计年鉴（2017）》。

③ 《中国统计摘要（2018）》。

④ 《中国环境统计年鉴（2018）》。

⑤ 资料来源：陕西省统计局《现代化产业体系构建：现状、困境与选择》，http://tjj. shaanxi. gov. cn/site/1/html/126/131/138/20569. htm，2020 年 2 月 18 日。

续表

重工业行业	销售值	重工业行业	销售值
石油和天然气开采业	3741.6	有色金属冶炼和压延加工业	11333.48
黑色金属矿采选业	1912.13	汽车制造业	12514.63
有色金属矿采选业	2095.17	电器机械和器材制造业	5994.06
非金属矿采选业	1673.46	电力、热力、燃力及水生产和供应业	20094.48
石油加工、炼焦和核燃料加工业	5968.63	交通运输设备制造业	3489.04
化学原料和化学制品业	11026.42		

重工业销售值合计：135192.36

重工业销售值占工业销售总值比例：73.60%

资料来源：转引自陈智莲、高辉、张志勇《绿色金融发展与区域产业结构优化升级——以西部地区为例》，《西南金融》2018 年第 11 期；《2017 年中国工业经济统计年鉴》。

二是产业布局严重不均衡。西安、成都等省会城市产业较集中，但其他一些区域尚未形成有效的产业集群，限制了西部地区经济的均衡发展。原有的西部大开发战略虽然部分地促进了西部地区产业结构的合理化，但存在"人力资本挤出"效应、城市化抑制效应及利用外资效率低下等问题，产业区位布局不合理的现象依然存在，从而使得该政策并未能有效推动产业结构的高级化，反而存在"产业结构升级拖累"效应（袁航、朱承亮，2018）。

三是生态环境压力大，且新兴产业发展不足，不仅无法有效地为工业产业优化升级提供保障，而且强化了其在承接产业转移过程中以资源消耗、环境污染为代价的经济增长模式。"资源诅咒"的发展模式，使得西部地区资源型城市产业结构转型更为关键。从成长型城市、成熟型城市、衰退型城市与再生型城市考察，杨建林等（2018）评价了西部资源型城市产业结构的供给侧支撑能力、经济社会支撑能力与生态环境支撑能力，15 个西部资源型城市中仅有两个城市（包头市、鄂尔多斯市）转型能力相对较强。

（2）现代金融支持西部地区产业结构升级的作用机制

第一，以金融自由化提升资源配置效率，从而促进西部地区产业结构升级。从传统金融理论角度看，降低金融抑制水平有利于发挥金融的功能，进而促进产业结构升级。这一理论推断也得到了西部产业结构面板数据统计检验的支持（齐兰、徐云松，2017）。地区金融发展的规模、结构与效率决定了产业间资源重新配置的效率，而陕西的金融储蓄结构尚不利于产业结构的调整与升级（马玲，2015）。

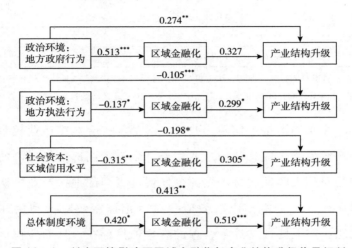

图 11-1　制度环境影响下区域金融化与产业结构升级传导机制

说明：*、**、***分别表示变量统计值通过10%、5%、1%的显著性水平。

资料来源：齐兰、徐云松：《制度环境、区域金融化与产业结构升级——基于中国西部面板数据的动态关系研究》，《中央财经大学学报》2017年第12期。

第二，以绿色金融推动西部地区的产业低碳化。区别于东部沿海区域产业结构特征，西部地区由资源禀赋所形成的对能源类产业的依赖所导致的生态环境恶化倾向，可以通过以绿色金融的方式引导资源优化配置，推动西部地区产业结构升级与转型。

第三，利用新工业革命提供的机会窗口，以现代金融推进工业化与信息化的深度融合，加速西部地区产业结构的升级转型。新一轮工业革命加速拓展的背景下，我国不仅需要完成从工业化后期向后工业化转变，还要实现工业化、信息化与智能化的融合发展（黄群慧、贺俊，2019）。截至2015年，东部城市如北京、天津与上海进入后工业化阶

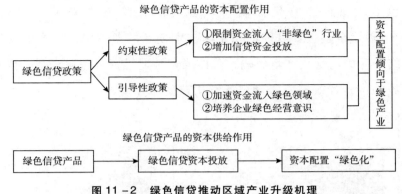

图 11 - 2　绿色信贷推动区域产业升级机理

资料来源：转引自陈智莲、高辉、张志勇《绿色金融发展与区域产业结构优化升级——以西部地区为例》，《西南金融》2018 年第 11 期。

段，而中西部地区大部分城市基本仍处于工业化中期（黄群慧，2018）。2016 年 1 ~ 11 月，西部地区工业增加值同比增长 7.3%，增速比 2015 年降低 1.1 个百分点，基于工业化中期的阶段特征，西部地区总体工业增加值增速理应相对较高，但现实统计数据降幅明显（黄群慧，2017）。

面对新工业革命与"一带一路"建设为我国工业化深化提供的机会窗口，西部地区亟须利用"现代金融"推动产业结构升级：一是针对总体工业增速放缓的趋势，通过构建多层次融资体系，利用不同金融中介与金融机构的差异化优势，为企业提供多样的资金供给方式，提高金融服务实体经济的能力，以避免"过早去工业化"；二是以金融发展推动技术创新，特别是以金融发展培育新兴产业，以赶上 5G、人工智能所驱动的新一轮技术浪潮。

2. 横向视角的现代金融与产业升级：资本深化与技术进步差异的"替代效应"推动产业结构转型

产业结构升级是要素资源在不同产业间有序转移与流动的过程，金融发展是推动资源配置、结构调整，实现相对落后地区产业结构升级的必要条件。现代金融不仅是工业化时代资本密集型产业规模扩张的基

础，也是知识经济时代推动科技创新的风险资本来源（刘志彪，
2018）。现代金融主要以资本积累与技术创新两条主线，对产业规模扩
张、结构升级与优化产生影响；具体渠道为通过资本深化机制、技术进
步差异的"替代效应"推动产业结构转型与升级。

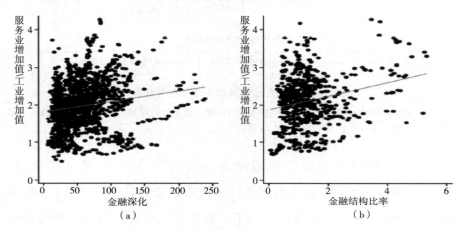

图 11 - 3　1981～2010 年世界主要国家或地区金融发展与产业结构转型之间的关系

　　资料来源：转引自易信、刘凤良《金融发展与产业结构转型——理论及基于跨国面板数据的
实证研究》，《数量经济技术经济研究》2018 年第 6 期。

　　首先，现代金融通过资本深化机制，推动产业规模扩张，构成产业
结构转型升级的基础。一方面，现代金融通过引导增量金融资本向新兴
产业配置，推动产业规模扩张；另一方面，作为"产业体系"的组成要
素之一，现代金融通过参与产业部门间社会分工，向实体部门提供资本，
以资本深化机制增强产业间协调能力。有研究表明，证券资本深化不仅
有利于东部发达地区产业结构高级化，也有利于西部地区产业结构合理
化，而银行资本深化也有利于西部地区各个产业间协调能力与关联水平
的提升（王定祥等，2017），进而推动西部地区产业结构升级与转型。

　　其次，现代金融通过技术进步差异的"替代效应"推动产业结构
转型。给定其他变量，金融发展对产业结构升级与转型的影响程度与金

融发展对创新的边际影响 $\left(\dfrac{\partial \phi\ (\ \cdot\ )}{\partial\ (fd)} > 0\right)$ 密切相关（易信、刘凤良，

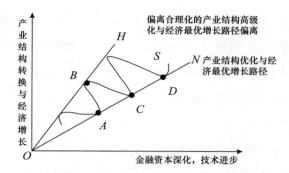

图 11-4　金融资本深化、技术进步、产业结构转换与经济增长的关系

资料来源：转引自王定祥《金融资本深化、技术进步的关系与产业结构升级》，《西南大学学报》（社会科学版）2017 年第 1 期。

2018）。其原因在于，现代金融通过分散研发风险推动技术创新，"创造性破坏"的结果是服务业部门的创新技术产品与传统技术产品的相对价格随之下降，推动服务业的就业与产出上升，形成了技术进步差异的"替代效应"以影响产业结构变动。

产业结构升级与转型是以设施互联互通推动"一带一路"建设的重要部分，因为西部地区与丝绸之路经济带沿线地区对资源型产业依赖大，在市场竞争中很容易被锁定在生产价值链的低端，单纯地以交通走廊的形式，对沿线区域经济增长与发展的推动力有限且不可持续（王聪，2015）。深化"一带一路"建设，西部地区一方面需要以现代金融增加技术与资本投入，以资本积累与资本深化机制推动新兴产业与服务业的发展；另一方面，现代金融应以推动技术吸收、技术扩散、技术创新为方向，以降低交易成本、分散风险为切入点，从动力层面有效推动西部地区产业结构升级与"一带一路"的深入建设。

3. 纵向视角的现代金融与产业升级：价值链攀升与"一带一路"深化的机遇

新时代中国经济转型时期，产业结构升级是实现高质量发展的重要保障，特别是针对相对落后的西部地区，"一带一路"建设的深入将有助于促进西部地区以一体化的方式融入世界经济体系，参与本土价值链与全球价值链，提升产业结构水平与在全球分工体系中的地位。

不同于传统的排他性关税同盟，"一带一路"不再是传统意义的"商贸走廊"，而是网络状互联互通、共赢发展的区域合作机制。以现代金融推动西部地区产业结构升级，为深化"一带一路"建设指明了方向（王聪，2017）。

第一，中国与共建丝绸之路经济带国家存在金融机构合作的制度门槛，深度开放、配套设施健全的银行与金融市场有利于持续性融资与共同分担风险，但其建设更需要充分考虑具体的制度背景与约束条件。

第二，共建丝绸之路经济带国家主要是发展中国家，西部地区金融发展在当前阶段仍主要通过推动资本积累扩大产业规模，从而使当前双边金融合作暂时相对集中于贸易融资、货币互换等有限的范围与规模层面，此阶段现代金融相对更多的是通过资本的持续积累，推动产业存量资本与增量资本的动态调整，以资本深化实现产业结构升级优化。

第三，伴随着与全球价值链的对接，中小企业会逐渐成为投资与创新合作的重要参与方，但其对境外汇率、利率等风险的识别与规避能力均相对较差，为深入推动投资创新合作以利于双方经济增长，现代金融应进一步通过提供信息支持、咨询服务以及风险规避手段创新等方式推动创新项目筛选、过程监督，降低相关风险（王聪，2016），通过技术进步差异的"替代效应"推动西部地区产业结构的升级与转型。

第四，迈向产业链中高端的标志有三（刘志彪，2018）：一是重工业化；二是高加工度化，即通过技术与知识的密集性投入，以实现对初级资源与原材料产品多层次、多批次的深度加工，延长产业链并创造相对更多的附加值；三是技术知识密集化，即以人力资源、技术与新的知识不断地替代物质资本与低级生产要素。在这一过程中，现代金融对产业结构升级的作用更多以创新驱动为主线，通过对研发资金的支撑作用，以金融工具的流动性形成技术创新的价格发现机制，分散知识创新的风险，形成对技术创新方向的引导。

第五，为促进产业价值链向中高端攀升，西部地区应该利用"一带一路"深入建设的机遇，以落后产能的淘汰与创新驱动培育适应"一带一路"市场需求的新技术、新业态，现代金融应强化信息收集、处理与传递的功能以及分散风险的功能，以构建有利于物联网、云计算、大数据和人工智能与西部地区实体经济融合的条件。具体的措施包括：尝试设立区域性专项基金、产业引导基金；成立特色金融机构，如银行物联网支行、专业化的担保公司与风险投资部门或公司；进一步加大财政补贴与贴息，特别是针对中小企业贷款的贴息政策等。

四　丝绸之路经济带深化建设的支撑：现代金融支持产业结构升级的实施逻辑

丝绸之路经济带以新的合作机制推动区域经济发展，为共建各国与地区提供了新的发展观（从封闭发展转向开放发展；从粗放式发展走向绿色与可持续发展），同时丝绸之路经济带建设也是落实联合国减贫目标、推动可持续发展的重要动力之一。① 丝绸之路经济带的建设为西部地区发展普惠金融，推动家庭与企业以合理成本获取贷款、支付等金融服务创造了条件；同时，共建丝绸之路经济带国家与地区资金融通水平差异显著，是西部地区从金融合作、信贷体系、金融环境等维度，有侧重地逐次建设与发展现代金融的现实基础。习近平总书记在第五次全国金融工作会议上提出，做好金融工作要把握四项基本原则，即"回归本源、优化结构、强化监管、市场导向"。这是新时代做好中国金融发展与监管工作的总原则，现代金融要以服务高质量发展为战略导向。创新、协调、绿色、开放、共享的新发展理念为现代金融支持产业结构升级的实施逻辑提供了可供借鉴的分析视角。

---

① 李永全、王晓泉：《"一带一路"建设发展报告（2019）》，社会科学文献出版社，2019；相关表述启发来自《"一带一路"建设发展报告（2019）》2019 年 4 月 3 日新闻发布会。

1. 以数据挖掘、创新金融与共享金融推进自主创新与共同富裕：产业结构升级的动力源泉

科技对金融的渗透，会改变传统金融理论的分析架构，现代金融推进自主创新与共同富裕由此具有相似的实施逻辑。从经典理论看，金融体系通过提供流动性，降低流通过程中的交易成本，实现金融资源的跨时间跨空间的转移支付、风险管理、激励与信息提供。金融是对信用的创造，将虚拟的信用转化为交换价值或实质性产品工具；信用的差别性与异质性导致风险的差异性，金融的本质是对信用的风险定价。

当前以新能源、3D 打印、纳米技术、新材料、生物技术与生物电子为特征的第六次技术革命浪潮，正逐渐形成以数字化与信息技术为基础，以技术快速发展为驱动力，以物理类、数学类和生物类为主的"第四次工业革命"（Schwab，2016）。大数据与人工智能改变了传统金融征信的方式，为创新金融和共享金融的实现奠定了技术基础。

一是采用机器学习模型，在传统信贷为代表的结构化数据基础上增加网络数据、社交数据等非结构化的数据，不仅提高了现代金融体系的决策效率，还因为扩展了传统单一的评判标准，形成相对更客观的评估结果，而能够更好地避免风险违约。

二是大数据与人工智能应用，使具有金融属性的信息能够拥有更大的覆盖面。美国主流信贷机构所使用的 FICO（Fair Isaac Corporation[①]）评分能够覆盖美国约 85% 的个体；而我国央行征信系统虽然显示覆盖了 8 亿人，但真正具有金融相关信息的仅有约 3.2 亿人，约占 13.5 亿人口的 23.7%[②]。传统信贷数据、搬家次数、法律记录为代表的第三方数据，电话账本、水电煤气账单、调查问卷账单为代表的用户提交的数

[①] 毕家新：《美国征信体系模式及其启示》，《征信》2010 年第 2 期，第 75～77 页。

[②] 刘新海、丁伟：《大数据征信应用与启示——以美国互联网金融公司 ZestFinance 为例》，《清华金融评论》2014 年第 10 期，第 93～98 页。

据，以及 IP 地址、网络行为和社交网络为代表的互联网数据共同形成了大数据评估数据系统。通过清洗、匹配、整合与挖掘相关结构性与非结构性数据，融合多源信息，进而形成反映个体偿还能力、短期与长期信用风险变化与违约概率等的金融风险评估框架。不仅比传统的 FICO 评分信用评估体系拥有更大的覆盖面，而且可以规避单一标准、片面评估引发的逆向选择。

综上所述，数据挖掘与金融科技将传统不可度量、不可见的相关事件数字化，改变了信用识别、获得、评估与风险定价等方式的运用（易宪容，2017），在技术层面引发范式革命，并大幅度降低金融体系交易成本，提高现代金融服务实体经济的效率，增加了金融资源的可得性、便利性，进而为现代金融服务于创新驱动发展战略、以普惠金融形式推动人的全面发展、共同富裕在制度上实现创造条件。利用大数据与人工智能推动现代金融发展，这是实现创新金融、共享金融的重要途径。但除此之外，还应配合与其他制度建设。

（1）在创新金融方面，因为创新驱动不仅带来新发明、新技术与新知识，更为关键的是，自主创新的相关科研成果能够迅速地获得推广并实现知识扩散。所以要以现代金融特别是资本市场的发展来支撑科技创新，提供服务于创新生命周期不同阶段的有针对性的金融产品，构建金融风险投资制度，以一揽子金融体系制度性改革促进自主创新这一新的经济增长动力源泉。

（2）在共享金融方面，"普惠金融"（Inclusive Finance 或 Finance to All）通过降低金融服务的准入门槛，扩大金融服务面，以合理的成本与价格为更多的人提供金融服务。由于共享金融的目的是普惠金融，还需要进一步深化利率市场化改革，为具有企业家精神的人与中小企业融资，改善要素市场与产品市场效率，从而推动减贫并促进人的全面发展（Demirgüç – Kunt、Beck 和 Honohan，2008）。

表 11 - 2　普惠金融主要度量指标体系

指标设计方	代表性数据库	指标设计关注点	特　征
国际货币基金组织（IMF）金融包容联盟（AFI）芬马克信托（FinMark Trust）	国际货币基金组织的金融可得性调查数据库（Financial Access Survey）*	正规金融服务的可获得性与使用状况，数据包括 242 个指标，涉及全球 189 个国家	评估各国普惠金融现状，数据可获得性、可持续性与稳健性相对较好（从 1995 年开始）
世界银行	世界银行的全球金融包容性数据库（Global Findex）**	银行账户的使用状况及从储蓄、贷款、支付、管理风险等核心指标对具体业务分类评估，涵盖 148 个国家 474 个指标	监测各国普惠金融实践现状，分类细致（2011 年开始，每三年一次）
全球普惠金融合作伙伴组织（GPFI）	G20 普惠指标体系	从供给、需求两方面，以及金融服务的获取与使用情况、金融服务可获得性、金融产品与服务的质量三个维度衡量，包括 19 大类 35 个指标，覆盖 216 个国家	构建全面系统的普惠金融指标评估体系，推动普惠金融发展战略框架的建设（2012 年初步制定，2016 年修订）

　* http：//data. imf. org/？ sk = E5DCAB7E - A5CA - 4892 - A6EA - 598B546334C.

　** http：//www. worldbank. org/en/programs/globalfindex.

资料来源：根据世界银行、国际货币基金组织、G20 等公开资料整理。

　　此外，还需要在制度层面解决好共享金融的技术向度与人本向度间的矛盾（董必荣、张雄，2017），实现从以利润最大化的金融理性向服务大众的金融本质的回归。

　　2. 以绿色金融实现杠杆调节，抑制金融资本流向高污染与高能耗行业：产业结构优化的支撑

　　绿色金融可以在约束企业环境行为中起到杠杆调节的作用，抑制金融资本流向高污染、高耗能行业。联合国环境规划署《金融机构关于环境与可持续发展的声明书》要求金融机构在投融资时把环境纳入关键指标，以及 G20 峰会将"绿色金融"写入公报，绿色金融的概念逐渐被各国接纳。中国人民银行、财政部等七部委 2016 年发布的《关于构建绿色金融体系的指导意见》，为我国整个绿色金融体系的发展构建了宏伟的规划。

当前我国绿色金融工具与产品包括三大类：碳金融、环保产业指数、环保节能融资产品（翁智雄等，2015）。虽然在产品类别、融资产品覆盖对象、金融机构参与度、绿色金融产品发展速度以及融资规模差异等方面依然存在不均衡与不完善，但中国的间接融资为主的金融体系使得以绿色信贷为代表的绿色金融取得长足进展。不仅降低了高排放、高污染与过剩产能项目的贷款占比，而且为环保新兴行业构建了基本制度框架。绿色金融在一定程度上促进了经济转型与调整（国务院发展研究中心"绿化中国金融体系"课题组，2016）。

从绿色金融维度来看，现代金融的作用包括：一是通过政策引领与金融工具的设计，驱动更多的金融资金进入绿色产业，以金融手段限制污染性产业、服务绿色产业，推动生态文明建设并实现对生产力的保护；二是绿色金融使得金融机构将信贷资源从产能过剩部门与产业转移出来，重新配置到新兴绿色产业与部门，不仅能够推动银行改善信贷结构并降低其相关金融风险，而且有利于新的利润增长点的培育；三是缓解环保、节能、新能源等绿色投资对财政的压力。根据环保部测算，相较于"十三五"期间平均每年2万亿的绿色产业的预估投资需求，中央政府与地方财政仅能提供二千多亿元（马骏，2015）。现代金融的发展，能够有效发挥金融的杠杆作用，以绿色金融产品引导社会资金投资方向。

为更好地执行"赤道原则"（Equator Principles），在现代金融这一新业态构建过程中，除了以传统的能源减排、清洁生产为主的绿色金融产品外（翁智雄等，2015），还应借鉴发达国家有针对性、涵盖面广的绿色金融业务，涉及企业、家庭与个人，以绿色基金、绿色债券、绿色IPO通道等方式，增进绿色企业的融资便利性，降低绿色项目的融资成本；构建上市公司与债券发行企业的环境信息披露机制，通过诸如污染物、排放口分布、污染物浓度、合并排放总量等信息的披露，约束上市公司与债券发行企业的环境行为，增加其对绿色项目投资的偏好。

3. 以金融协调与金融开放主动防御并降低系统性风险：产业结构转型的基础与保障

现代金融的发展要以解决社会主要矛盾为着力点，对内避免系统性金融风险，对外服务国家政治外交大局，并应对可能的国际贸易战带来的外部金融风险。一是通过协调直接融资与间接融资的比例，以多层次资本市场的发展有结构地降低企业杠杆率，进而降低系统性金融风险发生的概率。二是逐步厘清财政与金融之间的边界，以避免财政风险诱发金融风险。在工业化与城镇化深入改革的背景下，地方政府债务融资随之增长，需要进一步完善问责机制，以避免因为地方政府隐性债务偿债意愿降低所引发的道德风险问题。债务问责机制的建立有助于避免因财政风险转嫁金融部门引发金融机构坏账与系统性风险问题。三是协调发展商业性金融与政策性金融，以关键领域与薄弱环节为重点，实现联动互补。统计数据显示，在某些政策性金融有比较优势的领域已有相当成效，如在"一带一路"建设中进出口银行参与了一半以上的标志性项目，累计发放贷款1858亿美元；党的十八大以来支持保障性住房建设，累计发放约3.4万亿元棚户区改造贷款等[①]。政策性金融助力现代化经济体系建设，有助于解决经济发展不平衡的主要矛盾，强化国际合作与对外开放的专业优势。四是通过提高人民币在国际储备货币体系中的地位，降低国外经济环境波动对我国的影响。可以借助"一带一路"建设的契机助力国内企业对外投融资，以参与全球产业链重构，并以金融开放、境外直接投资等方式，实现创新资源、创新要素与创新技术全球范围的流动与配置，提升产品技术含量与附加值，为从全球价值链低端

---

① 统计数据来自国家开放银行，http://www.cdb.com.cn/xwzx/mtjj/201806/t20180613_5176.html，网站更新时间：2018年6月13日。

向中高端攀升奠定基础。

五 丝绸之路经济带深化建设的保证：现代金融支持产业结构升级的路径阐释

作为现代化经济体系的核心，现代金融的作用贯穿于新时代"质量第一、创新驱动"的供给侧结构性改革的每个环节。基于质量、结构与协同维度现代金融的内涵转换，瞄准创新金融、共享金融、绿色金融以及金融协调、金融开放的实施逻辑，进一步提出现代金融支持产业结构升级改革的优化路径，并为丝绸之路经济带深化建设指明方向。

1. 战略层面：深化政府与市场互补性关系

现代金融不仅应服务于供给侧结构性改革，同时应该避免系统性风险。基于社会主义经济发展初级阶段的大背景，现代金融发展的路径应考虑借鉴"时间的可变性与空间的多样性"①，处理好政府与市场之间关系，不将市场与政府、市场与制度对立起来，而是认识到二者之间的互补性，并在资源配置层面深化市场机制的根本性作用，以更好地服务于产业结构的升级与转型。

（1）以问题为导向，在资源配置领域深化市场的决定性作用

以现代金融推动生产力的解放与发展，并充分调动各方面的积极性，是现代金融体系构建的重要切入点。我国社会主义市场经济发展已从第一个阶段"富起来"，转向第二阶段"强起来"。在社会主义经济发展新时代，金融市场有效的市场价格机制的构建是关键，包括现代金融的价格基础的识别、价格形成机制构建、价格运作机制的构建等。

由于现代金融体系以信用为基础，经济基本面的市场预期是金融产品价格形成的关键因素，从而以市场机制配置金融资源，增强现代金融

---

① "时间的可变现与空间的多样性"是新马克思主义经济学派法国调节学派重要的方法论，该学派在马克思主义经济学的创新与社会主义市场经济中政府与市场关系方面的研究，对新时代市场经济建设具有一定的参考价值。

对实体经济的服务，在宏观层面其前提条件表现为"市场机制有效、微观主体有活力、宏观调控有度的市场经济体制"，在中微观层面的具体实施路径则需要：一是以产权制度改革与完善，引导并管理市场预期，实现有效的投资者保护与补偿机制；二是以要素市场化配置改革，推动生产要素、金融资源要素自由流动，降低要素市场分割，并辅以信息披露相关规则的完善，完善利率、汇率与收益率曲线，加速市场化金融资源价格形成机制的构建。将质量变革、效率变革与动力变革从现代金融体系维度落到实处。

（2）以国家宏观战略为基准，有效发挥政府的作用，实现政府与市场的相互融合

因为货币不是"中立"的物，而是建立在信任基础上的具有象征意义的可持续存在的物，所以现代金融除了要以市场机制为资源配置的决定性条件外，还应当重视有效发挥政府的作用。此外在控制经济活动中的不确定性尤其是金融风险方面，政府发挥着无法替代的作用。建设现代金融这一新业态，政府与市场的作用应相互融合。

现代金融体系与制度，不仅包括管理与制约金融体系的相关法规、手段与制度，还包括金融机构与产业间关系、产融作用与关系、流动性创造的机制以及国家金融机构与市场的组织结构等方面。这些体制与制度的平稳运行，需要政府发挥积极作用：一是通过进一步明晰产权、完善支付系统与稳定货币体制，并将政府调节与市场调节、制度调节、企业内部调节等多种调节方式结合起来，为现代金融服务实体经济拓展基础；二是通过协调深化改革中的相关矛盾与冲突，政府得以推动各种制度与冲突之间的相互妥协，从而有利于货币制度的形成与实施；三是在"一带一路"建设这一国家政策方面，基于开发性金融补充市场与培育市场的功能，以国家信用为依托，以中长期投融资为载体推动"一带一路"建设。借助中长期债券市场，开放性金融在资金期限结构方面与传统金融形成互补关系（袁乐平等，2012）。通过商业性金融、政策

性金融的协调合作[①]，加强对重点领域与薄弱环节的支持，并以此优化产融结合（徐佳君，2017）、推进新型城市化建设（陈元，2010）以及通过碳金融交易机制实现绿色金融（杜莉等，2013）。

2. 科技层面：降低获取 Ω 知识与知识间联系成本以抓住第二种机会窗口

现代金融所提供的资金供给与金融服务应能满足、适应并引领产业结构转型的方向，才能实现实体经济的发展与稳定。现代金融与人力资源、科技创新、实体经济的协同，应从推动"中国制造2025"与以数字化、智能制造为特征的新型工业化切入，凭借"一带一路"建设所提供的机遇，将供给侧结构性改革与高质量增长落实到具体工作中。

中国作为面临转型升级的发展中大国，其嵌入已有技术、金融制度中的技术经济范式的根本变革，会促进技术在制造生产的过程中改进、突破并演进。不同制度或组织结构会形成不同的信息结构，会影响信息的编码与抽象程度，从而影响知识的扩散速度：①金融体系的发展水平与信息技术共同决定了生产者获取 Ω 知识的成本，进而影响知识流动的速度与效率；此外，金融体系的效率、可得性会直接影响知识网络的规模，进而决定自主创新的效率（王聪，2017）。②为了促进知识的外部效应、正反馈效应与网络效应，金融发展应当以降低知识间的联系成本为主要原则推动自主创新，并进而抓住第二种机会窗口（王聪，2016）。具体策略与路径如下。

首先，在融资约束、融资渠道与 R&D 投入方面，应当重点突出金

---

① 2018年3月28日，财政部下发《关于规范金融企业对地方政府和国有企业投融资行为有关问题的通知》（财金〔2018〕23号），对包括政策性和开发性金融机构在内的国有金融机构就规范地方债务融资问题进行了进一步的要求和明确。学界关于开发性金融、政策性金融与商业性金融间关系与区别的讨论由来已久，陈元（2003）最早在国内提出"开发性金融"一词，白钦先（2010）从制度性视角对其进行了较为客观与全面的解析，袁乐平等（2012）赞同白钦先的观点，比较分析了政策形态的开发性金融与商业形态的开发性金融。

融资源配置的市场化导向，以最大限度地降低知识网络联系成本，促进知识网络规模的扩大，以有利于整体的技术平台的形成与发展。

其次，效率提升重于量性扩张。当前中国金融体系的金融抑制特征，尤其不利于规模相对较小、新成立或没有出口活动的企业，而这些企业在分散式、试错式的创新方面具有较大的潜能，单纯地扩大金融体系的规模已不足以满足其自主创新平滑研发的需求，金融服务的可得性的提升、地区性的中小商业银行体系的发展等措施，能够较好地体现创新模式的差异性。

再次，在局部化（localized）技术进步（Atkinson 与 Stiglitz，1969）方面，应考虑行业协会基金、创业基金、风险投资、政策性的产业引导基金，完善评估体系，推动尚在萌芽期的新技术发展，抓住并利用第二种机会窗口。

最后，应根据产业发展阶段与知识技术水平有针对性地采取激励措施，推动知识编码程度的提高：第一，在监管层面，应加大对金融机构支持新兴技术的引导与激励，例如在不良贷款率、风险资产占有率等指标上给予一定的容忍度和考核倾斜；第二，在行业层面，应强化金融机构与行业协会的沟通，加强信息共享，使金融机构能够及时掌握行业创新方向及最新技术，为风险判断提供更多相对客观并及时更新的依据；第三，在金融机构内部层面，应鼓励其设置针对企业不同发展阶段、不同技术知识领域的专业团队，即设立专业的机构、部门或团队，引导它们通过精准的行业分析和专业化判断，获取高于市场平均值的收益，促进自主创新的同时最大限度地规避市场风险。

3. 监管层面：从时间与空间维度推动现代金融体系建设

我国金融监管体制的演进分别经历了统一监管（1983 年 9 月至 1993 年 11 月）——分业监管（1993 年 12 月至 2017 年 11 月）——协调监管（2017 年 11 月至今）三大主要阶段（巴曙松，2018）。金融机构之间、金融机构与实体经济之间以及全球金融机构与金融市场之间关

联性的增强，改变了原有微观审慎监管有效的前提条件。特别在 2008
年全球金融危机之后，宏观审慎监管逐渐成为国际上各国金融监管的重
点方式。在我国现代金融体系的构建中，应结合宏观经济环境的变化与
产业自身发展的特点，从时间维度与空间维度提升监管的格局，主动防
范并规避系统性金融风险。

（1）从时间维度上，以渐进式改革推动现代金融体系建设

在产业结构升级、新旧动能转换的过程中，应该循序渐进地改革。
在资本配置扭曲、产业结构不完善的背景下，防范风险在当下比较重
要，需要注重金融监管协调性。从长期看，市场机制对资源配置的核心
作用是关键，将其落到实处的方式是培育金融资产价格形成机制；而具
体的实现途径，则是在中长期内逐步提高直接融资的比重，构建多层次
的资本市场并使之稳健发展。

以往以数量增长与规模扩大为特征的外延式增长的发展方式导致同
质化问题，金融机构与金融市场利润不断降低，风险逐渐集聚。在未来
监管日趋严格的背景下，现代金融体系应以结构优化与质量提高为特征
的内涵式增长的方式，将金融与科技相结合，为实体经济提供差异化服
务，并在规避风险的同时拓展利润空间。

（2）从空间维度上，以"双支柱"调控框架主动防范并规避系统
性风险

以货币政策总量调控工具调控物价与就业水平，同时以宏观审慎政
策直接调控金融体系，由此形成"双支柱"调控框架，二者相互强化
与互补，将币值稳定与金融稳定结合（陈雨露，2019）。虽然到目前为
止，"双支柱"调控框架在理论层面尚在探索中，其概念仍是一个开放
性系统。但双支柱的调控框架使得对关键性金融机构的重点监控、不同
区域差别化住房信贷政策等有可能实现，有利于实现针对局部产业或领
域的结构性调控，为产业结构升级构建相对宽松且稳定的经济与社会
环境。

一是在货币政策方面。通过补充创新型货币政策工具，使当前货币政策调控逐步从数量型向价格型转变，包括：常备借贷便利（SLF）、短期流动性调节工具（SLO）、抵押补充贷款（PSL）、中期借贷便利（MLF）和信贷资产质押再贷款等，疏通利率传导机制。

二是在宏观审慎政策方面。从 2011 年正式引入差别准备金动态调整机制开始，逐步将跨境资本流动管理、"因城施策"的住房金融信贷政策与互联网金融业务①等逐一纳入宏观审慎管理框架，以实现全覆盖的主动防御，并规避风险。根据《巴塞尔协议Ⅱ》建议，从约束广义信贷规模的资本与杠杆率、考核广义信贷增速的资产负债，以及流动性、定价行为、资产质量、跨境业务风险、信贷政策执行等七个方面14 个指标对金融机构的行为进行多维度引导，以避免金融风险跨市场、跨行业、跨区域传递。

4. 制度层面：多管齐下与综合配套

青木昌彦比较制度分析学派"制度互补性"理论认为，制度之间存在互补与强化的作用；与之相类似，法国调节学派的"制度阶层性"理论则认为，由于制度之间构成了类似金字塔的层级结构，每一制度下方存在若干子制度，处于上层的制度决定了下层子制度的实施，对其有支配作用；反过来处于下层的子制度也有力地支撑了上层制度。从制度所在阶层看，位于上层的制度相对位于下层的制度对一国经济与社会的发展具有更为重要的影响。法国调节学派代表性学者 Bruno（2003）指出，社会创新和生产体系（Social Systems of Innovation and Production，SSIP）是各个国家在科技创新与产业转型升级中最为关键的制度，该制度下方包括"产品市场竞争制度""劳资之间的纽带关系""金融部门制度""社会保障制度""教育制度"五个子制度，而这五个子制度之

---

① 见 2017 年 8 月《中国区域金融运行报告（2017）》中"探索将规模较大、具有系统重要特征的互联网金融业务纳入宏观审慎管理框架（MPA）"。

间存在着制度互补性。

作为一个新的业态，现代金融体系的构建要与科技创新、人力资源、实体经济协同发展并形成产业体系；在制度层面，需要教育制度、产品市场竞争制度等其他相关制度综合配套支持。具体路径方面，应将建立基础性制度与法律以辅助现代金融体系发展作为出发点，通过协同推进普惠金融、绿色金融、小微金融等，加速经济转型与质量提升，并以此实现现代金融体系的内涵式发展。没有相应基础性制度与法律支撑的现代金融，不仅无法有效服务实体经济，还会因金融行业自身正反馈的特征，累积系统性风险。

总之，现代金融支持产业结构升级的实施逻辑与路径阐释应当以问题为导向，在发展中解决改革中存在的问题，以发展推动并深化金融体制改革，助力西部地区产业结构升级并为"一带一路"深化建设指明方向。从政府–市场维度、中央政府–地方政府维度进一步完善现代金融这一新产业、新业态，在深入改革与政策监管方面还需要注重：①结构性：不采用单一维度在总量上一刀切，而是有区别地结构性去杠杆。②系统性：一方面，以互联网、大数据与人工智能驱动现代金融发展，使得普惠金融有坚实的实践基础，同时也能够通过调动参与主体的积极性推动自主创新，构建西部产业结构升级的核心动力；另一方面，把握主次方向，利用互联网技术推动金融发展，而非仅仅发展互联网金融，否则只会徒增系统性风险，增加 PPP 项目隐患。③针对性与灵活性：将现代金融的构建与经济发展不同阶段、主要矛盾的变化相结合，以应对外部经济环境变化，有序推进西部产业结构升级与价值链攀升，深化"一带一路"建设。

参考文献

Atkinson A. B. , Stiglitz, J. E. , A New View of Technological Change, Economic Journal, 1969, 79 (315), pp. 573 –578.

Bruno A. , The Diversity of Modern Capitalism, Oxford: Oxford University Press, 2003.

Demirgüç – Kunt A. , Beck T. , Honohan P. , Finance for All? Policies and Pitfalls in Expanding Access, World Bank Policy Research Report, 2008.

巴曙松、杨现领：《城镇化大转型的金融视角》，厦门大学出版社，2013。

巴曙松、朱虹：《金融监管模式的演进》，《中国金融》2018 年第 7 期。

陈雨露：《四十年来中央银行的研究进展及中国的实践》，《金融研究》2019 年第 2 期。

陈元：《开发性金融与中国城市化发展》，《经济研究》2010 年第 7 期。

陈智莲、高辉、张志勇：《绿色金融发展与区域产业结构优化升级——以西部地区为例》，《西南金融》2018 年第 11 期。

丁骋骋：《百年中国金融：转型与发展——近代以来我国金融业三次转型的政治经济学分析》，《经济学家》2014 年第 1 期。

董必荣、张雄：《金融共享：一个经济伦理学脚注》，《伦理学研究》2017 年第 6 期。

杜莉、张云、王凤奎：《开发性金融在碳金融体系建构中的引致机制》，《中国社会科学》2013 年第 4 期。

付保宗、盛朝迅、徐建伟、周劲、任继球：《加快建设实体经济、科技创新、现代金融、人力资源协同发展的产业体系研究》，《宏观经济研究》2019 年第 4 期。

付保宗、周劲：《协同发展的产业体系内涵与特征——基于实体经济、科技创新、现代金融、人力资源的协同机制》，《经济纵横》2018 年第 12 期。

高帆：《中国特色社会主义政治经济学的理论和实践逻辑》，《探索与争鸣》2016 年第 3 期。

国务院发展研究中心"绿化中国金融体系"课题组，张承惠、谢孟哲、田辉、王刚：《发展中国绿色金融的逻辑与框架》，《金融论坛》2016 年第 2 期。

黄群慧：《经济新常态下的中国工业经济运行分析——2016 年特征与 2017 年挑战》，《河北经贸大学学报》2017 年第 4 期。

黄群慧：《改革开放 40 年中国的产业发展与工业化进程》，《中国工业经济》2018 年第 9 期。

黄群慧、贺俊：《未来 30 年中国工业化进程与产业变革的重大趋势》，《学习与探索》2019 年第 8 期。

齐兰、徐云松：《制度环境、区域金融化与产业结构升级——基于中国西部面板数据的动态关系研究》，《中央财经大学学报》2017年第12期。

李扬：《努力建设"现代金融"体系》，《经济研究》2017年第12期。

刘新海、丁伟：《大数据征信应用与启示——以美国互联网金融公司 ZestFinance 为例》，《清华金融评论》2014年第10期。

刘志彪：《建设实体经济与要素投入协同发展的产业体系》，《天津社会科学》2018年第2期。

马骏：《论构建中国绿色金融体系》，《金融论坛》2015年第5期。

马玲：《陕西金融发展与产业结构调整关系的动态分析》，《西安财经学院学报》2015年第3期。

施瓦布等（Schwab，Klaus）：《第四次工业革命》，中信出版社，2016。

翁智雄、葛察忠、段显明、龙凤：《国内外绿色金融产品对比研究》，《中国人口·资源与环境》2015年第6期。

王聪：《丝绸之路经济带核心区产业转型与合作：新结构经济学的视角》，《人文杂志》2015年第3期。

王聪：《以全球价值链为切入点融入丝绸之路经济带投资建设》，《经济纵横》2016年第8期。

王聪：《基于知识的新型工业化：内在逻辑与路径选择》，《天津社会科学》2016年第6期。

王聪：《金融发展对经济增长的作用机制》，中国经济出版社，2017。

王定祥、李伶俐、吴代红：《金融资本深化、技术进步与产业结构升级》，《西南大学学报》（社会科学版）2017年第1期。

徐佳君：《作为产业政策抓手的开发性金融：新结构经济学的视角》，《经济评论》2017年第3期。

徐义国：《现代金融体系的制度逻辑：结构演进、效率变革与要素协同》，《中国社会科学院研究生院学报》2018年第2期。

杨建林、张思锋、王嘉嘉：《西部资源型城市产业结构转型能力评价》，《统计与决策》2018年第5期。

易宪容：《金融科技的内涵、实质及未来发展——基于金融理论的一般性分析》，《江海学刊》2017年第2期。

易信、刘凤良：《金融发展与产业结构转型——理论及基于跨国面板数据的实证研究》，《数量经济技术经济研究》2018 年第 6 期。

殷剑峰：《比较金融体系与中国现代金融体系建设》，《金融评论》2018 年第 5 期。

于春海：《西方主流金融发展观念的演变及其对我国的启示》，《政治经济学评论》2014 年第 1 期。

袁乐平、陈森、袁振华：《开发性金融：新的内涵、理论定位及改革方向》，《江西社会科学》2012 年第 1 期。

张杰：《"笼中虎"：一个金融制度变迁故事的解读》，《金融评论》2011 年第 2 期。

图书在版编目（CIP）数据

丝绸之路经济带建设背景下西部地区产业升级研究 /
高煜等著 . --北京：社会科学文献出版社，2020.6
（丝绸之路经济带与西部大开发新格局·中国西部经
济发展研究文库）
ISBN 978 - 7 - 5201 - 6779 - 6

Ⅰ.①丝…　Ⅱ.①高…　Ⅲ.①区域产业结构 - 产业结
构升级 - 研究 - 西北地区 ②区域产业结构 - 产业结构升级
- 研究 - 西南地区　Ⅳ.①F127

中国版本图书馆 CIP 数据核字（2020）第 100574 号

·丝绸之路经济带与西部大开发新格局·

丝绸之路经济带建设背景下西部地区产业升级研究

著　　者 / 高　煜　王　聪　张营营 等

出 版 人 / 谢寿光
责任编辑 / 丁　凡
文稿编辑 / 赵智艳

出　　版 / 社会科学文献出版社·城市和绿色发展分社（010）59367143
　　　　　地址：北京市北三环中路甲 29 号院华龙大厦　邮编：100029
　　　　　网址：www. ssap. com. cn
发　　行 / 市场营销中心（010）59367081　59367083
印　　装 / 三河市东方印刷有限公司

规　　格 / 开　本：787mm × 1092mm　1/16
　　　　　本册印张：21　本册字数：289 千字
版　　次 / 2020 年 6 月第 1 版　2020 年 6 月第 1 次印刷
书　　号 / ISBN 978 - 7 - 5201 - 6779 - 6
定　　价 / 298.00 元

本书如有印装质量问题，请与读者服务中心（010 - 59367028）联系

▲ 版权所有 翻印必究